中国财政学会学术文库

我国财政理论发展与构建

刘尚希／主编

Advancements and Innovations in China's Fiscal Theory

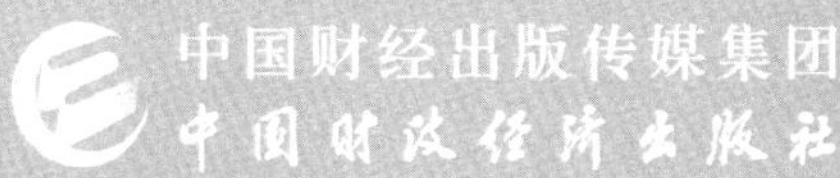

前言

财政理论是大智治制之学，大智才能大治

2018年是我国改革开放40周年，2019年是新中国成立70周年。在这样一个重要的时间节点，梳理总结我国财政理论的发展与构建，无疑具有非常重要的意义。新中国70周年、亦或是改革开放40周年，人们之所以满怀深情，是因为此间中国人民中华民族伟大复兴的中国梦探索过程之艰难、取得成就之显著，在中国历史上、乃至世界历史上恐怕都绝无仅有。这是每一位中国人发自心底的共识。而财政理论就是这样一门打造盛世之学。

一、财政理论：大智治制之学，大智才有大治

2013年，党的十八届三中全会指出，要推进国家治理体系和治理能力的现代化。财政是国家治理的基础和重要支柱，科学的财税体制是优化资源配置、维护市场统一、促进社会公平、实现国家长治久安的制度保障。2016年，习近平总书记在二十国集团工商峰会开幕式上指出，“小智治事，大智治制”。财税改革40年，就是要归纳、总结、提炼改革开放40年来我国财税改革的成功经验和成功模式，为未来的改革提供经验、为未来的全球财经治理提供借鉴，使其真正成为财税改革的“资治通鉴”。

二、财税改革40周年：积累了丰富的“中国经验”，形成了典型的“中国模式”，为推进全球财经治理提供了“中国样本”

新中国70周年、改革开放40周年，我们走过的是一条怎样的道路呢？对世界又产生了哪些显著的影响呢？可以说，这是一条披荆斩棘、走出国门、实现全球财经治理之路，这一点在“一带一路”上体现得无比充分。

就中国与世界来看，存在两个镜像。财税改革发端和肇始于国内，看似与境外没有什么大的关系，实际上是全球不可分割的一部分。我们在国际经济舞台由幕后走上了台前，由基层走上了顶端。这条财税改革之路，是中国经济由计划经济向市场经济凤凰涅槃、浴火重生之路，是中国梦和中华民族全面复兴之路的财税代言之路。在世界舞台上，中国不再是一个可有可无的甚至被人垂怜的“跑龙套”、小角色，而今是任何人都无比尊重、无比重视的伙伴与对手。改革开放以来，在每个阶段改革中，财政改革始终站在改革的前沿，处于改革的突破口和先行军，发挥着基础性、制度性和保障性的作用。利改税、分税制、公共财政和现代财政制度等重要改革助推了中国经济40年来的起飞和成长，积累了丰富的“中国经验”，形成了典型的“中国模式”，为推进全球财经治理提供了“中国样本”。特别是1994年分税制改革，成功地提高了财政收入的两个比重，增强了中央财政的宏观调控能力，为我国成功抵御1997年东南亚金融危机奠定了坚实基础。类似于用一台无人机从时空三维角度俯视财税改革40年，有助于我们梳理过往成功的经验，增强未来深化改革的信心和力量。

基础不牢，地动山摇。早在2016年，中国财政学会就高度重视财政基础理论的研究，启动了由中央财经大学马海涛教授主持的“我国改革开放以来财政理论的演变与发展”和中国人民大学刘晓路博士主持的“财政学基础理论：批判与构建”两个课题研究。今天，在中国财政学会的大力支持下，将两个课题研究成果的精华付梓，以飨读者，并为新中国成立70周年献礼庆生。

在财政理论的演变与发展方面，以时间脉络为引领，以各个时期不同的财政需求为截点，梳理了自改革开放以来我国财政理论的演变过程。在客观还原历史背景的基础上，挖掘财政理论产生与改变的原理；结合彼时学者们的分析讨论，评述其对当时社会经济发展做出的贡献和留有的不足；在不断以史为鉴的过程中推进财政理论，探究财政理论的发展之路。根据时间脉络，课题将我国财政理论主要概括为如下九个重要理论：国家分配理论、利改税理论、放权让利理论、分税制财政分权理论、公共财政理论、民生财政理论、土地财政理论、现代财政理论、大国财政理论。

当然，扶古是为了追今、更为了展望未来，登高而望远。在财政学基础理论的批判和创新方面，中央财经大学提出了“新市场财政学”的理论构想，试图摒弃主流财政理论一直秉持的“政府－市场”二元论，从多学科角度重新考虑市场的角色定位。中国人民大学财政金融学院课题组从财政、市场与国家的关系入手，从历史、逻辑和中国国情三个方面批判地分析西方主流财政理论对中国的适用性，以及发展具有中国特色的财政理论的可行性。该课题组将新中国财政学的发展划分为计划经济财政学、市场经济财政学和国家治理财政学三个时期，提出了国家治理财政学的基本要点。

三、百年未有之大变局下的财政学理论的变化

习近平总书记在2018年中央外事工作会议上发表讲话时指出，当前中国处于近代以来最好的发展时期，世界处于百年未有之大变局，两者同步交织、相互激荡。在财政理论方面，似乎也概莫能外。

2008年美国金融危机之后，美日欧都实行了大量的量化宽松政策。但是，货币政策的大量“放水”却并没有引起通货膨胀高企，甚至相反，日本和欧洲不少国家长期还深受“负利率”的困扰。正是在此背景下，“现代货币理论”（Modern Monetary Theory，MMT）应运而生。与之前1991年欧盟马约标准强调财政赤字不得超过GDP的3%、政府债务不得超过GDP的60%不同，现代货币理论认为，政府债券的发行不是为了借入资金，而是与货币政策操作类似，可以帮助央行维持市场利率。而政府部门的财政赤字等于非政府部门的盈余。所以，财政政策的目标不是平衡，现代货币理论的支持者主张“功能财政”，财政政策的目标是实现充分就业。一句话，主权政府不需要为了支出而借债、财政政策目标是保证充分就业而非维持财政平衡；而过去主流观点认为，政府发行债券是为弥补财政收入的不足，央行应独立于财政。现代货币理论认为“财政赤字有益无害”、政府债务再多也不足畏惧，这些颠覆过去主流经济学的观点不仅在国外大行其道，在国内的有关论述也在线上线下都引起了广泛的关注和讨论。

对于所有这些问题，两位作者给出的也不是权威的“标准答案”，只是希望引起学界同仁的一些思考和讨论，为我国财政理论的构建与发展添砖加瓦。

本书的编辑出版，得到了中国财政经济出版社的大力支持和帮助，谨表感谢！也感谢广大读者对中国财政学会工作的支持！

2019年9月

目录

我国改革开放以来财政理论的演变与发展 马海涛 001

一、改革开放前财政理论的回顾 002

二、1978—1994 年分税制改革之前的财政理论发展 028

三、分税制财政分权理论 054

四、公共财政理论与民生财政理论 095

五、财政投融资与土地财政理论 123

六、国家社会经济发展进入新常态后的现代财政理论 165

七、新时代中国特色社会主义财政理论创新 184

财政学基础理论：批判与重构 刘晓路 199

一、西方主流财政理论中的逻辑缺陷 200

二、财政社会学基础上的财政理论重构 210

三、国家治理财政观 232

附录一　对西方主流财政理论的历史批判 244

附录二　对西方主流财政理论的现实批判 258

我国改革开放以来财政理论的演变与发展

◇ 马海涛

摘　要：改革开放前，新中国百废待兴。传统的计划经济体制下，宏观经济调控完全依靠政府的行政计划，“国家分配论”应运而生，在明确了财政分配的对象以及分配关系经济基础地位的同时，也带有鲜明的计划经济时期特色。1978年，改革开放彻底改变了我国的发展之路，社会主义市场经济体制逐步建立。20世纪80年代，财政学理论研究出现第二个热潮，“国家分配论”逐渐成为主流财政理论体系，而“利税分流”理论的形成为国家和国企建立了清晰的二重经济关系，顺应了改革发展。但为调动企业积极性实行的包干制却也助长了“诸侯经济”，直接导致“两个比重”低下，国家财政的宏观调控地位难以维系。1994年分税制改革彻底改变了这一局面。1998年公共财政理论被正式引入，这是市场经济改革实践发展的要求与结果。随着政府债务问题的日益加重，地方债理论萌生并发展，而土地财政理论极大地影响着地方政府的状况与行为。近些年来，现代财政理论的构建被提上日程，以公共性为灵魂强调法制、公开透明的民主财政将成为财政理论新的发展方向。

本文纵观财政理论发展史，在回顾和评述财政理论的发展过程中，理清各个时期财政理论的贡献和不足，分析财政理论发展脉络，逐步明确现代财政制度对于完善中国特色社会主义制度、全面建成小康社会和实现中华民族伟大复兴的中国梦具有的深远意义。通过回顾改革开放以来财政理论的发展，总结经验，启示未来。

关键词：分税制；公共财政理论；土地财政理论；现代财政理论

一、改革开放前财政理论的回顾

（一）改革开放以前的经济发展特点

1978 年改革开放以前的中国，是传统的计划经济体制。当时所谓的宏观调控就是依靠政府的行政计划来控制整体经济运行。1957 年以前，我国工农业生产和各项事业的发展较为迅速，为进行社会主义改造和有计划的经济建设打下了良好的基础。从 1957 年到 1978 年，我国经历了社会主义社会探索时期、“文革”时期以及社会主义建设的徘徊时期。这期间，我国经济波动周期短，波动幅度大，波位低。波动类型属于大起大落型。我国的全民所有制和集体所有制在经济部门占 90% 以上，收入差距不大。经济增长质量方面，由于片面追求总产值增长速度，实行粗放式扩大再生产，忽略了对经济效率和经济效益的追求，导致这一时期的经济增长质量很差。居民物质文化生活水平处于徘徊、停滞状态，经济增长给社会带来的福利水平很低。

1. 建国初的经济状况：百废待兴

建国初期，中国是一个以传统农业为主、人口众多、经济落后的大国。当时的经济状况有三个特点：

第一，经济发展水平较低。传统农业手工业的生产总值占工农业生产总值的绝大部分，与同年的苏美相比较，中国近代工业不仅落后，而且彼此不相配套，煤炭用不完，电力匮乏，生铁只有1/2能炼成钢，而轧钢能力又仅仅及炼钢能力的1/2；这些都反映出了中国经济在全球范围内处于落后地位，对外国很多产品有较强的依赖性，例如洋车，洋火，洋碱，都是对外国产品的称呼。

第二，经济发展极端不平衡。据日伪统计，1943年东北生铁产量占全国产量的87.7%，钢材占93%，煤炭占49.5%，电力占78.2%，水泥占66%。这为以后东北成为老工业基地打下了基础，但这种地区之间经济发展的不平衡，对于我们中国这个地域广大、中央集权的国家来说，始终是影响政府经济决策的重要因素，对经济决策的施行产生很大阻力。

第三，长期战乱使经济遭到严重破坏。仅以1949年与抗战以前的1936年的相比，农业作为一个国家的根本，竟减产26%之多，1949年全国人均粮食产量仅为475斤原粮，大多数人民处于饥寒交迫之中。

第四，财政负担很重。新中国成立初期，由于刚结束了长达12年的持续战争，国内通货膨胀严重，财源破坏严重，财税收入十分困难，但新中国为巩固政权、恢复经济社会所需支出却增长迅速，财政负担加重。再加上抗美援朝战争的爆发和与残余国民党势力的持续斗争，军费开支大，原来就负担沉重的财政雪上加霜。因此为了集中财力、物力和人力，我国采取计划经济体制。

2. 实行计划经济体制

建国初期计划经济体制的确立具有历史必然性。理论上，是对社会主义经济理论的传统理解实践，是对苏联的学习与仿效。客观上，是由于建国初期中国国内一穷二白的国情以及国际社会对中国的封锁和禁运；主观上，是对优先发展重工业的工业化道路的选择。诸多因素共同作用，使计划经济体制成为建国初期的必然选择。

1952 年底，国民经济恢复时期结束，社会经济结构发生深刻变化，国家逐步建立起了计划管理机构并对一定范围的国民经济实施计划管理，建立起了统一外贸体制，并采取一系列措施统一了财政经济，调整了工商业。三年的恢复时期，实际上形成了我国计划经济体制的雏形。1953 年底，为适应重工业优先发展战略和国家计划的需要，社会主义改造全面展开。随着 1956 年改造高潮的掀起，三大改造提前完成，个体农业、手工业和资本主义工商业相继被纳入社会主义国家计划的轨道。三大改造的基本完成，标志着高度集中的计划经济体制在我国最终确立。

建国初期的计划经济体制对我国的各项建设事业起了不可替代的重要作用。它使国民经济迅速恢复并在短期内高速发展，因为能够保证将有限的资源运用到重点建设上去，使国家建成了一大批重要项目，初步建立了比较完整的工业体系，生产的恢复与发展也使人民生活水平明显提高。当然，建国初期，计划经济体制的弊端也逐步显现。它片面强调计划，忽视价值规律和市场调节作用片面强调集中管理，限制地方和企业积极性的发挥。由于计划的无所不包，一方面使得体制运行成本高且效率低；另一方面，使政府成为无限政府。它在很大程度上阻碍了社会主义民主与法治建设，忽视社会成员个体合理的利益需求与价值意识。

3. 粗放型的经济增长方式

改革开放前粗放型经济增长方式的形成，与中国实施优先发展重工业战略并建立与之相适应的高度集中的计划经济体制是同步的。

新中国成立之初，因没有大规模经济建设的经验，而深受斯大林关于社会主义工业化道路理论即优先发展重工业以实现工业化的影响，我国与二战后新独立的大多数发展中国家一样，选择了优先发展重工业战略。从苏联援建的156项重大项目建设入手，中国开始了优先发展重工业进而实现工业化的建设步伐。由于缺乏大规模建设所需资本，加上可供利用的外国资本很少，中国只能通过实施高度集中的计划经济体制压低各种投入要素的价格，来积累建设所需资金。但优先发展重工业战略和与之相伴的计划经济体制，使得资源配置权多被控制在政府手中，市场力量微弱，不能发挥优化资源配置的基础性作用。本应起到反映市场信号和资源稀缺程度作用的企业，因受政府和计划体制的双重约束而难以发挥应有作用，一切按照计划行事，没有动力和积极性去增加适销对路的产品和提高经济效益。高度集中的计划经济体制与中国一定时期内采取片面发展重工业、追求发展速度的做法，使得粗放型经济发展方式最终形成。

应该指出，改革开放前推行粗放型经济增长方式，推动中国经济发展取得了巨大成就。统计资料表明，1952年至1978年间，中国的经济增长速度比较高。按可比价格计算，中国的社会总产值、工农业总产值和国民收入的年均增长率，分别是7.9%、8.2%、6.0%。该速度不仅高于世界平均水平，即使与发展较快的韩国相比也不低多少。产业结构发生可喜变化，与1949年相比，1978年国民收入中工业所占份额从12.6%上升到46.8%。农业份额则由68.4%下降为35.4%。与此同时，经济总量有了大幅度提高。1952年的工业总产值才343.3亿元，1980年已达4992亿元，增长了13.5倍。最重要的是，改革开放前，我国初步建立起一套比较完整的独立的国民经济体系和工业体系，为今后发展奠定了物质和技术基础。

但粗放型经济增长方式的特点是以经济增长速度为目标，追求高速度发展；片面发展重工业，由此牺牲农业、轻工业、第三产业，造成经济发展不平衡；主要依靠外延扩大再生产，追求数量，不注重效率。这种发展方式，存在较多弊端。第一，从优先发展重工业到片面发展重工业，致使农轻重比例失调，产业结构畸形。在实施第一个五年国民经济计划期间，重工业总产值比重从 1952 年的 15．3% 到 1957 年增加至 25. 5% 是必要的。但自 1958 年开始的“大跃进”运动，掀起“以钢为纲”的群众性运动推进整个经济建设、优先发展重工业的正确方针变为片面发展重工业的错误方针，并持续了 20 年。1978 年的重工业总产值比重上升为 41. 1% ，是建国以来最高的年份，同年重工业投资占全国基建投资的 50. 9% ，而轻工业只有 6. 1% ，农业投资更低，长期以来对重工业的投资大大高于对轻工业和农业的数倍甚至十几倍，使得产业结构极不协调。第二，片面追求高指标、高速度，忽视综合平衡。改革开放前我国在经济上犯了急于求成的错误，集中表现是以高速度、高指标为标志的“大跃进”运动。1960 年工业总产值增长 25% ，而同期农业总产值下降 25% 。这不仅导致国民经济不能协调发展，而且使人民陷入困境，出现三年困难时期，教训极其深刻。但我们对此并没有足够重视。1977 年党的十一大再次提出“全面跃进”口号，要求在今后 8 年，特别是近 3 年国家计划新建和引进 120 个大型项目。其中有 10 大钢铁基地、9 大有色金属基地、8 大煤炭基地、10 大油气田、30 座大电站、6 条铁路新干线、5 个重点港口等。如此庞大的建设规模和过高的发展速度是同国力不相适应的，因而无法实现。由于十一届三中全会召开，从 1979 年开始对国民经济实行“调整、改革、整顿、提高”，这个“全面跃进”设想才没有完全付诸实施。第三，经济效果差。以“五五”时期为例，1976 年基本建设投资，国家预算内安排部分完成 311 亿元，加上自筹共完成 376 亿多元，比 1975 年还减少了 32. 8 亿元；固定资产交付使用率为 58. 9% ，全部建成的大中型项目 85 个，比 1975 年减少 82 个。国务院《关于 1977 年上半年工业生产情况的报告》指出，1977 年中国的经济发展状况为“相当多的企业管理仍然很乱，产品质量差、物资消耗高、劳动生产率低、亏损大、事故多”。第四，积累率过高，忽视人民生活的改善。为了解决资金紧缺的问题，我国采取了高积累率，1977 年的积累率高达 32.3%。1978 年，积累率更是高达 36.5%，成为 1958 年以来 20 年中最高的一年。在高积累的情况下，较少考虑改善人民生活。统计表明，1957—1978 年的 20 年中，虽然中国居民人均收入增长了 1.96 倍，全国居民消费水平指数却只提高 44.0%，年均提高 1.8%，城镇居民消费水平平均提高 2.6%。农村居民水平年均仅提高 1.5%。1978 年虽然粮食获得丰收，但全国人均消费粮食才 391 斤、食油 3.2 斤，比 1949 年的 409 斤和 3.4 斤的水平还要低。邓小平也指出“从一九五八年到一九七八年整整二十年里，农民和工人的收入增加很少，生活水平很低，生产力没有多大发展”。可见，伴随实施优先发展重工业战略、高度集中的计划经济体制以及过于追求发展速度而形成的粗放型经济增长方式，既对中国经济发展有很大贡献，但也存在很多弊端，应予以改革。

4. 经济成就与教训共存

建国后至改革开放前是我国发展的第一个三十年。这三十年虽有曲折，但我国各方面的发展均取得了重要成就，在“一穷二白”的基础上建立起了独立的比较完整的工业体系和国民经济体系。

首先，国民经济总量大幅度增长。我国从 1949 年到 1978 年的社会总产值从 557 亿元增加到 6846 亿元，即 29 年间增长 11.29 倍，年均增长 9%。1958—1962 年的“二五”时期前两年是“大跃进”，后三年是困难时期，生产一度下滑，以致年均负增长 0.4%，除此之外，其余各个时期我国社会总产值都保持了很高的增长速度。即在 1953—1957 年开始大规模经济建设的“一五”时期年均增长 11.3%；1963—1965 年在克服严重困难之后的恢复时期年均增长 15.5%；在“文革”前期 1966—1970 年的“三五”时期年均增长 9.3%；“文革”后期即

1971—1975 年的“四五”时期也达到了年均增长 7.3% 的水平。整体经济实力是变强了，而且是大大变强了。

其次，工业生产快速增长。建国后，经过 30 年的努力，我国建成了门类比较齐全、独立的、比较完整的工业体系。1952—1980 年，工业投资累计达 3955.19 亿元。各种工业产品产量的迅速增长并大大超过了其他各国的增长速度。我国工业建设的伟大成就还突出表现在一大批重点工程陆续建成投产。首先是从“一五”时期开始的以 156 项重点工程为中心，由限额 694 个项目组成的大规模建设工程陆续建成投产；一大批举世闻名的项目，如大庆油田、万吨水压机、万吨级远洋货轮及 5 万吨级远洋油轮、10 万吨水力发电机组、百万伏高压标准电容器、武汉和南京长江大桥、三门峡等水利工程都是在那时问世的。

再次，农业战线成就巨大，解决了大量人民，尤其是农民的温饱问题。农产品产量的增长情况可以说明我国在那几十年中农业的发展是十分迅速的。从种植业看，改革前 30 年间各主要农产品产量都是成倍甚至几十倍的增长。如粮食从 1949 年的 11320 万吨到 1979 年 33212 吨，即增长 1.93 倍以上，年均增长 3.78%。各类经济作物增长也均在 2% 上下。畜牧业也恢复很快，到 1952 年牲畜总头数已恢复到解放前最高水平，达到 2.28 亿头；到 1978 年牲畜存栏数增至 56511.9 万头。

但由于“大跃进”“人民公社化运动”和“文化大革命”的出现，中国经济开始走入错误的轨道。经济建设遭受重大打击，生产力遭到严重破坏。“文革”十年的浩劫更是使中国经济原地踏步十年。中国经济曲折发展，但这些也为中国今后的经济发展带来重要的经验教训。

（二）毛泽东同志“论十大关系”

新中国成立初期，西方国家采取经济封锁、政治孤立、军事包围等手段打压中国，妄图把中国扼杀在摇篮中。以毛泽东同志为核心的党的第一代中央领导集体，领导全国各族人民紧紧抓住恢复和发展生产这一中心环节，在继续完成民主革命遗留任务的同时，有步骤的从新民主主义到社会主义的转变。从1953年到1956年，中国共产党领导全国各族人民有计划有步骤地完成了对农业、手工业、资本主义工商业的社会主义改造，实现了中国社会由新民主主义到社会主义的过渡和转变，在中国建立了社会主义基本制度。1956年社会主义改造完成后，毛泽东的注意力转向了经济建设，也就是工业建设。这也是全党面临的一个新的任务，即在经济文化落后的东方大国如何建设社会主义。这是一个非常艰难而复杂的问题，毛泽东通过调查和研究，听取中央主管经济的部门的工作汇报后总结出的《论十大关系》具有十分重要的意义，在基于中国国情的基础上，借鉴苏联的经验，充分调动各方面的积极因素，探索属于中国的特色社会主义道路。它为我国如何建设社会主义指明了道路，同时也为包括财政体制在内的经济体制改革指明了方向。财政工作紧密围绕着党中央的领导，不断地优化体制，健全体系，使得财政管理水平不断提高，为我国社会主义事业不断开创新局面，为促进各个时期国民经济发展和社会进步，做出了巨大贡献。

1. 财政支出的分配问题

毛泽东同志的《论十大关系》中的第一大关系：在重工业和轻工业、农业的关系问题上，要用多发展一些农业、轻工业的办法来发展重工业；第二大关系：在沿海工业和内地工业的关系问题上，要充分利用和发展沿海的工业基地，以便更有力量来发展和支持内地工业；第三大关系：在经济建设和国防建设的关系问题上，在强调加强国防建设的重要性时，提出把军政费用降到一个适当的比例，增加经济建设费用。只有把经济建设发展得更快了，国防建设才能够有更大的进步。

以上三大关系在财政上的具体反映便是财政支出的分配问题。我国在1992年之前是计划经济体制，为了保障政权的稳定和经济的平稳发展，资源配置完全由政府掌握进行决定，财政支出的分配影响着各领域的发展。在我国的财政支出中大部分是用于经济建设，然而在新中国成立初期，军费支出对财政的压力始终很大。一方面解放全国的战争还在继续，各地剿匪工作也很重；另一方面部队供给标准也有所提高。1949 年，为了解放全中国，巩固新政权，人民解放军的队伍不得不随着解放区的扩大而扩大，人民政府在极端虚弱的经济基础上必须支付巨额军费，当年军费开支约占财政支出的一半以上。而在“一五”计划期间，国内外环境总的来说比较稳定，毛泽东同志提出大力发展经济而减少国防支出，带动国民经济发展，实现“一化三改”的经济目标。从三年（1950—1952 年）总的情况来看，军费和为保证各国家和平建设所支付的国防费达 138. 49 亿元，占总支出的 37. 8%。经济建设费支出为 125. 7 亿元，占总财政支出的 34. 3%。经济建设支出逐年增加，1952 年达到 73. 23 亿元，占总财政支出的 41. 6%。说明经济建设越来越成为财政支出的重点。

而在以经济建设为主的同时，毛泽东同志提出发展轻工业和农业，以此继续带动工业的发展。工业往往是国家经济发展的基础，五年计划中的基本内容即为集中主要力量进行以苏联帮助中国设计的 156 个建设单位为中心的、由限额以上 694 个建设单位组成的工业建设，建立中国社会主义工业化的初步基础。虽然社会主义工业化是我国社会主义改造的主体，农业、手工业等轻工业作为人民生活的基础和保障，应该加重在经济建设中的比例，这样的加重一是可以更好地供给人民生活的需要，二是可以更快地增加资金的积累，因而可以更多更好地发展重工业。通过重工业与农业、手工业的相互联系，相辅相成，两者都将得到长足的进步：工业的发展将刺激内需进而带动对粮食、服装等的消费，促进农业、轻工业的发展；农业、轻工业的发展又会加快资金的积累。而国家为落实发展农业、轻工业的方针也采用了众多鼓励农业、轻工业发展的财政政策，例如：一是实施农业税减免政策和稳定负担政策：农业化合作初期，国家对新解放区的农业税仍实行累进税制。农业合作化高潮后，实行累进税制就没有必要了，全国农业税就一律改为比例税制。国家实现了财政经济状况根本好转以后，立即采取了稳定农民负担的政策。政务院在《关于一九五三年农业税工作的指示》中正式宣布，从 1953 年起，3 年内全国农业税的征收指标稳定在 1952 年的实际征收水平上，不再增加；二是基于农村信用合作社免税照顾：大量组织农村信用合作社是合作化工作中的一个重要组成部分，通过农村信用合作社可以把广大农民的资金组织来，发挥农村资金的潜力，按照国家计划，有效地用于发展农业生产。因此，为了巩固农村信用合作社的基础，1953—1957 年，对农村信用合作社一直免征工商业税，在税收上给了很大的照顾；三是“扶持农村供销合作社的发展：国家运用税收政策——1953 年《关于税制若干修正及实行日期的通告》中规定将其营业税税率从 2% 改为 2. 5% ，但税负并未增加，因为把原来应纳的印花税、营业税附加，合并到调整后的营业税税率中去了；1956 年 5 月 15 日发布《关于供销社经营的新式农具 1956 年扩充的 34 种亦可按 2. 5% 税率征收营业税的通知》，对供销合作社新式农具实行税收照顾，由畜牧型扩大到手工机械等类型，品种从 17 种增加到 51 种；四是国家财政增加对农业的投资——1956 年，毛泽东召开最高国务会议，讨论中共中央提出的《一九五六年到一九六七年全国农业发展纲要（草案）》，同时提出农业发展指标。为了扶持农业加快农业发展，国家财政加大了对农业的投资，重点支持兴修农田水利、推广新式农具、扩大优良品种等；五是发放低息农业贷款；六是加快手工业的社会主义改造——一是税收上给手工业合作社以照顾和优待；二是从资金上给手工业合作社以直接的支持。

当然，即使是要发展轻工业、农业，重工业仍是经济发展的主体，实现国家工业化仍是主要内容。然而实现国家工业化是一项极其艰巨和复杂的任务，除了要有先进的技术、丰富的资源和有效的管理外，还必须有巨额的资金，资金问题是工业化建设中一个非常重要的问题。财政收入是资金的主要来源，世界各国为工业化筹集资金有各种不同的途径，当时我国确立的方针是：自力更生为主，争取外援为辅。国家财政通过自力更生发展生产、厉行节约等措施，为工业化筹集建设资金达1241.75亿元，有力地保证了“一五”计划的顺利完成。

在计划经济体制下，财政投资是经济等领域建设所需资金的重要来源，通过财政收支的分配保证了各领域的协同发展，促进经济的进步。

2. 财政改革的关系协调问题

毛泽东同志的《论十大关系》中的第四大关系：在国家、生产单位和生产者个人的关系问题上，三者的利益必须兼顾，不能只顾一头，既要提倡艰苦奋斗，又要关心群众生活；第五大关系：在中央和地方的关系问题上，要在巩固中央统一领导的前提下，扩大地方的权力（即权力下放给地方），让地方办更多的事情，发挥中央和地方两个积极性。以上两大关系涉及国家、生产单位、生产者之间，中央与地方之间的关系。财政改革就是围绕这两条主线不断地进行着探索和改革。

例如财政收入机制的不断完善，便很好地处理了国家、企业、个人之间的关系：在早期的计划经济体制下逐步形成了“利税并存、以利为主”的特殊财政收入机制。在这种机制下，财政收入以国营企业上缴利润为主，以国营和集体经济的税收收入为辅。国营企业几乎没有自主权，所获得利润全部上交，因此，企业的积极性很低，一定程度上阻碍了经济的发展。同时，国家低价收购农副产品、采取低工资的制度不断压榨人民，“统购统销”的制度不断扩大剪刀差，为工商业带来了巨大的利润、增加了财政收入的同时，增加人民的负担，使得国家与个人之间的矛盾激化。期间，为了激发企业生产积极性，曾对国家和企业的分配关系进行过几次调整。如1950年到1957年实行的企业奖励基金和主管部门超计划利润分成制度；1958年到1961年实行的利润留成制度，赋予了企业某些自主权，在一定程度上减少了高度集中的计划体制对于企业的束缚。改革开放大幕拉开后，财政收入制度从改革国家和国营企业入手，放权让利、以税代利，扩大企业自主权。国务院于1983年决定实施利改税，企业的大部分利润以所得税的形式上缴。这项改革有利于把国营企业放在相对独立的商品生产经营者和依法纳税、公平竞争的地位上，加强了企业的经营管理，稳定了国家财政收入，调动了企业职工的积极性，较好的处理了国家、企业和职工个人三者之间的积极性。

又如财政体制的变化：在计划经济体制下财政体制基本上是中央统一领导、分级管理，并基本保持了高度集中的格局。1950年，鉴于新中国成立初期百废俱兴而财力分散薄弱的情况，建立了高度集中的统收统支的财政体制。这样的体制一定程度上达到了集中财力、物力、人力进行经济、国防建设的目的，促进了我国经济的快速发展。然而随着我国经济的复苏，这样的体制存在着许多的弊端。一是财政权力过分集中，政府职能过度膨胀，压抑了各地区、各部门及各单位的积极性、创造性，不利于激发企业的活力，不利于社会生产力的长期持续发展。二是忽视物质利益原则，不利于调动劳动者的积极性。统计资料表明，从1957年到1977年，城镇职工工资基本没有提高，农民收入徘徊不前，1978年农村居民人均纯收入只有133.6元。三是财政体制、机制变动频繁，不利于形成清晰、稳定的制度体系。而在党的十一届三中全会召开之后，这一中央完全控制地方的体制被打破，1980年起，国家实施“划分收支、分级包干”的财政管理体制，明确划分中央财政与地方财政的收支范围，将财政收入划分为中央固定收入、地方固定收入和中央与地方调剂分成收入三类，地方拥有了一定的自主权。而由于多种体制并存以及中央与地方一对一谈判机制和条块分割的行政隶属关系控制，难以解决好财政体制的规范性、透明化和可持续问题，导致国家财政收入占国民总值的比重下滑过多。于是，1994 年的分税制改革又做了进一步的调整，较好地解决了中央集权与地方分权的问题。

再有企业与个人的关系，20 世纪 50 年代以后的中国，在高度集中的计划经济体制下，职工吃企业的“大锅饭”，即在企业内部，职工无论干多干少，干好干坏，都不会影响个人工资分配，个人工资存在严重的平均主义。因此，为了彻底根除这一弊端，激发个人的活力，20 世纪 70 年代末至 80 年代初，党中央在总结农村出现的各种形式的联产承包责任基础上，在全国推行农业生产责任制；随后，又开始了企业扩权试点。到 1987 年，全国已有 80% 的国企实行形式多样的承包经营责任制，企业内部也广泛开展了以厂长负责制为主要内容的改革。分配制度和用人制度得到彻底变革，企业实行按劳付酬，推动经济生产责任制的建立和完善。

3. 少数民族地区的经济发展

毛泽东同志的《论十大关系》中的第六大关系：巩固各民族的团结，诚心诚意地积极帮助少数民族发展经济建设和文化建设。仔细研究少数民族地区的经济管理体制和财政体制，在民族财政体制这一方面，较一般地方财政体制相比国家给予了特殊照顾，如预备费高于一般地区。民族地区的预备费为 5%，而一般地区为 3%；按照正常支出，另加一笔机动金，用于发展民族地区的经济文化事业。

财政的发展向来是有一定的政治依据，其中首要的是坚持马克思主义为指导，特别是马克思主义与中国革命和建设实践相结合的成果统领财政工作，并根据时代的要求，贯穿到财政实践中，毛泽东同志的《论十大关系》紧密结合当时的国情需要，为社会建设指明了方向，充分调动了一切积极因素为社会主义建设事业服务。财政是这些经济建设、国防建设、社会建设等领域发展的基础，因此财政工作要紧密结合党中央、国务院的重大决策部署，全面贯彻中国特色社会主义理论体系，只有这样才能不断完善财政体制促进经济的科学发展。

（三）陈云同志等的理财思想

陈云是中国无产阶级革命家、政治家，杰出的马克思主义者，中国社会主义经济建设的开创者和奠基人之一，曾长期负责我国的经济工作。在经济实践中，陈云坚持实事求是的思想路线，坚持为工人阶级服务的正确立场，非常重视民生，重视国民经济的协调发展，逐步形成了科学系统的财政思想。

1. 陈云财政思想的形成过程

陈云的财政思想的基本形成是建立在国民经济恢复和三大改造基本完成这一历史背景之上。新中国成立后，陈云被任命为国务院副总理、财经委员会主任，在中共中央和国务院的领导下，主持全国的经济工作。在这一时期，如何迅速摆脱贫困落后、走向富强是摆在中国共产党人面前最大的难题。这一时期，既是中国改革开放之前经济发展最为稳妥、开放、有活力的时期，同时也是陈云人生的黄金时期。陈云在这个历史阶段的主要工作都是围绕着新中国的经济恢复和社会主义建设探索这一命题进行的。在统一财经、稳定物价、国营经济与私营经济共同发展、经济平衡、逐步实现三大改造、有计划地发展国民经济等方面都做了理论论述和实践探索。

陈云财政思想的进一步充实发生于中国国家全面建设社会主义的这一历史时期的。三大改造完成后，由于严峻的国际局势和党和国家对富强的强烈渴望，“大跃进”运动出现，随后又出现了为期五年的经济调整。这一时期，国民经济的发展极为不平衡、不健康，人民生活受到严重影响。陈云在这一时期的工作主要是围绕经济调整这个主线进行的，他提出了以综合平衡为核心的经济发展思想和“三主三辅”的经济架构，标志着他的财政思想的基本形成。

陈云财政思想走向成熟时是在十年动乱之后。十年动乱造成的重大比例失调、基建战线过长、投资效益过低的现象阻碍着经济的发展。这一时期，陈云面临着巨大的考验：如何调整国民经济？如何调节高度集中的计划经济体制？怎样发展对外经济？当时，许多领导干部希望“放手利用外资”，大量引进外国先进设备。然而，陈云认为，在刚刚经历动乱之后，要恢复经济就必须坚持实事求是，要根据现状，找出解决问题的办法，一拥而上的做法是不可行的。陈云在 1981 年底提出“计划经济为主，市场经济为辅”，强调计划并不意味着政府万能。陈云认为，计划往往缺乏科学性，要做出好的计划需要建立科学的经济信息系统和信息网络。由此可见，陈云的计划经济思想同苏联的高度集中的计划经济体制是不一样的。他的计划经济思想重视科学、规律的计划，同时也注重发挥市场的价值规律。后来党中央提出的社会主义市场经济体制是随着中国共产党的科学实践探索提出的，既没有抛弃计划，同时也注重市场的作用，可以看出这是陈云提出的计划经济思想的一种时代演进。在十年动乱之后，陈云的财政思想进一步成熟，他的财政思想有了更深、更广的实践，甚至有所突破。其中关于社会主义经济体制的改革，强调“有计划按比例”和“市场调节”都要有，既重视宏观调控，有强调坚持市场规律，这是他财政思想的深化、发展。

2. 陈云财政思想的主要内容

（1）唯物辩证法是陈云财政思想的理论基础。陈云同志的财政思想是毛泽东思想的重要组成部分，其中充满了实事求是的精神，闪耀着唯物主义和辩证法的光辉。陈云同志对一切问题的研究和解决都是坚持从客观实际出发，以事实为依据。因此，他特别重视调查研究，多次强调领导机关制定政策要根据对实际情况的科学分析得来。在这种思想的基础上，陈云形成了以稳健著称的工作作风。他在建国初期就指出：“毛毛草草而发生错误和稳稳当当而慢一点相比较，我们宁可采取后者，尤其是处理全国经济问题，更需注意这点。"① 在"大跃进"时期，陈云在落实1959年钢铁产量指标的问题上坚持实事求是，主张把原来不切实际的高指标降下来，退到可靠地阵地，因为"站稳以后的前进是更踏实的前进"。1982年改革开放之初，陈云再次强调"搞建设，真正脚踏实地、按部就班地搞下去就快，急于求成反而慢，这是多年的经济教训"。② 这是陈云以唯物辩证法为理论基础的财经思想的至理箴言。1992年，在我国经济体制改革的目标将确立为社会主义市场经济体制的时候，陈云明确指出："现在我们国家的经济建设规模比过去要大得多、复杂得多，过去行之有效的一些做法，在当前改革开放的新形势下很多已经不再适用。这就需要我们努力学习新的东西，不断探索和解决新的问题。"③

（2）经济决定财政，财政要服从大局。陈云强调要把财政放在当时的社会政治经济条件下来分析其作用和地位，主张要用政治观点来观察和解决财政问题。新中国成立伊始，在解放战争的环境下，一切问题的解决都要立足于革命战争的全局。解决财政困难的根本方法是要依靠军事上的胜利。无论财政困难有多大，支援战争要放在首位。"先前方、后后方，先军队、后地方，仍是我们财政支付的基本原则"。建国前后，许多同志对把国民党的旧军政人员包下来的做法有意见。陈云认为这是一个十分重要的政策问题。"全部接收在旧政权下工作过的人员，财政上负担很大。但是，裁了这部分人，让他们失业，没有饭吃，问题更大。现在养着这部分人，从财政上看是个损失，但从另方面看，政治影响好。这个包袱不能不背，不能光从财政着想"④。他在财政部干部会议上，

① 《陈云文选》（1949—1956）［M］，北京：人民出版社，1981年版，第152页。

② 《陈云文选》（1949—1956）［M］，北京：人民出版社，1981年版，第280页。

③ 《人民日报》［N］，1992年7月23日。

④ 《陈云文选》（1949—1956）［M］，北京：人民出版社，1981年版，第15页。

还再次就这个问题做了解释说明："如果我们不供养这批人员，简单地把他们遣送回家，他们回去之后没有饭吃就要走不正当的路，就要骂共产党，结果有害于人民。如果我们供给他们吃饭，即可使他们安下心来，又可松懈尚未解放的国民党军政人员的斗志。有人说我们不会管家，其实这说明共产党光明磊落，有远见卓识。"① 陈云的分析语重心长、令人信服。早在建国前召开的上海财经会议上，陈云对各地财委与财经工作者提出，"解决财政问题，眼光要放在发展经济上。要注意节省开支，但更重要的是注意增加收入。节流很重要，开源更重要。所谓开源，就是发展经济"②。基于上诉财政思想，他要求财经主管机构以及领导工作者要有全局观念和战略眼光。在1950年的全国财政会议上，他提醒大家"首先，要把自己的工作放在全国大范围来看，如果发现自己的做法与全国的任务不相符，应该立刻觉悟，立刻纠正"③。

（3）财政对经济的影响和制约。财政对经济的影响就是指国家财力对经济建设的支持或制约。陈云认为，在财力和物力不够的情况下，把建设规模搞大了再压缩下来是不那么容易的，而财力物资多了，增加建设是比较容易的，相对来说纠正保守比纠正冒进要容易些。因此陈云主张，用于经济建设的资金不能超过国家掌握的财力，财力还要与物力相适应，因为光有钱没有东西也是枉然，还会引起通货膨胀。陈云由此提出"三大平衡"的观点。"三大平衡"是指财政收支、信贷收支、物资供需的平衡，以及它们之间的统一、协调、综合平衡。"三大平衡"思想，是随着新中国的诞生而产生的，是经过三年经济恢复和四年经济建设的实践，特别是总结了1956—1957年的冒进与反冒进的经验教训而提

① 吴波：《记陈云同志在财政部的一次讲话》，《陈云与新中国经济建设》，北京：中央文献出版社，1991年版，第153页。

② 《陈云文选》（1949—1956）［M］，北京：人民出版社，1984年版，第18页。

③ 《陈云文选》（1949—1956）［M］，北京：人民出版社，1984年版，第61页。

出来并形成了比较完整地理论。这一理论集中、系统、深刻地阐述于1957年发表的《建设规模要和国力相适应》。“三大平衡”中物资平衡是基础，财政平衡则是关键。“只要财政收支和信贷是平衡的，社会购买力和物资供应之间，就全部来说也会是平衡的。1950年到1955年财政收支平衡和物资供需平衡的状况，从正面证明了这一点。1956年，由于财政上有了赤字，物资供应就不平衡，又反面证明了这一点。这是极为重要的一个问题”①。综合平衡理论在60年代初的经济调整过程中有所充实和发展。1979年，陈云针对当时的经济冒进再次提出，要“在财政平衡的基础上，看看能够拨出多少钱用于基本建设投资，以这个数字来制定基本建设计划。所以，根据三十年来的经验，找出基本建设投资在财政支出中所占比重这一条杠杠，是必要的，这样才是实事求是”②。为了确保财政平衡，陈云指出，“在财政上必须反对两种倾向：一种是冒进，即将财政收入全部分出去，搞到中途预算破裂。一种是保守，即有钱不用，妨碍建设。为了在财政上避免这两种错误，就必须一方面保有一定数目的预算费，另一方面又准备在年度计划中增加可能增加的投资”③。“三大平衡”理论，尤其是其中的财政平衡理论，根源于建国以来大规模的、高度集中的、有计划的经济建设的实践基础，在理论创新方面有着巨大的启发性意义。

（4）财力的合理分配及财政体制的改进。国家财力的使用，是集中，还是分散，主要看当时的客观情况。建国初期，陈云提出“对于人力物力要有一个全局的调整。现在各大区都想自己搞一个大摊子，这是不行的”④。抗美援朝开始后，他再次强调，“财政上的各项支出，

① 《陈云文选》（1956—1985）［M］，北京：人民出版社，1986年版，第44页。
② 《陈云文选》（1956—1985）［M］，北京：人民出版社，1986年版，第236页。
③ 《陈云文选》（1949—1956）［M］，北京：人民出版社，1984年版，第242页。
④ 《陈云文选》（1949—1956）［M］，北京：人民出版社，1984年版，第25页。

必须分清主次，不能面面俱到。如果面面俱到，便会一事无成。我们要集中力量，把财力使用在主要方面，解决主要问题，这和作战是一样的道理”①。

1953 年经济建设开始后，陈云在中央人民政府委员会议上说：“中央财政和地方财政之间的问题是，对地方财政统得太多太死。中国这么大，地方情况那么复杂，不可能统得太死，也不应该统得太死。解决的办法，今后准备把中央财政和地方财政划分一下。”② 到 1957 年初，针对当时财权过于集中的情况，党中央和国务院正式决定对财政体制作些改进，陈云分析说：“中央和地方的体制中权力和财力的分配问题，实质上就是中央举办的一些重点的基本建设工程将来势必有一部分要分散。所谓分散重点，就是要分掉一些钱。有些企业的管理权要下放，财务要下放，利润也要下放。”③ 不久，他又指出经济体制改进以后应该注意的几个问题：中央必须加强对各个地方的平衡工作；地方要切实掌握资金的投放方向；财政体制一经改变，必须建立相应的财务管理制度等。此后，他为国务院起草了《关于改进财政管理体制的规定》。由于不久就发生了“大跃进”，未能正确贯彻、付诸实践。但这毕竟是我国经济体制改革的历史上一次积极而有意义的探索和尝试。80 年代初的城市经济体制改革也正是从这里重新起步的。

1982 年，陈云根据基础产业对国民经济的瓶颈制约问题指出，“由中央适当集中一笔资金，加强能源、交通运输和科学、教育等薄弱环节，保证重点项目的建设，是完全必要的”④。党十二大把农业、能源、交通运输和科学教育事业确定为经济建设的战略重点。

---

① 《陈云文选》(1949—1956) [M]，北京：人民出版社，1984 年版，第 115 页。

② 《陈云文选》(1949—1956) [M]，北京：人民出版社，1984 年版，第 200 - 201 页。

③ 薄一波：《若干重大决策与事件的回顾》 [M]，北京：中国党史出版社，1991 年版，第 792 页。

④ 《陈云文选》(1956—1985) [M]，北京：人民出版社，1986 年版，第 285 页。

自建国开始到1956年，党的指导思想是正确的，陈云的财经思想得以顺利发挥指导作用。由其主持的全国财经工作，所提出的并付诸实践的一系列方针、政策，都取得了辉煌的成就。然而，1957年起，党内“左”倾思想逐渐占了上风，陈云的财经思想不能完全发挥指导作用，国民经济发展受到挫折。60年代初的国民经济调整时期，陈云的财经思想又发挥了重大作用。但是，“文革”时期，他的思想几乎被完全抛弃掉了。十一届三中全会后，他的财经思想对于新时期的经济建设和改革开放，再度发挥其重大的指导作用。由此可见，陈云财经思想发挥作用的时期就是我国经济建设取得胜利的时期。

陈云同志从宏观上讲国民经济综合比例发展，讲宏观调控，讲体制改革，讲必要监督；从微观上讲价值规律，讲时间观念和利润观念，讲经济核算和计划管理，讲技术更新改造的策略思想。建国以来在提高企业经济效益，增加财政收入方面发挥过十分重要的指导作用。改革开放以来的实践，特别是当前大力促进社会主义市场经济体制建立与完善的实践再次表明，陈云同志的这些重要的策略思想，对指导当前的财政工作，促进企业经济效益的提高，增加财政收入，仍然有十分重要的指导作用。陈云的计划与市场理论的丰富证明陈云的财政思想并非仅是特殊时代的特殊理论而已，更是中国现代化建设的理论指南之一。

（四）统购统销、工农业剪刀差等计划经济年代特殊的财政理论

计划经济体制时期，财政高度集中于中央，产生了一系列特殊的财政理论。

1. 统购统销

统购统销不仅是解决城市粮食问题的手段，也是计划经济体制的基础。1953年10月16日，中共中央发出了《关于实行粮食的计划收购与

计划供应的决议》。这一决议是根据陈云的意见，由邓小平起草的。所谓“计划收购”被简称为“统购”；“计划供应”被简称为“统销”。后来，统购统销的范围又继续扩大到棉花、纱布和食油。这一政策取消了原有的农业产品自由市场，初期有稳定粮价和保障供应的作用，后来变得僵化，严重地阻碍农业经济的发展。80 年代改革之后，该项政策被取消。

在这项政策提出之前，随着工业建设的发展，城市人口继续大幅度增加，粮食供应形势日益严峻。据国家统计局数字，城镇总人口由 1949 年的 5765 万增加到 1954 年的 8249 万，5 年增长了 43%①。1949 年以后粮食产量逐年增加，但是国家征购的增长高于粮食产量的增长，而国家征购的增长又赶不上对粮食需求的增长。统购统销以前，1953 年，需要国家供应商品粮的人口为 24788 万人，需要商品粮总数为 659 亿斤②，此外还有军粮和出口粮食。1953 年，国家征购粮食 721 亿斤，和 1952 年相比，产量只增加 1.44%，而征购数量却提高了 20.1%。国家从农民手中拿走的粮食，1950 年占产量的 13.45%，1953 年增加到 21.74%。在以后的年代，这个比重继续大幅度提高。粮食紧张，除了城市人口和工业用粮增加以外，还有一个原因，就是停止了城市的粮食进口。1949 年以前，大城市的面粉工业的原料有相当一部分是进口小麦，而建国后粮食进口几乎断绝。

为了搞好粮食供求平衡，1952 年成立粮食部。像财政部保证财政收支平衡一样，粮食部保证粮食收支平衡，尽可能多收入，尽可能少支出，按月、按季分析粮食收购和销售情况。粮食部成立之初，还没有进行城乡工商业的社会主义改造，没有搞统购统销，还有粮商，有粮食市场。因此，国家必须和私商争粮。

面对粮食短缺的尖锐矛盾，毛泽东让中央财经委员会拿出办法。

① 《中国统计年鉴 1984》，北京：中国统计出版社，1984 年版，第 81 页。

② 粮食部计划司统计资料，粮食部资料室，1954 年。

1953 年 7 月中财委开始提出 8 种方案，最后选定统购统销的方案。所谓统购统销就是借助政权的强制力量，农民生产的粮食全部卖给国家，全社会所需要的粮食全部由国家供应，农民自己食用的数量和品种也得由国家批准后才能留下。全国城镇 5000 多万个家庭每家一个粮本，凭粮本供应粮食，在市面上没有国家的粮票买不到一口吃的。

1953 年 10 月 2 日晚，毛泽东主持中央政治局扩大会议，听取了陈云的汇报，采纳了陈云的建议。10 月 16 日，中共中央政治局讨论通过了《中共中央关于粮食的计划收购与计划供应的决议》，以后国务院又发布了相关命令和执行办法。从此以后“所有收购量和供应量，收购标准和供应标准，收购价格和供应价格等，都必须由中央统一规定或经中央批准”。统购统销不仅是解决城市粮食问题的手段，也是计划经济体制的基础。当时全国自耕农户有一亿几千万户。国家直接向一家一户收购粮食遇到了技术上的困难。于是，把分散的农户组成合作社就成为必要。农业集体化，不仅是社会主义理想的需要，也是粮食统购统销的需要，即国家控制粮食资源的需要。

在统购统销中，国家规定了城镇人口每月的粮食定量。各省为了使自己有一定的余地，在国务院规定的定量中又扣除一部分，使居民的粮食定量低于国家的定量。统购统销是 1953 年 12 月实行的。1954 年 9 月，粮食部部长章乃器在全国人民代表大会上关于粮食问题的发言中说，1953 年 7 月—1954 年 6 月粮食年度，粮食收购数比上一年度增加了 77.78%，1954 年 6 月底以前的库存比去年同期增加了 51%①。这仅是统购统销实行半年的成果。在对粮食实行统购统销以后，还对生猪、鸡蛋、糖料、桑丝、蚕茧、黄红麻、烤烟、水产品实行统购，品种多达 132 种。对这些产品农民都不能自由买卖。价格也由国家统

① 章乃器：《五年来的粮食工作情况——在全国人民代表大会上的发言》，1954 年 9 月。

一规定。全国城乡居民所需要的粮食、布匹、食油、猪肉等生活资料全凭国家印发的票证供应。票证达十几种，成了第二货币。

2. 工农业剪刀差

工农业产品价格剪刀差的存在是计划经济体制下，实施优先发展工业的不平衡战略遗留下来的一个历史性问题。它关系到工农两大产业，体现了城乡二元经济结构的长期存在带来的农业衰退，农村消费不振等深层次问题。

“价格产品剪刀差”这个概念是由前苏联经济学家列奥拉任斯基首次提出的，指发展中国家（尤其是社会主义国家）的政府如何从农业部门的农民那里赚取利润来补贴城市工业部门的工人，同时通过实施剪刀差，政府可以加快资本积累的速度。苏联的“剪刀差”概念在20世纪30年代被介绍到我国。新中国建立后，由于工农业生产在战争中破坏程度不一样，恢复的速度不一样，以及恢复发展工业所需要资金和人力资源的短缺，使得农业与工业产品的比价，与在抗战时期相比，农民在交换中吃亏更多。因此不少人就采用“剪刀差”这个词来形容工农产品比价扩大的现象，但是此时中国使用的“剪刀差”已经与当年苏联的“剪刀差”概念有所不同了，它不是指那种政府依靠人为扩大工农产品比价来积累工业化资金的政策表现，而是指工农产品比价的不合理状态。

国家对农产品的收购价格低于其价值，而卖给农民的工业品高于其价值。这就是所谓“工农业剪刀差”。“剪刀差”实际上是一种“暗税”。农民向国家除了缴纳“明税”，即公粮以外，在销售农产品的同时，还上交了“暗税”。剪刀差在我国解放前就已经存在，解放后一个时期不仅没有缩小反而日益扩大，发展成为我国工农业之间、城乡之间以及工人和农民之间的一个重大政治经济问题。如果单从农业税上看，农民对国家的贡献是很小的、农民负担是不重的，但剪刀差绝对量在财政收入的占比却是十分高的，达到将近30%。我国的剪刀差政策通过对农业剩余的过度抽取，在一定时期内加速了工业化进程，使我国在较低的国民收入水平上实现了较高工业化水平。由于我国建国后工农业产品价格剪刀差幅度过大、时间过长，从根本上违背了价值规律，从而给我国农业乃至整个国民经济的发展带来了严重不良后果。

3. 既无外债也无内债

新中国成立时，中国共产党接手的是一个饱受战乱摧残、满目疮痍、一穷二白的烂摊子。因此，必须在自力更生的基础上，利用一切可以利用的力量包括资金、技术、人才等，进行经济建设。资本主义帝国对中国实行全面封锁，中国别无选择，只有大力争取前苏联对我国经济建设的支持与援助。1949 年底，周恩来、毛泽东先后赴苏，就中苏政治、经济、技术合作及中国利用苏联资金、技术等重大问题，与苏联领导人进行商谈。1950 年 2 月 14 日，中苏两国政府在签署《中苏友好互助同盟条约》的基础上，同时签署了中苏《关于贷款给中华人民共和国的协定》。条约规定："贷款以美元计算，总数为 30000 万美元；其计算法，系以 35 美元作为一盎司纯金。""苏联政府鉴于中国因其境内长期军事行动而遭受的非常破坏，同意以年利 1% 的优惠条件给予贷款。""自 1950 年 1 月 1 日起，在五年期间，每年以同等数目即贷款总数的 1/5 交付之，用以偿付为恢复和发展中国人民经济而由苏联交付的机器设备与器材"，中国"将以原料、茶、现金、美元等付还第一条所指的贷款及其利息"，"贷款的付还以 10 年为期"。这就是新中国的第一笔外债。1953 年 5 月 15 日，中苏两国又签署了《关于苏维埃社会主义共和国联盟援助中华人民共和国中央人民政府发展国民经济的协定》。9 月，苏联决定增加援助项目，先后共计 156 项，这便是 20 世纪 50 年代著名的 156 项重点工程。从 1950 年到 1957 年，中苏先后签署了 13 次贷款协议，中国政府向苏联举借的外债额达 68.4 亿旧卢布（合 13 亿新卢布，约相当于 17.1 亿美元）。这些用于引进技术、设备，开展156项工程建设的外债，加上抗美援朝战争期间，苏联给予我国购买苏联军事装备、物资的贷款，一共是74亿旧卢布，折合成新卢布为14.06亿，相当于18.5亿美元。这些贷款年利息是1%—2.5%，偿还期为2—10年①。此外，中国还与波兰、捷克、民主德国等先后签订协定，引进成套设备建设项目。20世纪50年代中国建设资金的筹措，除有限度地举借外债，主要是立足于国内的筹资。1950年1—3月发行“人民胜利折实公债”，约值2.58亿元的内债，弥补预算赤字，稳定物价，恢复国民经济。1954—1958年，人民政府又连续5年发行“国家经济建设公债”，每期6亿人民币。年年超额完成，总计5期国家经济建设公债实际发行额为35.44亿元，超过计划总额的16.96%。中国通过外债和内债筹集的资金相当于“一五”期间国家预算经济建设支出的10%以上②，可见内债和外债在我国国民经济建设和社会发展中的重要性。20世纪50年代，在我国国民经济建设和社会发展中，向前苏联举借的外债以及国内发行的公债，发挥了巨大的作用。由于有效利用了前苏联的贷款资金、技术设备和专家人才的支持与帮助，我国社会经济建设发展迅速。1953—1956年，我国工业生产年均增长19.6%，农业生产年均增长4.8%③。在生产总量上、增长速度上大大超过新中国成立前的任何时期，也是新中国头30年中建设发展最快、最好的时期。“156项”建设是新中国首次通过利用国外资金、技术和设备开展的大规模的工业建设。在当时，苏联对中国的援助，在资本主义封锁的严峻环境下，使中国突破了封锁，获得了当时

① 王国华：《外债与社会经济发展》[M]，北京：经济科学出版社，2003年版，第377页。

② 据中华人民共和国财政部综合计划司《中国国家财政收支统计（1950—1983）》有关数据计算，北京：中国财政经济出版社，1985年版。

③ 王国华：《外债与社会经济发展》[M]，北京：经济科学出版社，2003年版，第379页。

即使在苏联国内也是相当先进的技术和设备；苏联的低息贷款使资金极度短缺的新中国减少了利息负担。不过，这种援助并非单向的，也不是无偿的，而是通过贸易方式在平等互利、等价交换的原则下实现的。中国也为苏联提供了其稀缺的廉价的农产品、稀有矿产资源和国际通用货币等等。特别是新中国经济的恢复和发展、新中国政权的巩固，有力地改变了世界的政治、经济格局，壮大了以苏联为首的社会主义阵营。

1960 年后，由于前苏联大国沙文主义及中国国内越来越“左”的内外政策，中苏关系从 20 世纪 50 年代的兄弟般合作逐渐恶化、破裂，直至对抗、冲突。苏联停止对中国的贷款、技术和人才援助，而且中止、撕毁已经签署的合同，撤走专家、提前逼债。中国政府顶住巨大压力，全国人民勒紧裤带，在 1965 年前全部还清前苏联的贷款。1968 年我国政府将全部国家经济建设公债还清。“既无内债又无外债”，实出无奈。1969 年 5 月 11 日《人民日报》颇为自豪地宣告：中国成为世界上第一个（也是唯一一个）既无内债又无外债的国家。但是在无债的岁月里，中国社会经济的发展最为艰难、缓慢。中国的经济发展水平与世界资本帝国主义国家、发展中国家的差距拉得更大了。“既无内债又无外债”无助于社会经济的发展，只会延缓社会经济发展的速度与步伐。在这一阶段里有两次引资活动值得研究。一是 20 世纪 70 年代初期向西方国家引进预定 43 亿美元成套技术设备，简称“43 方案”；二是 1978 年签订对外引进协议额度 78 亿美元成套技术设备，被称为“78 计划”。20 世纪 70 年代初期，西方国家发生了经济危机，急于寻找海外市场；中美关系出现缓和，中国重返联合国，西方资本帝国主义国家对中国的封锁部分被打破；中国国内经济发展的现实，需要引进外国技术与设备。1972 年 1 月 22 日、8 月 6 日、11 月 7 日，国家计委先后提出引进化纤、化肥、化工等成套设备，经毛泽东、周恩来批准执行。1973 年国家计委对前一阶段引进项目做出总结，并对今后引进项目进行统一规划。1973 年 1 月 5 日，国家计委建议今后 3—5 年内引进 43 亿美元的成套设备，被称为“43 方案”。“43 方案”促使中国的外贸有了突破性发展，促进了中国基础工业，尤其是冶金、化肥、石油、化学工业的发展。1976 年粉碎“四人帮”后，全国人民热切希望加快经济建设，改善人民生活。从 1978 年初，中国陆续派出的代表团到欧洲、日本等地方访问后提出，我们与外国先进水平已经有很大差距，应当扩大引进外国资金与设备。国务院务虚会议上进行多次讨论，决定从日本引进成套设备，在上海宝山新建大型钢铁厂。1978 年 3 月 20 日，国家计委、建委下达《1978 年引进新技术和成套设备计划》，这个计划对外引进 22 项重点工程，协议金额 78 亿美元，简称“78 计划”。“78 计划”突破了过去的引进框架，由单纯引进技术设备发展到吸收外资到中国开办合资企业。中国国民经济发展的曲折、延误，说明利用内外债是社会经济建设发展的重要因素和必要手段。

改革开放前的计划经济时代，为了尽快实现社会主义建设，我国施行了许多财政政策，如统购统销、工农业剪刀差、既无外债也无内债等。这些政策都是那个特殊时代的产品，都有着特殊的意义，为我国的工业化进程创造了极大的条件，我国目前经济社会的一系列表现也与这些政策不无关系。

二、1978—1994 年分税制改革之前的财政理论发展

（一）1978—1994 年政府间财政关系

中华人民共和国建立后，中央和地方的财政关系被分成了三个阶

段：“统收统支”的财政体制（1950—1979 年）、包干制财政体制（1980—1993 年）和分税制财政管理体制（1994 年至今）。不同财政管理体制的主要特征如表 1 所示。作为国家行政管理体制的重要组成部分，财政体制、财政理论的发展是基于国家政治体制，并与经济社会的发展要求相适应的。

表 1　1950 年至今中央、地方财政管理体制

财政体制	实行时间	财政管理体制主要特征	财政收支集权度
“统收统支”体制	1950—1979 年	定收定支，总额分成，收支挂钩，一年一变[①]	收入分权、支出分权度不断调整
财政包干体制	1980—1984 年	划分收支，分级包干	收入分权、支出分权
	1985—1988 年	划分税种，分级包干，核定收支	
	1988—1993 年	多形式包干体制[②]	
分税制体制	1994 年至今	分税制财政体制	收入集权、支出分权

注：财政收支集权度是按照财政体制执行的实际效果判断的，与体制本身的设计无关。

资料来源：姜永华主编《地方财政管理体制》，中国财政经济出版社 1997 年版和财政部综合司编《中国财政统计（1950—1991 年）》整理。

改革开放之后，为了调动地方经济建设的积极性，中央在计划经济体制的大框架下进行了新一轮的分权改革。针对“统收统支”带来的弊端，以及应对 1979 年和 1980 年的国家财政连续出现的巨额赤字，以“财政包干制”为主要特点的财政分权改革成为了经济体制改革的先锋，从而使改革全面地调动起了中央与地方、企业和职工

① 1977 年起江苏省实行固定比例包干，广西、宁夏、内蒙古、新疆、西藏、青海和云南等七个省（自治区）实行民族自治地区财政体制。除上述各省以外的地区实行收支挂钩，增收分成的财政体制。

② 从 1992 年起，部分地区试行“分税制”体制，试点地区包括辽宁省、浙江省（不含宁波市）、天津市和新疆维吾尔族自治区等三个省、直辖市、自治区以及沈阳市、大连市、武汉市、重庆市和青岛市等六个计划单列市。

等的工作积极性①。从1980年起，25个地区实行了“划分收支、分级包干”财政体制，这种“分灶吃饭”的财政体制打破了传统的“一灶吃饭”格局，地方财力得到了大大地提升，调动了地方财政的积极性，使地方经济发展焕发了生机。而其确定的补助数额和分成比例由过去1年一变改为5年不变，也有利于保持政策的连贯性，有利于地方政府制定政策、发展地方事业。在“划分收支、分级包干”的财政体制下，统收的格局被打破了，但统支的格局并未完全打破。中央财政的支出负担并未减轻，以至中央财政不得不向地方财政借款。

在1983年和1984年，中国分别进行了第一步和第二步利改税改革。随着第二步利改税改革的完成，从1985年起，“划分税种，核定收支，分级包干”这种财政管理体制在省、自治区、直辖市全面展开。全国34个省、自治区、直辖市和计划单列市推行，如表2所示。

表2　1985—1987年“划分税种，核定收支，分级包干”体制确定情况

体制形式	地　区
总额分成	哈尔滨、辽宁、沈阳、大连、天津、北京、河北、山西、山东、河南、安徽、上海、江苏、浙江、武汉、湖南、重庆
定额上解	黑龙江
定额补助	甘肃、陕西、吉林、湖北、四川、江西
民族地区财政体制	西藏、宁夏、新疆、内蒙古、贵州、云南、广西、青海
大包干办法	广东、福建

资料来源：根据姜永华主编《地方财政管理体制》，中国财政经济出版社1997年版和财政部综合司编《中国财政统计（1950—1991年）》整理。

包干体制借鉴了农村承包的方法，目的是调动地方政府的积极

① 赵云旗：《中国财政改革三十年回眸》[J]，地方财政研究，2008年第12期，第8-13、21页。

性，但这种适用农村和企业的方法不完全适合城市，尤其是对中国这样一个单一制国家来说，包干制财政体制有效地提升了地方政府的积极性，我国的财政体制也由中央集权向高度分权转化，但是这种体制也显现出明显的弊端。首先，财政包干制一方面分散了中央政府的权力，使得其对财政资源的掌控力度大大削弱了，宏观调控和区域间平衡不能得到充分的保证；另一方面某些年度中央政府甚至需要向地方政府借款才能维持基本支出，极大地削弱了中央政府的权威。其次，财政包干制促使地方政府盲目投资和建设税高利大的行业、项目，加剧区域间市场分割，顺周期的投资行为引发了严重的经济过热和通货膨胀问题。为了克服财政包干制存在的严重弊端，适应建设社会主义市场经济体制的需要，以“分税制”为代表的现代财政体制呼之欲出。

1992 年春，邓小平发表了著名的“视察南方谈话”。《中共中央关于建立社会主义市场经济体制若干问题的决定》在党的第十四届三中全会上的顺利通过，标志着中国经济由此真正确立了自己的改革方向，开始坚定不移地向市场经济体制转轨。以“分税制”改革为主体的财政改革作为整个国民经济体制改革中的重要组成部分，与金融体制改革、国有企业改革和社会保障体制改革一道，形成了具有中国特色社会主义市场经济体制的基本制度设计。经过艰苦的谈判和协商，“分税制”改革终于从 1994 年起在全国范围内得以推行。“分税制”改革对中国政府间财政关系的最大影响就是显著提高了“两个比重”①。

在集中财政收入的同时，为保护好地方的既得利益，渐进式地进行改革，《国务院关于实行分税制财政管理体制的决定》（国发

① 全国财政收入占 GDP 的比重和中央财政收入占各级政府全部财政收入的比重。

〔1993〕85 号）还对税收返还和中央、地方财政结算关系作出了进一步的规定。①

“分税制”改革之前的中央对地方补助、专项补助和结算补助等在新的政府间财政体制中多数得以保留，与新设立的“过渡期转移支付”一道，构建了中国转移支付制度的雏形。如表 2－1 所示，1994 年之后，地方财力对转移支付的依赖程度也随之提高。这是“收入集权”体制下中央财政集中更多财力的必然结果，也是实现“支出分权”的有效途径。

20 世纪 70 年代末期到 90 年代初期，特别是 20 世纪 80 年代中期后逐步形成我国财政学理论研究的第二个高潮。这一时期，为适应建设计划经济体制的需要，我国财政理论经过不断的探索与实践，逐步形成了以国家分配论为主流的财政理论，这些理论主要包括：国家分配论的财政理论、利改税财政理论以及放权让利财政理论等。

---

① 规定的具体内容为：“为了保持现有地方既得利益格局，逐步达到改革的目标，中央财政对地方税收返还数额以 1993 年为基期年核定。按照 1993 年地方实际收入以及税制改革和中央与地方收入划分情况，核定 1993 年中央从地方净上划的收入数额（即消费税＋75% 的增值税－中央下划收入）。1993 年中央净上划收入，全额返还地方，保证现有地方既得财力，并以此作为以后中央对地方税收返还基数。1994 年以后，税收返还额在 1993 年基数上逐年递增，递增率由增值税和消费税的平均增长率法定 1∶0.3 系数确定，即上述两税全国平均每增长 1%，中央财政对地方的税收返还增长 0.3%。如若 1994 年以后中央净上划收入达不到 1993 年基数，则相应扣减税收返还数额。原体制中央补助，地方上解以及有关结算事项的处理。为顺利推行分税制改革，1994 年实行分税制以后，原体制的分配格局暂时不变，过渡一段时间再逐步规范化。原体制中央对地方的补助继续按规定补助。原体制地方上解仍按不同体质类型执行：实行递增上解的地区，按原规定继续递增上解；实行定额上解的地区，按原确定的上解额，继续定额上解；实行总额分成的地区和原分税制试点地区，暂按递增上解办法，即按 1993 年承担的 20% 部分出口退税以及其他年度结算的上解和补助项目相抵后，确定一个数额，作为一般上解或一般补助处理，以后年度按此定额结算。”

（二）国家分配论财政理论

1. 国家分配论理论的产生（20 世纪 50—60 年代）

（1）“国家分配论”与“货币关系论”。“国家分配论”是在批判“货币关系论”的基础上形成的。“货币关系论”产生和存在于前苏联，在 50 年代传入我国并在我国的财政理论界占据了主要地位。然而，这一理论没有认识到财政与国家之间的本质联系，因而没有正确地把握财政的本质，难以有效地指导我国的社会主义财政实践。为此，50 年代末，我国老一辈有影响的财政理论工作者在否定“货币关系论”的同时，提出了“国家分配论”的观点。

（2）“国家分配论”反应的财政本质。邓子基教授等财政理论探索者在 60 年代初全面、系统、完整地提出并论证“财政本质是以国家为主体的分配关系”这一命题，通过“分配关系论”与“货币关系论”的比较，得出前者比后者更能反映出财政本质的结论。由于“国家分配论”在当时的历史任务是推翻“货币关系论”在我国财政学界的主导地位，所以他在 60 年代的关于财政本质问题的论文中所进行的分析，主要集中于对财政分配对象只是价值形式观点的批判上，集中在正面肯定财政的国家主体和分配关系上。在此后的几十年中，邓老在长期研究中，逐步丰富和发展了“国家分配论”的观点。

2. 国家分配财政理论的发展（20 世纪 70—80 年代末）

（1）国家分配论的理论基础——马克思主义的国家学说。许毅在《对国家、国家职能与财政职能的再认识》中开宗明义：“认识国家的本质有必要重温马克思主义的国家学说”，“公共权力，就是国家。公共权力的本质是阶级统治的权力”，这是关于国家分配论之马克思主义国家学说的最清楚、最高亢的表述。

邓子基在《财政只能是经济基础的范畴》中说："在剥削阶级占统治地位的社会中，不论哪一种类型的国家财政，由于建立在生产资料私有制的基础上，总是剥削阶级国家为实现其职能并以其为主体无偿地参与一部分社会产品的再分配，来满足需要所形成的一种以剥削为内容、具有对抗性质的分配关系"，他很明确地点明了"国家是阶级剥削的工具"（列宁语）。不仅国家分配论者坚定地站在马克思主义的国家学说的基础上，另外一些提出与国家分配论相异观点的学者们其实也自觉地坚持和发扬着马克思主义的国家学说。如贾康（主张"会集中分配论"）、叶振鹏（双元财政的倡导者之一）、何振一（主张"共同需要论"）、陈共、侯梦蟾（主张"再生产前提论"）等持同样论点。

（2）阐述社会主义财政本质。在20世纪70年代末、80年代初批判"国家意志论"的政治背景下，"国家分配论"受到了第一次挑战。财政学界的一些学者专家对"国家分配论"提出种种质疑。坚持"社会共同需要论""剩余产品决定论"和"再生产决定论"的人们认为，"国家分配论"是"唯心论""倒立哲学"。

邓子基教授综合了诸多同行的不同观点，进行深沉的思考之后，发表了《为〈国家分配论〉答疑》（载《厦门大学学报》（哲学社会科学版）1983年第4期）、《论财政与国家的相互关系》（载《财政研究资料》1984年2月18日）等论文，进一步阐述了财政本质问题，提出了"国家分配论"关于本质的逻辑分析。他首先从基本概念上指出了与自己不同的观点，实际上在某个侧面上和"国家分配论"有着一致性。他认为，不能把强调上层建筑的反作用说成是"倒立"的，是"唯心"的。在《财政学原理》一书中，将社会主义财政本质全面表述为："社会主义财政是以建立在社会主义生产资料公有制基础上的社会主义国家为主体的，处于社会再生产过程中，为满足实现其职能的需要。主要利用价值形式强制地、无偿地参与社会产品或国民收入分配所形成的‘取之于民，用之于民’的分配关系”，简称“以社会主义国家为主体的分配关系”。

（3）财政与国家的联系。邓子基教授在答复“社会共同需要论”者、“剩余产品决定论”者和“再生产决定论”者等的疑问中，又对“国家分配论”的进一步发展作出了贡献。在第一次全国财政基本理论讨论会上，再次提出财政与国家具有本质联系。在指明什么是“本质联系”的基础上阐述了财政与国家本质联系的含义，认为，“一事物区别于其它事物的较深层次的本质只有一个，财政亦如此，所以认识财政的本质要从纵向和横向进行对比分析，社会主义财政的本质要与资本主义财政等剥削阶级财政的本质进行对比，也要与社会主义的信贷分配、价格分配、工资分配等进行对比，而要使财政与其它分配相区别，就要像剥笋一样进行分析，‘剥’到‘国家’这个地方来，就要把财政与国家有较深层次的本质联系的质的规定性突出来了。”

而后在《论财政与国家的相互关系》一文中，又指出：“所谓财政与国家本质联系，是指财政在与其他事务的联系中，只有与国家的联系才是根本的联系，它反映了财政的最深层次的本质。”在这里，他将原来使用的“较深层次的本质联系”，改为“最深层次的本质联系”并且是在“这一本质的规定性很好地将财政与其它各种各样的事物区分开来”的意义上使用的，从而赋予了概念以更准确的含义。他还指出，“研究财政问题也是这样，不仅要透过现象看本质，而且还要透过一层又一层较浅层次的本质，直至找到最终将财政与其他事物区分开来的那一层本质时，才算最终把握了财政的本质。”

财政与国家的本质联系具体表现为：“①财政与国家同生同死，

互为前提和基础。”②“国家为保证其存在和发展，为满足实现其职能需要，必须凭借政治权力参与一部分社会产品的分配。没有这种分配，国家就不能存在，这就要有财政，这就是‘本质联系’。”③“有了国家，就有财政。”④“国家性质决定财政性质。”⑤“没有任何非财政分配是由国家进行的，也没有任何国家进行的分配不是财政分配”。

（4）财政与其他事物没有本质联系。邓子基教授同时又指出财政与其他事物不存在本质联系（“最深层次”的本质联系）。“财政与国家、再生产、剩余产品、价值等都有密切联系，但只有同国家的联系才是‘本质的联系’”。

第一，财政与剩余产品有联系，但非本质联系。财政与剩余产品的联系具体表现在财政的分配对象主要是剩余产品上，但这并不是说财政与剩余产品的联系是本质联系，参与剩余产品分配的并不仅仅是财政，还有其他一些分配形式如利润分配、利息、地租等。

第二，财政与社会共同需要不存在本质联系。他认为，在阶级社会里，对所谓“国家实现职能的需要”或“公共需要”的把握，都必须落脚在国家身上，都必须以国家的需要为转移。如果离开国家而抽象地空谈“公共需要”，则必然离开了“公共需要”的社会性，也就无法把握“公共需要”，更无法以“公共需要”为标准来把握财政的本质了。所以财政与“社会共同需要”没有本质联系。

第三，财政与再生产也无本质联系。“财政关系作为一种经济关系，必须立足于整个社会主义再生产过程，为社会主义再生产过程服务”，“财政与社会再生产的联系，只表明财政与所有其他经济范畴一样，它们都是经济的组成部分，它们的本质都只是一种‘经济关系’，所有的经济范畴都无例外地与社会再生产存在着必然的、稳定的内在联系。”因此，财政与社会再生产的联系，无法使财政成为一个能显示自身特性、独立的经济范畴。

第四，财政与价值也无本质联系，价值在商品货币关系中是最一般的经济范畴，与价值联系在一起的经济活动太多了，所以，价值与财政的联系，无法将财政与其他采用价值形式活动的经济范畴区分开来，因而它们之间不存在本质的联系。

3. 20 世纪 90 年代国家分配论的发展状况

党的十四大提出建立社会主义市场经济体制后，如何看待“国家分配论”再次成为财政经济学界的热门课题之一。一些持“公共需要论”等论点的同志对“国家分配论”又提出了种种质疑甚至否定，“国家分配论”受到了第二次挑战。

（1）关于财政职能的认识。他针对人们对社会主义市场经济下国家职能财政职能的模糊认识，指出：“国家分配论”是马克思主义理论与我国实践结合的产物，我们必须坚持和发展。提出了“国家分配论”关于财政是“以国家为主体的分配关系”。如果照搬西方的“公共财政论”“公共需要论”“公共产品论”来代替“国家分配论”，那么其结果势必导致国家财政分配范围过分缩小，国家宏观调控经济功能的减弱和财政完全退出生产领域，从而削弱甚至动摇公有制的局面。其实，建立在公有制基础上的社会主义财政的“国家需要”，包括“公共需要”和“国有资产发展需要”。国家在财政分配中处于主体地位，这是客观存在的，也是必不可少的。

（2）财政本质与分配关系。“国家分配论”认为，财政是以国家（或政府）为主体的分配行为，它在本质上体现着国家与其他财政活动参与主体之间的分配关系。因此，“财政本质”是与“分配关系”有着直接而紧密联系的范畴。从我国的经济实践来看，近年来，经济体制改革正不断走向深入，尤其是在党的十五大后，所有制结构的重大调整与完善已经被明确化和制度化。毋庸讳言，所有制结构问题本身就是直接触及生产关系的一个带有根本性的问题。在所有制结构调整与完善的过程中，必然相应会牵涉到固有财政分配格局的再调整，从而引起财政分配关系的变化。像国家与企业、企业与职工、中央与地方等等各种原有的财政分配关系都将产生发展和变化，从而“国家分配论”关于财政本质问题的认识将重新作相应的调整与发展，以求达到一个更高的认识层次。也唯有如此，“国家分配论”才能真正得以坚持。

（3）“国家分配论”与“社会公共需要论”。邓子基教授指出，公共产品理论与“国家分配论”有着内在的一致性，将财政表述为“以国家为主体的分配”同将财政解说为“政府提供公共产品的经济活动”并没有实质性差别，只不过中西财政理论建立在不同的经济理论基础之上，因而导致了不同的表述。

“社会公共需要论”将“国家为满足实现其职能的需要”改成“社会公共需要”，是受西方公共产品理论的影响。无非是就财政活动的目的而言，这种立论无疑有失偏颇。而“国家分配论”中，邓子基教授在《我对财政理论若干问题的看法》一文中所阐明的，财政参与社会总产品的分配过程是由“主体、对象、形式和目的”四个基本要素组成的，财政活动具有两个特征，一是公共性，二是阶级性。依“社会公共需要”表述财政本质自然掩盖了财政的阶级性，而按“国家为满足实现其职能的需要”表述财政本质，则体现了财政之公共性与阶级性的统一，所以后者更为可取。

（4）“国家分配论”与公共财政。当前主要应该深化“国家分配论”和“公共财政论”的讨论，探讨社会主义市场经济体制下财政的最佳模式。在邓子基教授看来，“国家分配论”是本质论，“公共财政论”与我国以前的“供给型财政”“生产建设型财政”和“经营管理型财政”一样是财政模式论。我国的国家需要不仅包括“公共需要”，而且包括“国有资产发展的需要”，我国在社会主义市场经济条件下财政的最佳运行模式应是公共财政和国有资产财政“双重结构管理”的模式，因此，我国财政学应该继续坚持和发展“国家分配论”，至于如何发展，需要深入探讨。

4. “国家分配论”的发展前景

（1）“国家分配论”的历史回顾与总结。由于“国家分配论”产生于20世纪60年代，发展于80年代初，随着改革开放和社会主义市场经济体制的建立，一些学者对此提出质疑和挑战，甚至有的把它归结为统支时期的产物。围绕着财政本质问题，出现了一些新的理论学派。邓子基教授认为，在这种情况下，“国家分配论”能否存在，取决于以下两点：一是继承与开拓，即能否做到在总结改革开放前30年的财政理论研究成果的基础上，面对改革开放的经济现实，坚持运用这一理论观点去解释现存的财政关系；二是在上述理论挑战面前作出回答。总之，在新的形势下，“国家分配论”必须发展和前进。

经过各个学派的相互论战，主流学派“国家分配论”已较为成熟。对财政的本质是以国家（或政府）为主体的分配关系进行了深入、详细的探讨，形成了较为完整和严密的理论体系，并把这一分配关系概括为“一个主体，两种身份、两种权力、两种职能、两种分配形式与两种分配关系”的“一体五两”的论断，也可简称为“一体两翼”。

（2）发展“国家分配论”的指导思想。任何一件事物、一种理论都涉及继承和发展的问题。“国家分配论”同样有一个发展和完善的过程，全盘否定和固守不变都不是科学的态度。邓子基教授从我国国情出发，倡导、坚持、系统论证“国家分配论”，在继承中发展财政理论，提出了一系列对社会主义财政改革、建设与发展财政科学有重要价值的精辟论述和新观点，逐渐形成了自己的学说体系。他认为，为了把我国财政理论的研究全面推向21世纪，必须以邓小平理论为指导，根据我国社会经济形势的变化，建立有中国特色的社会主义财政理论体系。为此，我国的财政理论研究应做到：

第一，端正财政理论研究的态度和方法。多年来，邓子基教授反复强调如下三句话：对待马克思主义，先坚持后发展，重在“发展论”，既反对“僵化论”，又反对“过时论”；对待西方的东西，主张学习、分析、批判、吸收，重在“消化论”，既反对“排斥论”，又反对“照搬论”；对待方法论，坚持辩证唯物主义和历史唯物主义，其灵魂是解放思想，实事求是，一分为二，对立统一，从中国国情出发，从现象到本质，在继承中发展。具体联系到财政理论的研究，必须开拓进取，重在“发展论”和“消化论”。“排斥论”和“僵化论”是没有出路的，“过时论”与“照搬论”是危险的。

第二，继续深化财政基础理论研究。邓子基教授说：“我是一个国家分配论者，我终生致力于坚持、倡导并系统论证国家分配论。”他认为，在传统的计划经济体制下产生的“国家分配论”，如今也不会过时。因为“国家分配论”根植于马克思主义经济学说和国家学说，它可以说是马克思主义方法论在财政基本理论研究中的具体运用，这一理论反映了财政的一般规律，具有普遍性，适用于所有社会制度和经济制度，但在市场经济中的表现形式和作用方式上肯定会发生变化，所以必须先坚持后发展。

综上所述，“国家分配论”不仅是财政本质论也体现在财政运行之中，因此，我们应把“国家分配论”看成是一个完整的财政理论体系。这就是说，对待“国家分配论”，我们不只是要坚持其正确的财政一般本质观，也应注重它对于特定社会形态下的财政本质问题的揭示。因此，我们要用辩证、发展的观点，来认识社会主义市场经济条件下社会主义财政的本质。如果对于这个问题的认识出现了某些难免的局限性，那么随着实践的发展，它必将得到进一步的补充、修正与完善。

（三）利改税财政理论

1983 年开始施行了利改税，其核心是对国有企业开征所得税，它突破了长期以来对国有企业不能征收所得税的理论禁区，是国家与国有企业分配关系的重大突破。无论在理论上还是在实践上，都对税收在社会主义经济中的地位和作用进行了探索，为今后进一步科学认识税收在国企利润分配中的地位以及“税利分流”打下了理论和实践基础。

1. 利改税理论产生的背景

（1）非税论。从理论上，“利改税”是对“非税论”的彻底否定和突破，同时探索了税收在社会主义经济中的地位。

从 20 世纪 50 年代后期到后来相当长的一段时期，“非税论”在我国广为传播和发展。这种观点认为：社会主义国有企业所有权属于国家，所以它应由国家直接经营。在这种情况下，不再有与国家政治权力相对应的产权，因而国家不必借助自己的政治权力取得归自己经营的财产所带来的收入，即国家不用税收这种方式对国有企业进行扣除。同时，国有企业作为国家的仅仅是一个生产单位，它与产权毫无关系，国家与国有企业之间关系是一个整体所有权内部的决策者和生产者之间关系。不存在规范的权利义务关系，当然也无所谓产权与政治权力的对立，因而税收对国有企业也就无什么意义，国家完全可以通过提缴利润形式而不必通过征税形式来取得自己的财政收入。这就是“非税论”的基本依据。

当时出现这种状况的原因，一方面是由于苏联的某些理论和实践被作为社会主义建设的普遍经验传入我国，并被机械地照搬照用；另一方面是由于对发展社会主义商品经济和发挥经济杠杆调节作用的认识有限，我们自身缺乏经验。“利改税”突破了传统的“非税论”框框，使人们认识到公有制企业作为独立的商品生产者和经营者的自身利益是必须承认的，国家利益与企业利益之间的矛盾也是客观存在的，而且是长期的。“利改税”第一次将国营企业作为独立的商品生产者和经营者列入了所得税纳税人的行列。这是改革的一项重要成果，丰富了社会主义的税收理论，也标志着我国的税制建设进入了一个新的历史发展时期。

（2）国营征税的探讨。关于国营企业财务体制和税收制度的改革问题。正确处理国家与国营企业之间的分配关系，是社会主义生产关系的重要内容。关于国营企业征税的必要性和如何改革税收制度的问题。早在 1964 年第一次全国财政理论讨论会上，就进行过专题讨论。当时强调了产品税的作用，倾向于对国营企业征税，要着眼于产品税的形式，以利于与价格杠杆相配合，调节产品利润水平，从而体现国家政策，促进企业经济核算，并且可以制约价格，保证财政收入。

1979 年以后的几次全国财政理论讨论会和税收专题讨论会对有关这个问题的研究，更为广泛和深入。明确提出，对国营企业征税之所以必要，是在商品生产存在条件下，自觉运用和驾驭价值规律，有计划地发展经济的需要。应使税收真正成为组织财政收入的基本手段，成为调节经济、贯彻国家方针政策、实行计划管理的重要经济杠杆。因此，在国家与国营企业的收入分配中，必须充分发挥税收杠杆的作用，进行“利改税”的改革，用税收形式把国家与企业的收入分配关系固定下来。

2. 1983 年第一步利改税——税利并存论

新中国成立后到 70 年代末，我国照搬了苏联的一套做法，国营企业为国家提供积累，采取税收和利润上缴两种形式。在之后的三十年里，已经成为一种通行做法。我国理论界当时对国营企业采用税收和利润上缴两种形式提出的理论依据是：社会主义国家以双重身份，分别用两种形式集中企业的纯收入，一是以国家政权的代表依靠政权强力向国营企业课税，二是国家以全民所有制生产资料所有者的身份参与企业利润的分配。

关于利税并存论。过去有一种观点，认为税收和利润上缴各具特点，是不容相互代替的。税收是一种强制性和固定性征收，纳税种类，纳税对象和税率都是通过法律形式严格固定的，它有利于保证国家财政收入的及时和稳定。利润上缴属于全民所有制内部上下之间积累资金的分配，上缴利润性质软，弹性大，变动频繁不固定，在财政实行统收统支制的条件下，它适于把企业合理留利后的剩余纯收入全部拿上来两种形式并存，软硬兼施，相互配合，更为有利。

下面是对利税并存论的分析：

（1）税利与国家权力。有学者认为，把国营企业两种缴纳形式，归源于国家两重性是未必妥切的。马克思主义认为：“……国家是从控制阶级对立的需要中产生的”，“它照例是最强大的，在经济上占统治地位的阶级的国家，这个阶级借助于国家而在政治上也成为占统治地位的阶级，因而获得了镇压和剥削被压迫阶级的新手段。”

我国是人民民主专政的社会主义国家，它是政治权力和经济权力的统一体和权威。为了实现其“两位一体”的任务，国家财政要有计划地建立、分配和使用集中性资金。为了保证取得必要数额的财政收入，必须采取适当的征收形式，这种征收形式要符合国民经济管理的要求，与经济管理形式相协调。社会主义国家具有两重性，但两种权力是不能截然分开的。机械地划分两种权力，然后它又分别决定国营企业的两种缴纳形式，在方法论上是不合适的，也不能阐明问题的实质。

（2）税利的缴纳形式。从性质上讲，国营企业纳税和缴利，都是国家计划和政策的统一指导，按照国家有关法规的规定，把企业实现的纯收入的一部分上缴国家。这里既不存在所有制方面的转移，也不存在全民所有制内部分配关系方面的原则差别，反映的是统一的生产关系，只有缴纳形式上的特征。至于采取什么形式，随着经济的发展和条件的相应变化，并不是凝固不变的。

有一种看法认为，税收的“特征首先是国家的强制性。所谓国家的强制性，是指税收的分配只是依据国家的政治强力，而和生产资料的占有没有关系。”而“税收形式上的特征并不因社会制度的不同而有所区别”。由此得出社会主义国营企业的税收只是国家依据政治强力分配的结论。

3. 1984 年第二步利改税

第一步利改税是一种过渡性措施，为了进一步完善利改税制度，1984 年 10 月实行第二步利改税，即彻底利改税。第二步利改税使我国税收制度有了较大变化，税种明显增多。有学者提出要适应我国国情，建立一个多税种、多环节、多层次调节的税收体系，以代替过去那种过于简化的税制，用资源税等其他多种税收形式对企业税后利润进行调节。在保障扩大企业自主权的同时，稳定国家与企业的分配关系。

这一时期提出的“独立核算，国家征税，自负盈亏”观点，能充分发挥税收调节经济的杠杆作用，打破国家不能对国营企业征收所得税的框框，适当地开征几种以企业利润为对象的所得税性质的税收，把企业的大部分利润和一部分由于价格不合理和资源等优越条件而多得的利润上缴国家……利用多种税、多种税率，合理调节企业的利润分配，用税法明确地统一规定国家与企业之间的分配关系，实行以税代利的税利合一既是必要的，又是可行的。

4. 利改税——基于经济管理体制改革的思考

实行利改税，不仅是缴纳形式上的代替，更是实质性的改革，是国营企业经济管理体制改革的一个重要方面。过去企业和国家之间是行政关系，企业不称为一个相对独立的经济实体，没有真正的自主权，是一种企业吃国家“大锅饭”的管理体制。

以税代利是处理国家与企业之间分配关系的重大改革；是配合扩大企业自主权，实行经济责任制，解决责、权、利的适当结合；是发挥企业内在活力，鞭策企业改善经营管理，挖掘内部潜力，提高经济效益的必要改革。它符合经济管理体制改革的总方向，改革的步伐和范围都可以大一些。从当时经济体制改革的实际情况出发，企业整顿还在继续进行，特别是价格体系的重大改革不可能在短期内迅速完成，利改税的条件还不成熟。为此，实行利改税对小型企业可以一步完成，而对大型企业则不得不分成两步走。推行的第一步是继续保留税利并存。第二步，以价格体系合理调整为前提条件，并与整个经济管理体制的改革协调配套，以税代利进入名副其实的完善的阶段。税收成为企业向国家提供积累的唯一形式，国家税收划分为中央税、地方税和中央与地方分享税，过渡到以税种划分财政收入的分级财政体制，实行彻底地“分灶吃饭”准备条件。

5. 从利改税到税利分流

以税代利，用单一税收形式把企业的大部分利润收上来，同样也使企业活力得不到应有的发挥。1987 年国有企业体制发生变化，实行了承包制，实际上又改税为利了。随着改革实践的发展，20 世纪 80 年代，我国理论界已提出了利税分流的设想。利税分流是把国家政治权力和财产权力、企业法人地位和经营者地位区别开来，将国有资产的收益权独立出来，国家先征税，用规范的税制保证政府的经常收支，然后参加税后利润分配，用多样化的国有资产收益分配方式适应企业的不同情况。

(1) 税利分流与国家的二重经济身份。在我国经济理论界，对于国家这一概念一直没有严格的认定。对于国家究竟是干什么的，在经济学上我们还未曾作出完整的说明。在发达国家，国家主要是通过它的代表——政府，履行公司和个人所不能履行的职责，如进行社会保障，提供公共服务，干预社会经济运行等等。这通常被看作是国家通过它的代表——政府执行的一种经济职能。国家管理经济的这种职能，是各种类型的国家都具有的。不论是实行市场经济的国家，还是实行集中计划管理的国家，都具有这种职能。只是在不同的国家，由于国情等方面的差异，国家行使职能的范围存在一定的差别。

然而，在我国，国家不仅具有管理经济的职能，就是说，在经济上，国家不仅仅扮演经济管理者这样一个角色，它同时还是国家资产的所有者，支配着这部分占有绝对数量优势的资产。当时在我国，国家既是经济管理者，又是国有资产所有者，是一目了然的事实。作为经济管理者的国家和作为资产所有者的国家，在现实经济生活中应是两个不同的角色，或者说是两个具有不同行为的主体。国家的二重身份及与之相应的不同权利，不能重叠、混合，也不能以一种身份代替另一种身份。在商品经济条件下，国家的二重经济身份，要通过不同的经济形式得到具体体现。作为经济管理者的国家，其以全部社会经济生活为管理对象，要对所有的企业征税。征税一方面是国家取得收入的一种形式，另一方面也是调节社会经济生活的一种有效工具。通过征税，国家作为经济管理者这一经济身份得到体现。作为资产所有者的国家，其以保证国有资产的完整和尽可能大的增值为行为目标。

国家让渡资产经营（使用）权，必须获得相应的资产收益，这部分收益就是国家从国有企业那里取得的利润。征税的根据，是国家特有的地位和权力，具有强制性，收利的根据只能是国家让渡了资产经营权。作为经济管理者，国家征税的对象是所有各种类型的企业，而作为资产所有者，国家只能从经营国有资产的企业那里取得利润。

由于理论的模糊，我们长期以来对国家所具有的二重经济身份未进行严格区分、甚至没有注意到国家所具有的二重经济身份。反映在经济体制上，就是将国家的二重经济身份混合在一起。在改革之前，我们实行的是集中计划、行政命令式的经济体制。在这种体制下，国家对企业的生产经营活动作出直接的安排，企业没有完整的自主经营权利，而只能听命于上级行政命令的指挥。与之相应，企业也没有自身相对独立的经济利益。在国家与企业的这种关系中，国家所扮演的不仅是资产所有者这种角色，而且也是国有资产的直接经营者。在实际经济生活中，当国家以资产所有者和经营者的身份对企业进行全面直接行政控制时，国家作为经济管理者的身份也就自然被它的资产所有者身份替代了。事实正是这样，在传统经济体制下，国家与企业间的关系，就是全面的直接行政控制者与全面直接行政控制对象之间的关系。在这种关系之外，不存在国家以经济管理者的身份出现，运用各种必要的经济和行政手段对企业进行的间接控制。进一步说，这种间接控制，在传统体制下也不可能发生作用。这意味着，传统体制下国家作为经济管理者的身份实际上已基本丧失，而被国家作为资产所有者的身份所取代。

征税是国家以经济管理者身份出现，调节社会经济有序运行的重要工具。然而，在国家这种身份被它的资产所有者身份取代后，征税也就没有存在的意义了。传统体制下的以利代税，利税合一，说到底是国家二重经济身份混合，在这种身份混合中国家作为经济管理的身份被取代的结果。

(2) 利税分流与重建国有资产管理体制。随着改革的不断推进，越来越多的人都认为，传统的国有资产管理体制不能适应有计划商品经济的发展，因而，必须对这种体制进行改革。

在理论上，对于建立一种什么样的国有资产管理体制，确实是难以作出简单概括的。但有关学者认为所要建立的国有资产管理体制，必须能克服传统国有资产管理体制的最为严重的弊端。传统国有资产管理体制最严重的弊端，在于这种体制下国家与国有企业间的经济关系模糊，没有明确的利益界限。在这种情况下，企业自然不会有改善生产经营的积极性、主动性和创造性，微观经济的运行当然也就不会有活力。所以所要建立的新型国有资产管理体制，必须保证国家与国有企业间具有清晰而又明确的纵向经济关系。而要建立这样的纵向经济关系，必须保证国家的二重经济身份得到相对独立的经济体现，利税分流正是使国家二重经济身份能相对独立的经济体现的必然形式。

利税合一，包括以税代利（利改税），严格来说，都必然混淆国家的二重经济身份，其结果，或者是损害国家作为经济管理者的职能，或者是损害国家作为资产所有者的权能。传统体制下的利税合一，其直接后果是使税收杠杆在整个社会经济运行中丧失作用，作为经济管理者的国家，不能运用税收杠杆对国有企业的生产经营进行必要的调节。这时，国家与国有企业间的关系，往往被简化为直接发布行政命令与接受这种命令的非常僵化的关系。国家以资产所有者身份出现对国有企业的支配，往往是无条件的。在这种情况下，企业就是国家的附属物，而不能成为具有相对独立经济利益的商品生产者。

很显然，在国家二重经济身份混淆，利税合一的情况下，国家与国有企业间不可能确立明确而又清晰的纵向经济关系。从国家这方面来说二重经济身份混淆，利税合一，使国家的权利变得缺少约束，强化了国家对企业直接的硬性支配。这时，国家运用权利的行为几乎可以肯定不可能是规范化的，为了达到近期的经济目标，可以采取非常的手段。这使国家在对国有资产的管理过程中，经常出现一些不应出现的失误。从经营国有资产的企业方面说来，其被动地受制于国家，没有自主的选择，那么，要谋求自身的经济利益，只能运用非规范的手段，如钻政策空隙，消极对待上级命令。企业往往在谋求利益方面，一味地依赖国家的给予，而不是依靠自身的努力。在这种情况下，国家和国有企业双方因没有契约约束，其实际运用权利和谋求利益，经常超越既定边界，使得纵向经济关系含糊不清。其实，一旦国家与企业间建立起与国家二重经济身份相应的双重经济关系，上述问题也就迎刃而解了。我们认为，理想的国家资产管理体制，只能是在国家与企业间建立起上述二重经济关系框架内形成的一种体制。应当看到，近年来实行的承包制，为国家与国有企业间建立一种以契约信用形式实现的财产关系创造了条件。只要我们能够顺应改革发展态势，逐步实现税后承包，利税分流，那么，国家与国有企业间建立清晰的二重经济关系，就不难成为现实。处于这种纵向经济关系框架内的国有资产管理体制，就可能建立起来。

（四）放权让利财政理论

从 1978 年到 20 世纪 90 年代初期，是我国经济体制改革的转轨时期。在这一时期，以财政“放权让利”研究为突破口，开启了财政理论创新。

1. 放权让利财政理论产生的背景

党的十一届三中全会指出，要通过改革重点解决经济管理体制权力过于集中的问题，应该赋予地方和企业更多的经济管理权限，要以促进生产力发展为出发点来不断调整生产关系和上层建筑。党的十二届三中全会提出了我国社会主义经济是公有制基础上的有计划的商品经济，肯定了价值规律、经济杠杆和非公有制经济在社会主义国家中的地位。在社会主义经济理论不断探索的同时，与我国经济体制改革的重点相适应，以“放权让利”为标志的财政改革，成为经济体制改革的重要突破口。在这种背景下，财政学界围绕当时一系列重大财政改革举措进行了重点研究探讨。

通过“放权让利”激发各方面的改革积极性，提高被传统经济体制几乎窒息掉的国民经济活力。而在改革初期，政府能够且真正放出的“权”主要是财政上的管理权；政府能够且真正让出的“利”，主要是财政在国民收入分配格局中的所占份额。这一整体改革思路与财税体制自身的改革任务——由下放财权和财力入手，打破或改变“财权集中过度、分配统收统支，税种过于单一”的传统体制格局相对接。

2.“分灶吃饭”的财政体制

研究实行“分灶吃饭”的财政体制，调整中央与地方之间的财政关系。结合中央与地方之间的财政关系问题，财政学界就如何以“放权让利”为突破口、总体上实行以多种形式包干为特征的“分灶吃饭”体制等，展开了深入细致的研究。

（1）财权与事权的统一。有相关讨论认为，正确处理中央与地方的财政关系，必须使财权与事权统一起来，根据各级的事权，划定中央、地方收支范围。其原则：一是中央和地方对财权要分享，但首先要维护中央的财政大权，二是在扩大地方财权的同时，要加强综合平衡工作，要依据计划、政策，加强管理和监督。讨论还认为，实行“划分收支，分级包干”（即分灶吃饭）的财政体制，有利于调动地方当家理财的积极性，有利于地方统筹安排本地区的经济发展。随着财政经济状况的全面好转，在全面进行企业利改税的基础上，应作进一步的改革。此外，还对实行特殊政策的地方和民族地区的财政体制进行了研究和讨论。

（2）财权与财力的统一。逐步扩大了地方政府的财权财力，以实现地方政府的责权利相结合，从而更好地调动地方政府理财的积极性，真正发挥中央和地方两个积极性。

从 1980 年起，先后推出了“划分收支、分级包干”“划分税种、核定收支、分级包干”以及“收入递增包干、总额分成、总额分成加增长分成、上解递增包干、定额包干、定额补助”等多种不同的体制模式。

3. 减税让利的发展思路

在国家与企业之间的分配关系上，实行“减税让利”。从 1978 年起，先后推出了企业基金制、利润留成制、第一步利改税、第二部利改税、各种形式的盈亏包干制和多种形式的承包经营责任制等制度。积极研究探索如何建立新型的政府与企业之间的分配关系，支持以国有企业改革为中心的经济体制改革。

调整政府收入机制，建立复合税制。为适应对外开放的需要，财政学界从理论角度论证了逐步形成以流转税和所得税为主体，多税种、多环节、多层次调节的复合税制的复杂性和可行性，并提出了较为系统的对策思路。

4. 放权让利财政理论的发展

（1）分税制的产生。对政府与企业关系和政府间财政关系的深入研究，推动了我国分税制财政体制的建立与完善。20 世纪 80 年代，在考察国际经验的基础上，针对“分灶吃饭”和包干制存在的弊病，财政学界提出了实行分税制财政体制改革的方向性建议，认为财政体制改革的关键是要正确处理中央与地方、政府与企业之间的关系；继而在合理划分中央、地方政府事权的基础上，确定支出范围，形成与市场取向改革相匹配的分级财政体制。

（2）深化财政体制改革的思想。财政学界还提出了合理规范中央与地方关系的相关理论，涉及完善税制结构，建立转移支付制度，调整地方政府事权和收入体系等方面的配套改革。20 世纪 90 年代后期，财政学界提出了进一步深化财政体制改革的基本思路，强调以清晰界定各级政府之间的事权划分为基础，在各级政府之间合理划分收入，并建立科学、规范的政府间转移支付制度，实现财力与事权相匹配。在此过程中，注重把财政体制置于行政管理体制的框架中去分析，提出了财政体制改革和行政层级、财政层级调整配套进行的思路。

（五）综合财政

20 世纪 80 年代，针对预算外资金日益膨胀、管理混乱的问题，财政学界提出了综合财政概念，强调要统管预算内外财力。

1. 综合财政的起源

早在 20 世纪 50 年代，综合财政与综合财政计划就已被提出来，并有过短暂的实践过程。但真正全面展开讨论，却是 1979 年以后的事情。薄一波（1979 年）指出："综合财政也是科学，主要是研究提高管理财政的科学理论和技能，为我国的四个现代化贡献力量。"此后，综合财政和综合财政计划就成为理论界的一个热门话题。

什么是综合财政？在 20 世纪 80 年代初期，以这种看法为主流，即综合财政是国家财政的发展，或是宏观意义上的国家财政。许毅、叶振鹏都认为综合财政是和计划经济相联系的范畴，是宏观经济的管理财政。伍丹戈则认为综合财政是一种"大财政"的观点，把货币、银行、信贷、国际收支、会计、审计等纳入国家财政，亦即综合财政。随着时间的推移，下面这种观点渐渐成为主流，即综合财政和国家财政是两个不同的概念。宁学平认为，综合财政不是国家财政的深化和发展，而是客观上固有的一个独立的经济活动领域。黄菊波持类似看法，他在1991年撰文指出，综合财政是研究国家财力分配使用，即对国家财力进行综合管理的科学，不同于国家财政。金鑫则把综合财政计划视为以财政预算为中心的宏观财政计划。这明显是受了“大财政”观念的影响。宁学平、黄菊波提出，综合财政计划实际上就是国民鉴济的综合平衡计划，是引导和调节各种社会资金的一种手段。

2. 预算外资金管理——费改税

财政学界关于预算外资金管理和非税收入管理的研究，深化了对公共收入概念的认识，在推动“费改税”以及规范非税收入管理等方面发挥了积极作用。20世纪80年代至90年代，学术界就“费改税”问题展开了深入讨论，提出了要按照积极稳妥的原则，在清理整顿各种现行收费的基础上，根据市场经济的特点和为民理财的要求，确定税收、行政事业性收费和债务收入的合理组合方式及通盘管理框架，按照不同的资金性质、特点使它们分流归位，各行其道。这些思路的提出为提高政府资金分配与运作的规范性、合理性和资金使用效益，理顺分配关系，发挥了积极作用。财政学界对财政收入制度的深入研究和相关制度设计以及关于收入管理完整性、规范性、法治化的讨论，不仅对改革和完善财政收入体系产生了积极促进作用，而且为推进国库集中收付、“收支两条线”、部门预算等改革提供了理论准备。

三、分税制财政分权理论

（一）分税制改革思想

1978年至1994年前，我国财税体制改革中，预算管理体制、国有企业财务管理体制及税收管理体制等，都取得了实质性进展，但还存在不少问题，不能适应建立社会主义市场经济新体制的需要。

国家与企业关系方面，实行承包经营责任制，对扩大企业生产经营自主权，调动企业积极性，有一定效果。但承包制本身的问题也日渐显露，在增长利润分成中，国家只拿到小头，国家财政在国民生产总值中的份额持续下降，困难加剧；承包基数因时间的推移而不合理因素增多；企业经营中的短期行为，直接威胁国有资产的保值、增值及合法权益；承包合同执行中的包盈不包亏，使国家利益蒙受损失。

中央和地方关系方面，一是削弱了中央政府宏观调控能力。大包干财政体制运行结果表明，该体制无法遏制中央财政收入逐年下滑，收支平衡困难的趋势。地方各种形式的财政大包干，收支基数、上缴或补贴比例（数额），经过中央与地方一对一谈判达成，收入增长部分大部分留给了地方，中央财政收入增长缓慢，财力不足，无法满足中央调节地区发展水平，执行国家产业政策，抑制通货膨胀，保持社会总供给基本平衡等宏观调控的需要。二是强化了地区封锁、地方保护倾向。财政包干体制，把地方政府利益与地方企业的命运紧紧联系在一起。地方企业经营状况，直接关系到本级政府财政收入增减及政府业绩评价。包干机制促使地方政府发展短平快、价高利大的加工工业项目，增加本级财政收入，忽视基础产业、基础设施，导致地区产业结构不平衡，国家产业结构畸形。这一机制还刺激了生产流通的地区封锁、地方保护主义，阻碍全国统一市场形成。“羊毛大战”“棉花大战”“桑蚕大战”等此起彼伏，大有诸侯经济之势。同时，这一机制还强化了政府对企业的干预，与实现两权分离，建立现代企业制度不相适应。

在财政运行机制方面，出现了种种紊乱现象。例如，社会分配秩序混乱，各种集资、摊派屡禁不止，愈来愈多的部门与财政并行参与国民收入分配，大大降低了国家财政的分配功能。

税收制度方面，一是税制不合理。受理论与实践多重因素制约，税种按不同所有制形式设置。内外资企业实行两套税法。以企业所得税为例，有国营、集体、私营、个体、外国企业和外商投资企业等不同所得税；个人所得，对外征收个人所得税，对内征收个人收入调节税；奖金税还有国营、集体、事业单位之分等等。二是税负不公平。由于税种按所有制形式设置，内外资企业两套税法，导致各类企业税负不平衡，出现国有重于集体，集体重于私营，内资重于外资的现象，不利于企业公平竞争。三是税政不统一，税权不集中。税收征管不严，国家税收收入流失严重。各税收条例、实施细则及各种规定、通知、办法中存在大量减免税规定，从中央到各级地方政府，甚至基层税收专管员，都有权决定减免税。越权制定对外税收优惠政策、审批减免税现象普遍。这必然损害国家税法的统一性与税权的必要集中①。

为了适应社会主义市场经济发展的需要，在借鉴市场经济国家成功经验并充分考虑国情的基础上，我国于1994年进行了分税制财政体制改革。分税制财政体制改革突破了“让利、放权”的传统改革思路，

① 项怀诚主编：《中国财政50年》［M］，北京：中国财政经济出版社，1999年版，第355－357页。

向构建市场经济条件下的财政运行机制迈出了关键的一步，也是新中国成立以来政府间关系方面涉及范围最广、调节力度最强、影响最为深远的重大制度创新，在中国财政史上具有里程碑意义。分税制改革实施后，按照税种划分收入，打破了长期以来实行的“条块分割”的行政隶属关系，增强了中央宏观调控能力，调动了地方的积极性，促进了全国统一大市场的形成，为社会主义市场经济的发展提供了有力的财政体制支撑①。

分税制至少要包括以下内容：（1）科学界定各级财政职能分工范围。（2）以标准法、因素法等科学方法，核定各级财政收支数量。（3）按税种划分中央与地方财政收入来源与管理权限。（4）扩大中央对地方财政的转移支付范围，规范和增加转移支付方法等等②。

分税制所要“分”的内容包括：（1）分财力：主要通过分税种来体现，其次也可通过分税率（就某些共享税而言）或分成制（就某些非税收入而言）来体现。（2）分财权：主要包括划分税收的立法权、征管权、减免权，还应包括划分公债的举债权以及非税收入的立法权、征管权与减免权等，其中征管权划分意味着税务机构的分立和征管范围的划分。（3）分事权：是指划分各级政府基于不同职能而应有的办事权，主要包括公共投资权、特殊企业投资权、公共事业权和国有资产存量的调整权等。显然，完整的分税制绝不仅限于税种的划分，而应在不同程度上包含上述三个方面的基本内容。其中，根本依据是事权，核心问题是财权，主要表现是财力。从上述三方面内容来看，分税制包含着丰富的内涵。要全面把握分税制，需要从以下三个层次加以认识：（1）它是一种重塑多种财政要素、重新规范多种财政行为的

---

① 谢旭人主编：《中国财政60年》（上卷）[M]，北京：经济科学出版社，2009年版，第378页。

② 何振一：《发展市场经济必须实行分税制》[J]，财政，1993年第11期。

综合性体制。它不仅意味着税收管理体制和财政收入体制的改革，也包含了财政支出体制与公债管理体制的改革。（2）它是一种事权、财权与财力三者相统一，各级政府自主行使财权、自求财政平衡、在各自的财源领域与层次上自觉开拓财源的规范化财政体制，也是一种真正意义上的分级财政。（3）它又是一种在一定程度上带有分权特征的政治体制与经济体制的集中体现。税收立法权、税收征管权、公共投资权以及部分企业的投资权的划分，均与政府体制和经济体制具有很大的相关性。因此，分税制的模式与具体方案选择既受制于一定的政治体制与经济体制，又会反过来影响政治体制与经济体制。①

从我国发展有计划商品经济的实际国情，可以把我国经济区域划分为发达商品经济地区、较发达商品经济地区和不发达商品经济地区。与此相适应，实行彻底的分税制模式、保留共享税的分税制模式和财政补贴的分税制模式。（1）实行彻底的分税制模式。彻底的分税制，就是合理地把税种划分为中央税与地方税两种形式，从根本上划清中央与地方的利益关系。这种模式比较适合商品经济发达的地区。（2）实行保留共享税的分税制模式这种模式，从理论上看，比较适宜商品经济较发达的地区。（3）实行财政补贴的分税制模式这种模式，从我国国情出发，它最适宜商品经济不发达地区②。

1. 正确处理中央与地方的分配关系，调动两个积极性

既要考虑地方利益，调动地方发展经济、增收节支的积极性，又要提高中央财政收入在国家财政收入中所占的比重，适当增加中央财

---

① 储敏伟：《分税制若干理论与实践问题探讨》[J]，财经研究，1993 年第 12 期。

② 刘进、周少云：《关于建立我国分税制模式的设想》[J]，外国经济与管理，1988 年第 6 期。

力，增强中央政府的宏观调控能力。为此，中央要从今后财政收入的增量中适当多得一些，以保证中央财政收入的稳定增长①。

（1）邓小平关于正确处理中央财政与地方财政集中与分散关系的思想。② 我国经济体制改革的一个重要方面就是要正确处理好中央财政与地方财政集中与分散的关系，即解决财政体制问题。在财政体制问题上，“究竟我们现在是集中多了，还是分散多了?”1979 年邓小平同志说：“我看，集中也不够，分散也不够。”对于如何改革财政体制的问题，正确处理好中央财政与地方财政的关系，邓小平同志提出了财政体制改革的总原则。他说：“财政体制，总的说来，我们是比较集中的。有些需要下放的，需要给地方上一些，使地方财政权多一点，活动余地大一点，总的方针应该是这样。”同时，他又非常明确地指出：“但是也有集中不够的”，“中央现在手上直接掌握的收入只有那么一点，这算集中”，“中央如果不掌握一定数额的资金，好多应该办、地方无力办的大事情，就办不了，一些关键性的只能由中央投资的项目会受到影响。现在全国的企业包括一些主要企业，很多都下放了，中央掌握的收入很有限。这个问题值得研究。现在一提就是集中过多下放太少，没有考虑该集中的必须集中的问题。中央必须保证某些集中。”邓小平同志 1979 年讲的这些观点直到今天仍具有重要的现实指导作用。实践证明，像我们这样地区经济发展很不平衡的社会主义大国、穷国，要解决地区差别，要改善宏观发展的硬环境，修建大型基础设施，发展基础产业，发展科技教育，要转变经济增长方式，提高综合国力，改善全体人民整体生活水平，要保持宏观经济的稳定与繁

① 项怀诚主编：《中国财政 50 年》［M］，北京：中国财政经济出版社，1999 年版，第 358 页。

② 项怀诚主编：《中国财政 50 年》［M］，北京：中国财政经济出版社，1999 年版，第 433 – 434 页。

荣，增强抵御大自然灾害的能力，在较短时间内实现我们的经济发展目标。一方面要合理分权，发挥地方的积极性，另一方面中央掌握相当的财力，保证必须的某些集中，是完全必要的。这是我们发挥中央、地方两个积极性，维护和加强中央权威，保持国家稳定与统一的一个重要保证。在改革的进程中，邓小平同志的这个思想经受住了实践的检验，显示出了他的理论价值，为我们确立了财政体制改革的基本原则。党的十四届三中全会决定，从 1994 年开始，把地方财政包干制改为在合理划分中央与地方事权基础上的分税制，建立中央税收和地方税收体系。这就从制度上为适应社会主义市场经济新体制的要求，处理好中央与地方的关系提供了一条基本的途径。

（2）江泽民关于更好地坚持发挥中央和地方两个积极性的方针。① 对此，江泽民同志在论十二大关系中作了全面论述。他认为：改革开放以来，实行权力下放，地方积极性得到充分发挥，有力地推动了改革与发展。这是一条重要经验，应当充分加以肯定。但在这个过程中，也出现了一些新的矛盾和问题。他强调："我们既不允许存在损害国家全局利益的地方利益，也不允许存在损害国家全局利益的部门利益。在新形势下，必须更好地坚持发挥中央和地方两个积极性的方针。总的原则应当是：既要有体现全局利益的统一性，又要有统一的指导下兼顾局部利益的灵活性；既要有维护国家宏观调控下的集中，又要有集中指导下赋予地方必要的权力。"总之，只有把中央和地方两个积极性都发挥好，才能使国民经济既生机勃勃又持续健康地向前发展。

① 项怀诚主编：《中国财政 50 年》［M］，北京：中国财政经济出版社，1999 年版，第 453－454 页。

（3）财政振兴。[1] 党的十四届五中全会通过的《中共中央关于制定国民经济和社会发展“九五”计划和2010年远景目标的建议》（以下简称《建议》）就明确地提出了“振兴国家财政”的重大任务，在十五大又再次提出集中财力，振兴国家财政，建立稳固平衡的国家财政的目标。

财政振兴的基本目标应该是，按照党中央通过的《建议》和十五大的要求，逐步提高财政的“两个比重”，合理控制债务规模，实现财政收支的基本平衡。同时，要增强中央财政的宏观调控能力。从长远看，财政振兴要为规范整个国民收入的分配格局、促进产业结构的优化、保证整个国民经济的可持续发展作出应有的贡献。这也相应地要求财政自身通过深化改革、加强管理，达到职能合理，政策手段健全有效，实现财政经济的良性循环。

财政振兴具有极其重要的现实意义：①从财政与国家的本质关系看，振兴财政是实现国家职能和维护中央权威的需要；②从财政与经济的辩证关系看，振兴财政是实现国民经济持续稳定协调发展的需要；③从财政与社会的关系看，振兴财政是社会稳定及其全面进步的需要；④从财政与改革开放的关系看，振兴财政是深化改革，扩大开放的重要支持与保证。

推进“两个转变”，是整个财政振兴的关键。从财政改革发展的战略抉择来看，财政发展战略的关键在于建立起与经济发展相协调的“水涨船高”的财政增长机制，与科技进步相匹配的财源发展机制，与加强宏观调控相适应的财力供求均衡机制。这些，都有赖于体制改革和经济增长方式的转变。

财政振兴应该分步走：第一步，整顿分配秩序，规范分配渠道。

① 项怀诚主编：《中国财政50年》[M]，北京：中国财政经济出版社，1999年版，第498－510页。

分配秩序包括两个层次：一是财政分配秩序；二是国民收入分配秩序。具体来说包括以下内容：治理“三乱”，清理分配渠道；整顿税收征管秩序，制止越权减免、偷税欠税；整顿预算秩序，制止乱开口子、相互“钓鱼”，加强预算调整、收入退库管理；整顿财政预算外资金的提取、使用和管理；整顿企业分配秩序，包括成本开支、利润分配、留利使用；整顿流通领域的分配秩序；整顿国有资产的产权管理等等。第二步，调整分配格局，理顺分配关系。调整分配格局包括两个层次：一是财政分配格局，二是整个国民收入的分配格局。具体包括：预算内与预算外之间的分配；国家与企业之间的分配；中央与地方之间的分配；企业与个人之间的分配；不同行业、所有制的企业之间的分配；国家、企业与个人之间的分配，等等。第三步，深化财税改革，形成新的分配机制，建立起稳固、有后劲的财政，实现分配制度基本规范化。通过深化财税改革，使财政经济的运行产生质的结构性的改变，建立起适应社会主义市场经济的财政运行机制。

（4）分税选择。集权分权关系不仅是过去财政管理体制的核心问题，而且也是今后的焦点。本文以为，中央和地方财政关系可以作两种分税选择。

第一种选择：以财政集权为主的分税选择。所谓财政集权的分税选择，系指主要税种和大部分税收由中央掌握，财政管理权限统一在中央。因此，财政集权除应强化中央税系外，主要应补充和完善共享税系，形成以共享税为主体的、中央税和地方税为补充的、具有我国特色的税收制度。其考虑如下：①地区经济发展不平衡，劳动生产率悬殊，财权相对集中有利于促进落后地区文教卫生和建设事业发展；②在国家建设多方需要、国家财政收入总规模数大的情况下，适当集中财力，有利于国家通盘计划，便于地区间协调；③以共享税形式将中央利益与地方利益捆在一起，有利于调动中央和地方两个积极性，税收制度具有继承性，组织机构和管理方式毋需作很大变动；④以共享税为主体符合现行税制结构，便于在现有税制基础上进行税制修正，有利于税制和税法的稳定连续。但从长期目标看，作为以共享税为主体的财政集权分税选择，并没有从根本上解决中央与地方在财力分配上的讨价还价问题，不能摆脱平均主义的束缚，不利于鼓励先进和鞭策落后。

第二种选择：以财政分权为主的分税选择。所谓财政分权为主，系指中央财政利益与地方财政利益相对分离，与财政集权制相比，地方财政应当拥有更大的财权利益和财政管理权限。根据“分权制”模式，分税选择的重点应主要放在完善中央税系和地方税系，实行中央与地方的“分灶吃饭”。其主要做法可从以下几方面考虑：①强化中央税系。中央税除原有的（中央）国营企业所得税、调节税、关税、燃油特别税、进口产品的产品税和增值税，专项调节税、海洋石油外资企业工商统一税、所得税，以及铁道部、各银行总行、保险总公司营业税外，至少应增补资源税、盐税、建筑税、奖金税，以及烟、酒、糖和其他关系国计民生重要产品的产品税、增值税。这样，既有利于把中央财政收入建立在稳定可靠的基础上，又有利于国家从宏观上参与对社会积累和消费的控制。②完善地方税系，增加地方财政收入。地方税除原有（地方）国营企业所得税、调节税、集体企业所得税、农牧业税等主要税种外，可将营业税、一般产品的产品税、增值税和个人所得税、外资合资企业工商统一税、所得税划归地方税收收入，以期达到三个目的。第一，一般产品税和增值税划归地方收入，能够大大增加地方税收入来源，保证地方经济和建设事业的需要；第二，把一般产品税、增值税和营业税划归地方，有利于促进地方商品生产和商品流通，有利于促进地方服务业发展。农牧业税则能使地方更加重视农业生产，第三，外资和合资企业工商统一税、所得税归地方，可以促进地方利用外资。③经中央批准，地方应具有一定程度的地方税或某些税种附加的制定权，包括是否开征地方税、新设新税种、地方税减免和附加权等①。

（5）分税制财政体制改革下的中央与地方财政收支划分。第一，中央与地方收支划分原则。分税制是按照市场经济原则和公共财政的理论确立的，是处理中央政府与地方政府间财政分配关系的一种较规范办法，其涉及中央与地方的分权关系。任何一个国家的财政体制都有其集权的一面，也有其分权的一面。分税制实际上是在极端集权财政体制与极端分权财政体制之间作出的一种适度选择。中央与地方支出的划分原则主要有：①受益原则。凡政府提供的服务，其受益对象是全国民众，则支出应属于中央财政。若收益对象是地方民众，则支出应属于地方财政。②行动原则。凡政府公共服务的实施在行动上必须是全国统筹规划的属中央财政支出，相反在实施行动上必须是因地制宜的则属于地方财政支出。③技术原则。凡政府提供活动、规模宏大、技术严格则应归中央财政支出，否则适于地方财政支出。④均衡原则。社会经济的平衡发展是相对的，不平衡才是绝对的。均衡地区差别、产业差别等支出属于中央财政。中央与地方的收入划分原则主要有：①效率原则。该原则是以征税效率高低为划分标准。如土地税，由于地方税务工作人员较易掌握当地地价情况，稽征方便且不易逃税，因而宜作地方收入。②经济利益原则。该原则是以增进经济利益为标准。如货物销售统归地方的话，会出现过境则征的现象，会增加成本，抬高物价，给经济发展带来不利影响。③适应原则。该原则以税基广狭为标准。税基广的税种归中央，税基狭窄的归地方政府。④恰当原则。该原则以租税负担分配公平为划分标准。为了使全国居民公平地负担租税而设立的税种应归属

① 丛树海：《分税制策略》[J]，财政研究，1988 年第 10 期。

中央。反之宜属于地方政府。分税制的实现过程便是贯彻上述原则的过程，该过程实际上是三大模块的统一，即分权、分税、分设机构的统一①。

第二，中央财政与地方财政支出划分。1994 年分税制财政体制改革确定中央与地方支出划分的基本原则是：中央财政主要承担国家安全、外交和中央国家机关运转所需经费，调整国民经济结构、协调地区发展、实施宏观调控所必需的支出以及由中央直接管理的事业发展支出。地方财政主要承担本地区政权机关运转所需支出以及本地区经济、事业发展所需支出。经过划分，中央财政支出主要有 14 个方面，地方财政支出主要有 13 个方面。各自的支出范围见表 3。

表 3　　1994 年中央与地方支出划分

中央财政支出	地方财政支出
1. 国防费	1. 地方行政管理费
2. 武警经费	2. 公检法支出
3. 外交和援外支出	3. 部分武警经费
4. 中央级行政管理费	4. 民兵事业费
5. 中央统管的基本建设投资	5. 地方统筹的基本建设投资
6. 中央直属企业技改和新产品试制费	6. 地方企业技改和新产品试制费
7. 地质勘探费	7. 支农支出
8. 由中央财政安排的支农支出	8. 城市维护建设支出
9. 国内外债务的还本付息支出	9. 地方文化支出
10. 中央本级负担的公检法支出	10. 地方教育支出
11. 中央本级负担的文化支出	11. 地方卫生支出
12. 中央本级负担的教育法	12. 价格补贴支出
13. 中央本级负担的卫生支出	13. 其他支出
14. 中央本级负担的科学支出	

资料来源：《中国财政 60 年》（上卷），经济科学出版社 2009 年版，第 382 页。

第三，中央财政与地方财政收入划分。立足本国国情，合理借鉴国际经验，并考虑到各税种的特殊情况，分税制财政体制改革将维护

① 柯永果：《分级分税制的一般理论》[J]，经济问题，1995 年第 6 期。

国家权益、实施宏观调控所必需的税种划为中央税；将同经济发展直接相关的主要税种划为中央与地方共享税；将适合地方征管的税种划为地方税，并充实地方税税种，增加地方税收收入。在 1994 年分税制收入划分中，中央固定收入有 8 种，地方固定收入有 18 种，中央与地方共享收入有 3 种。具体税种见表 4。

表 4　　1994 年中央与地方税种划分

中央固定收入	地方固定支出	中央与地方共享收入
1. 关税 2. 海关代征的消费税和增值税 3. 消费税 4. 中央企业所得税 5. 地方银行和外资银行及非银行金融企业所得税 6. 铁道部门、各银行总行、各保险总公司等集中缴纳的营业税、所得税、利润和城市维护建设税 7. 中央企业上缴的利润 8. 外贸企业的出口退税	1. 营业税（不含铁道部门、各银行总行、各保险总公司等集中缴纳的营业税） 2. 地方企业所得税（不含地方银行和外资银行及非银行金融企业所得税） 3. 地方企业上缴利润 4. 个人所得税 5. 城镇土地使用税 6. 固定资产投资方向调节税 7. 城市维护建设税（不含铁道部门、各银行总行、各保险总公司等集中缴纳的部分） 8. 房产税 9. 车船使用税 10. 印花税 11. 屠宰税 12. 农牧业税 13. 农业特产税 14. 耕地占用税 15. 契税 16. 遗产和赠与税 17. 土地增值税 18. 国有土地有偿使用收入	1. 增值税 中央分享 75% 地方分享 25% 2. 资源税 海洋石油资源税归中央，其他资源税归地方 3. 证券交易税 中央分享 50% 地方分享 50%

资料来源：《中国财政 60 年》（上卷），经济科学出版社 2009 年版，第 383 页。

第四，实行分税制体制，理顺中央与地方的分配关系。其具体内容是：

——按照中央政府和地方政府各自的事权，划分各级财政的支出范围。中央财政主要承担国家安全、外交和中央国家机关运转所需经费，调整国民经济结构，协调地区发展，实施宏观调控所必需的支出以及由中央直接管理的事业发展支出；地方财政主要承担本地区政权机关运转以及本地区经济、事业发展所需的支出。

——根据财权事权相统一的原则，合理划分中央和地方收入。按照税制改革后的税种设置，将维护国家权益、实施宏观调控所必需的税种划分为中央税；将适宜于地方征管的税种划为地方税，并充实地方税种，增加地方税收收入；将与经济发展直接相关的主要税种划分为中央与地方共享税。在划分税种的同时，分设中央和地方两套税务机构，实行分别征税。中央税种和共享税种由中央税务机构负责征收，其中共享收入按比例分给地方，地方税种由地方税务机构征收。

——按统一比例确定中央财政对地方税收返还数额。中央财政对地方税收返还数额以 1993 年为基期年核定。按照 1993 年地方实际收入以及税制改革和中央地方收入划分情况，核定 1993 年中央从地方净上划的收入数额，并以此作为中央对地方税收返还基数，保证地方既得财力。1994 年以后，税收返还额在 1993 年基数上逐年递增，递增率按各地增值税和消费税增长率的 1∶0.3 系数确定，即上述两税各地增长 1%，中央财政对地方税收返还增长 0.3%，如若 1994 年以后中央从地方净上划收入达不到 1993 年的基数，则相应扣减税收返还数额。

——妥善处理原体制中央补助、地方上解以及有关结算事项。采取原体制分配格局暂时不变，经过一段时间过渡在逐步规范化的办法，以减少推行分税制改革的阻力。原体制中央对地方的补助继续按规定执行。原体制地方上解仍按不同体制类型处理；实行递增上解的地区，按原规定继续递增上解；实行定额上解的地区，按原规定的上解额继续定额上解；实行总额分成地区和原分税制试点地区按 1993 年实际上解数和递增额，并核定一个递增率，每年递增上解。原中央对地方下拨的一些专款，该下拨的继续下拨。地方1993年承担的20%部分出口退税以及其他年度结算的上解和补助项目相抵后，确定一个数额作为一般上解或一般补助处理，以后年度按此定额结算①。

第五，比较彻底的分税制，还包含地方将依照法律而具备某些地方税的设置权和税率的规定权与调整权。设税权在目前体制和起步过渡初期的不够彻底的分税制中，尚不具备条件，但待分税制达到比较彻底的程度，中央、地方政府事权有了清晰的划分，进而对财权亦能作出清晰的划分，可以形成各自独立、自求平衡的中央预算和地方预算之后，地方拥有法定的设税权就是必要和可行的了。它可以使地方根据本地实际，在法律规范下为本级预算加上筹集资金和调节经济方面的弹性选择余地，从而进一步保证其财力的稳定性和应变能力。地方还可以因地制宜发行地方政府债券，使其财流更具弹性和预算应变能力（贾康，1990）②。

第六，从博弈论角度理解中央与地方的财权、事权博弈。事权方面，中央的策略是根据市场经济的客观要求，根据经济规律，依据法律、法规和国家制定的发展规划等向地方先下放一定的自主决策、管理权。而地方的策略是依据以上合法给予的事权和地方具体实际确定如何利用事权进行何种决策和管理。财权方面，中央的策略是制定预算体制、财政收支制度等来要求地方执行，地方的策略是根据上述法定依据决定如何作有利于自身的具体实施。

在这种财权与事权的对局中，事权的对局主要集中于资源配置权上，因为对于收入分配调节和宏观调控这两个宏观的事权，中央并不能充分下放给地方，地方只掌握涉及本地区的小部分权力，而在资源

---

① 项怀诚主编：《中国财政50年》[M]，北京：中国财政经济出版社，1999年版，第359-360页。

② 贾康：《分税制改革与中央、地方政府间关系》[J]，改革，1990年第4期。

配置上，地方可以拥有更大、更灵活的自主权。地方优先发展对本地更有利的产业，利用优惠政策加以保护扶持，并吸引投资，促进发展，这在各地区间产生一种竞争，地方保护主义的兴起难免会影响到中央预期目标——资源优化配置。在财权的对局中，焦点则集中在中央、地方各得到多少收入的问题上，中央希望通过地方促进发展，扩大分税制的税基来扩大中央得到的收入部分，从而确保中央的各项职能实施。而地方也希望地方财力最大，从而使本地区的发展更有基础，使本地区人民福利增加。

中央—地方的财权、事权对局中，中央似乎处于较为不利的位置，它未能约束住地方在利益最大化原则指导下的财、事权的不合理扩张。而在中央利益未达最大化的同时，地方从长远看，其利益也未能达到最大化目标，虽然短期内确实一定程度上提高了本地区的收入和福利等。针对这种结果，中央必须进行策略上的修改和补充。中央必须修改预算体制，使之真正与分税制协调一致，即取消预算外资金制度，使得在财权问题上地方必须依靠培养和扩大税基来获取更多财力，而非依靠预算外资金扩大财力。这样当地方愿以扩大税基来与中央达到收入同增减时，博弈便从一种零和转向正和。在财力提高的同时，中央必须更加合法、合理、合乎经济规律地约束地方的事权，使得地方发展目标与全国发展规划基本一致，再加以协调，使中央地方均实现利益最大化目标。这就必须通过严格的法律、规划来确定长远、近期的发展方针，让地方有法可依、有据可依，约束自身行为。另外中央也必须进一步完善转移支付制度，使其真正合法、合理，在不致于打消发达地区发展积极性的同时带动落后地区的发展积极性。当中央的策略确实作到迫使地方与之利益同向，在财权、事权上不敢也没有余地逾越时，地方打政策之“擦边球”的可能会缩到最小或不存在，则中央策略达到最佳，地方在该策略下也不得不采用非对立策略，而是配合该策略实施经济行为和政治行为。此时，地方利益才会达到在不破坏全国利益最大化前提下的最大化，双方博弈结果则会达到平衡，此时地方政府行为才可做到市场经济下的真正理性①。

2. 合理调节地区间财力分配

既要有利于经济发达地区继续保持较快的发展势头，又要通过中央财政对地方的税收返还和转移支付，扶持经济不发达地区的发展和老工业基地的改造。同时，使地方加强对财政支出的约束②。

（1）进一步明确政府间支出责任范围。③ 按照社会主义市场经济的发展要求，市场应在资源配置过程中发挥基础性作用，政府的主要职责是提供公共服务。政府间事权配置遵循的基本原则是：凡是地方政府能够有效提供并加以管理的公共服务与事务，交由地方政府承办，地方政府无力承担或不宜承担的公共服务与事务，则由中央政府负责。具体做法是：①凡是体现国家整体利益的公共支出项目，需要集中管理，由中央政府承担支出责任。如宏观经济稳定、收入再分配、国防与外交事务等。②带有明显地域性的公共支出，由地方政府负责。如城市基础设施建设、社会治安等。较之于中央政府，地方政府更能了解本地居民的公共服务需求结构与意愿，而且，地方政府在提供公共服务过程中，直接受到居民的监督，公共支出效率较高。③一些混合型公共事务，可以实行共同负担的办法，中央政府承担部分支出责任，具体管理事务则下放给地方政府。④对

① 信春霞：《分税制下中央与地方财权事权的博弈关系》[J]，四川财政，1998年第8期。

② 项怀诚主编：《中国财政50年》[M]，北京：中国财政经济出版社，1999年版，第358页。

③ 项怀诚主编：《中国财政50年》[M]，北京：中国财政经济出版社，1999年版，第537页。

某些可能带来跨地区的利益或损害的社会经济活动，由中央政府进行必要调节。

（2）进一步调整政府间收入划分。[①] 收入划分是财政体制的构成要素。从各国财政实践来看，政府间财政收入的划分一般遵循以下原则：①根据收入项目的调节功能强弱确定归属。一般将数额较大、宏观经济调控功能比较显著的税种划归中央。②根据税基的移动性进行划分。如果一个税种的税基具有较强的移动性，容易出现通过迁移得以避税的现象，而地方政府间为减少乃至消除这种税基移动，需要进行有效合作与协调，加大征税成本，则该类税收作为中央收入比较理想。而税基移动性不强或不具移动性的税种，通常划为地方政府收入。③根据征管效率进行划分。某些税种能够实现规模效益，则宜于集中，应作为中央收入；反之，收入零星、分散的税种，集中管理成本较高且容易流失，应下放给地方政府。④按照税基分布的均衡性进行划分。各辖区税基分布不均衡的税种，应作为中央收入。⑤基于受益原则征收的税收或使用费，交给地方政府管理。

（3）建立规范化转移支付制度。根据我国国情，借鉴发达市场经济国家的经验，我国政府间转移支付制度的完善，必须循序渐进，分步实施。

第一步，稳定税收返还的绝对规模，扩大过渡期转移支付规模。从技术层面，过渡期转移支付的框架与规范转移支付制度已经比较接近。为了进一步发挥过渡期转移支付的均衡效应，今后应随着中央财力的增加，逐步扩大其规模。

第二步，以缩小地区间财力差距为目标，适度调整地方政府既得利益，将税收返还逐步改造为规范的一般均衡拨款。

---

① 项怀诚主编：《中国财政50年》[M]，北京：中国财政经济出版社，1999年版，第537－538页。

第三步，清理专项拨款，改进拨款办法，逐步将其纳入规范的转移支付制度体系。根据政府间事权划分，可将现行专项拨款分为以下几类：一是中央委托事务专项补助。二是共担事务专项补助。三是鼓励性或奖励性补助。四是区域开发或特殊政策目标的专项补助。五是其他特殊专项补助。通过对专项拨款进行清理和分类，取消一些不必要的专项拨款。

在此基础上，引入因素法核定专项拨款数额。除特殊情况外，专项拨款也要尽量按照规范的程序和公式化方法计算对各地的补助额。如对经济不发达地区的专项拨款，可综合考虑各省的贫困县数量、面积、贫困人口数及地理环境、自然资源丰瘠度、贫困程度、所在省的经济社会综合发展水平等因素，确定拨款额，逐步将所有专项拨款纳入规范的转移支付制度①。

实行“取”“予”两条线的补助制度。中央对地方的补助制度体现了整体与个体关系，权利与责任关系。从我国实际情况看，上缴省（直辖市）与补助省（自治区）大约各占一半，换言之，受补地区财政长期依靠上缴地区的财政支持。发达地区以收抵支后上缴和落后地区以收抵支后补助的办法，理论和实践上都使得中央政府与地方政府间的职责和权利不清：作为一级地方政府有向中央政府上缴的责任或义务，同时也有向中央取得作为国家组成部分的财政需要的权利，作为中央政府，有向地方“取之”的权利，同时也负有对地方财政需要“予之”的责任或义务。为从体制上进一步明确国家整体与局部的关系，明确中央政府与地方政府的权责，有必要将“补助”单列出来，使之成为中央预算的支出项目和地方预算的收入项目。分税制下，地方财政一方面通过一部分税种取得财源，另一方面通过中央补助得到

① 项怀诚主编：《中国财政50年》[M]，北京：中国财政经济出版社，1999年版，第538－540页。

收入，再加上中央财政的某些专项拨款，就可以形成补助、自有和专项拨款三大基本财源。同时，根据不同地区及其不同的特殊需要，如贯彻党的民族政策，可以在划分税种时，对一般产品税作适当调整，也可以实行差别补助，达到区别对待的目的。为了科学合理地确定补助基数，可通过建立“标准地区”实现，即首先寻找一中等地区：即自然条件和经济发展状况等均为中等水平，拟作为“标准地区”。然后根据“标准地区”的人口、市政管理和建设、科学文教卫生等事业的发展需要计算出“标准补助额”。最后，再将全国各省（自治区、直辖市）与“标准地区”对比，综合各方面因素，确定换算系数，得出各地区实际补助额。当然，标准地区和换算系数的确定有相当大的困难，而且存在人为因素，但与像某年结算数为基数相比，进步是明显的。此外，实际补助额的最后确定必然要考虑国家财力可能，这是无需赘言的①。

3. 正确处理政府与企业间的财力分配关系

改变按照行政隶属关系组织财政收入的传统模式，企业不论大小，不分级别，一律依法向中央、地方政府分别纳税，公平竞争②。

（1）国营企业税利分流改革试点。③ 1987 年，财政部针对第二步利改税中出现的一些问题，提出了实行税利分流改革的设想，把国家和国营企业的利润分配关系概括为“税利分流、税后还贷、税后承包”，即把国营企业上缴给国家的利润分解为两个层次：第一个层次是，国营企业实现的利润，先以所得税的形式上缴国家；第二个层次是，企业税收利润的一部分以利润形式上缴国家，税后利润的其余部

① 丛树海：《分税制策略》［J］，财政研究，1988 年第 10 期。

② 项怀诚主编：《中国财政 50 年》［M］，北京：中国财政经济出版社，1999 年版，第 358 页。

③ 谢旭人主编：《中国财政 60 年》（上卷）［M］，北京：经济科学出版社，2009 年版，第 287－288 页。

分留归企业自主使用。固定资产投资借款，改为企业用税后留用利润、固定资产折旧及其他可以用于生产发展的、企业自主使用的资金归还。国家适当降低所得税税率，以增强企业的还款能力。中共中央、全国人大和国务院对试行税利分流问题十分重视，多次肯定了税利分流改革的方向。

税利分流最早于1988年在重庆、厦门等城市进行试点。以后税利分流试点范围逐步扩大，到1991年年底，全国已有33个省、市（包括计划单列市）、自治区和5个中央部门进行了税利分流试点，试点企业约2200多户。在总结重庆试点经验的基础上，财政部和国家体改委于1989年联合发布了《关于国营企业实行税利分流的试点方案》，以扩大试点范围。《方案》指出，税利分流改革要有利于增强企业活力，完善经营机制，建立自我约束机制；在国家与企业利益分配分配关系上，必须兼顾国家与企业的利益，要有利于税制的规范和统一。

税利分流改革的具体内容有：①在适当降低国营企业所得税税率的基础上，统一所得税制。将当时大中型企业55%的比例税率和小型企业的八级超额累进税率统一改为比例税率，定位35%。②取消“税前还贷”和按还款额提取职工福利基金、职工奖励基金的办法，企业固定资产借款用企业留用资金归还。③取消调节税，税收利润需要上缴国家的部分，实行税后多种形式的承包办法，其余留归企业。

税利分流使得国家与企业的利润分配格局趋向合理稳定；初步实现了国家与企业利益共享、风险共担；还贷机制的转变抑制了投资膨胀，但没有影响企业的发展后劲；有利于发挥税后承包办法的激励作用和约束作用。

（2）改革国有企业利润分配制度。[①] 这次改革是结合财税体制变

---

① 项怀诚主编：《中国财政50年》［M］，北京：中国财政经济出版社，1999年版，第360－361页。

动与《企业财务通则》和《企业会计通则》的实施展开的。其基本内容有：①国有企业统一按照国家规定的33%的比例税率交纳所得税，取消各种“包税”做法。考虑到部分企业利润上交水平较低的现状，作为过渡办法，增加27%和18%两档照顾性税率。取消对国有大中型企业征收的调节税。②建立统一、规范、合理的企业所得税税基。企业固定资产借款本金一律用企业留用资金归还，不再从税前扣除。增提折旧、固定资产投资借款利息进成本，奖金进成本，研究开发费用进成本。③国家采取多种形式收取国有资产收益。如股份制企业分红，合资企业分利，全资企业实行税后利润上交等。考虑到国有企业困难的现状，作为过渡措施，对1993年以前注册的多数国有全资企业所得税后利润暂不上交。④取消原对国有企业征收的能源交通重点建设基金和预算调节基金。企业所赠财力首先用于归还固定资产投资借款。

（3）规范国家与企业分配关系。党的十四大以后，以建立现代企业制度为核心，国有企业改革开始进入实质性阶段。作为我国现代企业制度主要法律依据的《中华人民共和国公司法》，于1993年12月颁布实施。与此同时，国务院确定了100家大型国有企业作为建立现代企业制度的试点。现代企业制度建设需要一系列的配套制度和政策支持，财政发挥了重要作用。

规范国家与企业分配关系，对于稳定国家财政收入、确保企业自负盈亏具有重要意义。这一时期，国家主要通过1994年的工商税制改革和实施企业税后利润留归企业的政策来解决这一问题。

①建立与完善税收制度。1994年的工商税制改革，对于深化国有企业改革、建立现代企业制度具有重大的推动作用。一是这次税制改革把国家与国有企业的关系纳入了一个公开、规范的框架。以税制来规定国有企业对国家的经济义务，一方面约束了政府自身行为，避免

了各级政府对国有企业的不合理要求，也减少了随意性的税收优惠；另一方面，国有企业对国家的税收上缴公开、透明有章可循，且能够保持相对稳定，增强了企业对发展的预期。可以说，通过规范的税制来约束政府和企业的分配关系，是政企分开的一大步。二是使国有企业发展环境更加公平。这次税制改革使地区间、企业间、行业间的税收负担进一步趋于公平，统一了内外资企业流转税制，改变了过去按所有制性质设置企业所得税的做法，严格了政策性减免税，取消了困难性、临时性减免税，有利于国有企业和其他所有制企业的公平竞争。

②企业税后利润留归企业。税制改革解决了政府作为公共事务管理者、凭借国家权力获取财政收入的问题；但国家作为国有企业的所有者，凭借产权应该如何获得回报、国有企业如何履行对国有资本股东的义务问题还没有明确。在这个问题上，本着支持国有企业深化改革的原则，实践中国家做出了让利于企业的选择。

作为1994年税制改革的配套措施，《国务院关于实施分税制财政管理体制的决定》规定，“改革国有企业利润分配制度。根据建立现代企业制度的基本要求，结合税制改革和实施《企业财务通则》、《企业会计准则》，合理调整和规范国家与企业的利润分配关系。从一九九四年一月一日起，国有企业统一按国家规定的33%税率缴纳所得税，取消各种包税的做法。考虑到部分企业利润上缴水平较低的现状，作为过渡办法，增设27%和18%两档照顾税率”。而后，特别指出“逐步建立国有资产投资收益按股分红、按资分利或税后利润上交的分配制度。作为过渡措施，近期可根据具体情况，对一九九三年以前注册的多数国有全资老企业实行税后利润不上交的办法，同时，微利企业交纳的所得税也不退库”。这一规定反映了国家对国有企业改革的大力支持，考虑到企业改革中的困难，暂时放弃作为国有资产所有者对于企业利润的分配权利。

此后，随着国有企业股份化改造的深入进行，在统一税制基础上，国家也曾经考虑过要将国有企业利润上收。1994 年，财政部、国资局、中国人民银行联合颁发《国有资产收益收缴管理办法》。在该办法中，将国有资产收益归纳为九个方面，即：国有企业应上缴国家的利润；股份有限公司中国家股应分得的股利；有限责任公司中国家作为出资者按照比例应分取的红利；各级政府授权的投资部门或机构以国有资产投资形成的收益应上缴国家的部分；国有企业产权转让收入；股份有限公司国家股股权转让（包括配股权转让）收入；有限责任公司国家出资转让的收入；其他非国有企业占用国有资产应上缴的收益；其他按规定应上缴的国有资产收益。收益收缴管理由财政部门会同国有资产管理部门负责，收益按产权关系和财政体制分别列入同级政府国有资产经营预算，并通过财政国库收缴结算。国有资产收益的使用方向为：国有资产再投资，调整产业结构，增加国有企业资本金，增购有关股份公司的股权及购买配股等。该办法于 1995 年 1 月 1 日起试行，但当时国有企业改革正处于深化阶段，各项改革成本除各级财政负担部分外，大部分都靠国有企业自行消化。因此，这个办法并没有严格落实，国有企业的税后利润留归自用，一直延续到 2007 年试行国有资本经营预算制度（中央本级）才有所改变①。

改革国家与国有企业之间的财政关系：

①进行国有企业产权制度的改革。进行国有企业产权制度的改革，使国有企业成为具有法人产权的独立的经济实体。市场的主体是企业，而企业必须是具有法人产权的独立的经济实体，能够自主经营、自负

---

① 谢旭人主编：《中国财政 60 年》（上卷）［M］，北京：经济科学出版社，2009 年版，第 462 - 463 页。

盈亏、自我发展、自我约束。目前，私营企业、城乡个体户和三资企业大体具备了这些条件，能够扮演市场主体的角色，而国有企业尚不具备这些条件，因为它还未真正改变行政机关附属物的地位，只负盈不负亏。这一问题不解决，就谈不上市场经济。从这些年来改革的实践看，承包制存在着不少问题，比较理想的办法是实行股份制。在国有股份制企业里，股东是国家，它的代表是国有资产管理部门，具有资产的最终所有权，其核心是收益权和资产处置权。这里的收益权是指股东依据股本对国有企业交纳所得税后的利润拥有分配决策权和取得收益（股息和红利）的权利。这里的资产处置权是指最终处置权，如参股、兼并、出售、拍卖等，股东的所有权应主要体现在价值形态上，即指资金的投入、撤出和变动。而作为法人的企业，应拥有作为民事权利主体的企业法人所有权，这是一种不从属于国家所有权的独立财产权，包括占有、使用及部分收益、处置企业财产的权利。这主要是指企业对财产在使用价值形态上的占有、运营和处置。如果企业不享有这种法人所有权，现在通常所说的“政企分开”“两权分离”是难以做到的。

②主要通过税收规范国家与企业的财政关系。社会主义国家具有的双重身份和双重职能，决定了国家参与国有企业利润的分配应采取税收（指所得税）和利润上交两种形式，即税利分流。由于税收具有强制和固定的特点，有利于规范国家与企业之间的关系，使之保持相对稳定，同时，这也有利于发挥税收调节经济的杠杆作用。因此，国家与国有企业之间的财政关系应主要通过税收来规范。目前最大的问题是，所得税被列入了承包基数，实质上是取消了税收。这同市场经济的要求背道而驰，必须改革①。

① 安体富：《社会主义市场经济下的财税改革》[N]，中国人民大学学报，1993年第2期。

4. 坚持统一政策与分级管理相结合的原则

统一领导、分级管理是我国财政管理体制的基本原则，是中央集权与地方分权关系的集中表现，其根本目的在于调动中央地方两个积极性。但是统一领导并非高度集权的统收统支，统一领导必须建立在分级理财、分级管理的基础之上。分级管理也不是分级财政，它体现地方政府理财的相对独立性而不是完全地独立理财。近来，有学者借鉴了国外财政管理的经验，提出了"分级财政"和"分级预算"的构想，企望依此从根本上解决中央与地方间的财政同体问题，但作为一种由地方政府独立理财的财政体制，它必然要求地方在政治上和经济上具有相当的自主权和基本的独立性，因此，它更适应于地方政府自治型的国家和联邦制国家，而对实行民主集中制政治管理的我国却不太适合，缺乏理论和实践依据。只有建立在统一财政、统一预算基础上的财政分级管理体制，才真正符合我国现实国情①。

划分税种不仅要考虑中央与地方的收入分配，还必须考虑税收对经济发展和社会分配的调节作用。中央税、共享税以及地方税的立法权都要集中在中央，以保证中央政令统一，维护全国统一市场和企业平等竞争。税收实行分级征管，中央税和共享税由国家税务机构负责征收②。

（1）多级财政分级形式并用③。出于历史的和自然条件等原因，各地区现存的生产力水平高低悬殊，经济社会发展状况差异极大，有的地区财源比较充裕，有的地区则财源贫乏，由此也带来了各地区之间财政自理能力上的巨大差别。各地区之间财政自理能力上的这种巨

---

① 丛树海：《分税制策略》[J]，财政研究，1988年第10期。

② 项怀诚主编：《中国财政50年》[M]，北京：中国财政经济出版社，1999年版，第358页。

③ 何振一：《财政分级形式改革的研究》[J]，财贸经济，1988年第5期。

大差距，客观上就要求在财政体制改革中，必须依各地区财政自理的实际能力，规定其财政责任内容。各地区之间经济发展不平衡性所决定的财政分级内容上的差异，也就要求有不同的分级形式与之相适应。实行彻底的分税制，对经济发达地区，无疑比现行的划分税种办法更为优越，更有利于中央与地方之间财政权责分开。但对贫困地区来说，彻底的分税制与划分税种办法其结果不会有什么两样，如果说有差别，无非是实行彻底分税制后，中央财政从这些地方取走的更多些，使这些地方财政自给能力进一步下降，造成中央财政向这些地方加大补贴的分量。这除了增加中央与地方之间财政收支的上缴下拨手续，和挫伤这些地方开辟财源提高财政自理能力的积极性外，不会带来什么好处。所以只有因地制宜选用不同的分级形式，在财政分级模式建设上，多种形式并用才是可行的。

针对我国财源分布的这种实际状况，在财政分级形式改革中，分别做如下一些选择可能是有益的。①中央与北京之间财政分级形式的选择：基于北京的特点和发展战略转变的需要，在近期给予北京特别征税权的基础上，实行财政上缴任务绝对额包干的分级形式是有益的。这样的形式既可以保证中央财政从北京取得稳定的收入，又可以增强北京财政活力，加速财政资源的战略转变，以适应首都发展战略转变的需要。②中央与经济比较发达地区之间财政分级形式的选择：这样的地区财政自给能力强，并承担着支援中央财政和支援不发达地区的重担，其财源发展关系到全局，为了促进其发展财源的积极性，应当对这样的地区实行更高程度的分级财政，实行完全的分税制比较合适。③中央与经济不发达地区之间财政分级形式的选择：这类地区财政自理能力虽弱，但基本上可以凭借自己财源独立承担本地区财政供给的责任，因而对这类地区可以实行财政自给责任制。具体办法可采取两种形式：对有微量上缴能力的省份，实行定额上缴递增包干办法；对须中央给微量补贴的省份，则实行收支包干、定额补贴比例递减办法。选择这样分级形式的好处是，有利于鼓励其积极开辟本地区财源，增加财政后劲。④中央与贫困地区之间财政分级形式的选择：这类地区财政不能自理，其基本状况是，多数地方自有财力只能勉强维持本地“吃饭”的需要，而无力建设，少数地方靠自有财力连吃饭的需要也难以维持。针对贫困地区这种实际情况，在财政体制上给予特殊照顾是完全必要的。但这种照顾不应当仅仅在补助额度多少上打圈子，而应当在投入效果上下功夫，体制改革要更有针对性，要寻求有利于这些地区发展的最优分级形式，以有效地提高贫困地区自身发展的功能。为此，对这类地区采用双重分级形式可能是一个较好的出路，即在财政上把吃饭需要和建设需要分开管理。在吃饭需要方面：对基本上靠自己财力可以维持的省区，实行吃饭财政自理超收留用、超支不补的分级形式；对不能完全自我维持吃饭需要的地方，实行定额补贴一定几年不变的办法；在建设需要方面：则根据国民经济社会发展总体规划，核定各地方一定时期内的建设资金额度，由中央财政分几次拨给，实行投入产出包干办法。

（2）实行分税分级财政。① 根据我国政治经济特点和市场经济的要求，我国财政体制改革的方向是实行分税分级财政，即实行分税制和在分税制基础上建立独立的分级财政。

①如何理解分税制。所谓分税制是指要建立中央与地方两套独立的税收体系和制度，它包括分税、分权、分征和分管等内容。一是分税，是指按税种（或税源）将全部税收划分为中央与地方两套税收体系。可以有两种形式：完全形式或不完全形式。完全形式是把全部税种分为中央税和地方税两类；不完全形式是除此之外，还设置中央与

① 安体富：《关于社会主义市场经济体制与税制结构的几个问题》[J]，财政研究，1993 年第 10 期。

地方的共享税。在按税源划分时，各级政府可对同一税源按不同税率征收。根据我国国情，应把税收划分为中央独享税、地方独享税、中央地方共享税三类。二是分权，是指各级政府有独立的税收立法权、征管权和减免权。中央税和中央地方共享税由中央立法；地方税由地方立法。三是分征，是指分别设置两套税务机构，分别征收。中央政府设置国税局，负责中央税和中央地方共享税的征收；地方政府设置地方税局，负责地方税的征收。四是分管，是指中央政府和地方政府分别管理各自的税收。分税制的实质和主要内容是要建立两套独立税制，因此，仅仅把分税制归结为按税种划分收入是不全面的。

②划分税种的原则和标准。这是需要探讨的问题，以下几点可供参考：一是以组织税收收入的效率之高低作为划分标准。某种税收收入由中央统一征收或由地方征收，其效率是不一样的。如财产税、土地税应划归地方征收管理。因为地方政府对当地情况更为了解，便于对收入的征收管理，且征收成本较低。而所得税应归中央征收管理，因为所得来源甚广，如由中央征收管理，效率较高。二是以社会经济的稳定、协调发展作为划分标准。某些收入在经济增长中具有周期性变动趋势，对整个经济运行有重大影响，类似这样的税种，应划归中央征收管理。反之，应划归地方征收管理。一般地说，所得税的征收管理将对人口与资源的自由流动产生影响，若由地方行使主要权利可能会产生各地方竞相课税优惠，以招揽投资的状况，将会对竞争的平等性有不利的影响。凡具有级差性质，税基不均匀地分布在各地区的税种，应划归中央管理，以实现社会公平，缩小地区间差别，促进整个经济的稳定与平衡。三是按照税基的宽窄作为划分标准。凡税基、税源涉及全国范围的税种应划归中央，凡税基、税源只涉及地区范围的税种划归地方。此外，税收收入划归中央或地方，应该考虑这样划分是否能带

来良好的经济效益，是否会造成经济秩序的紊乱，带来负效应。例如，如果把流转税划归地方管理，就可能出现地方保护主义，助长税收壁垒的势头，阻碍市场的正常发育，不利于统一市场的形成，税收调节经济的积极作用也难以发挥。

③关于中央税的主导地位。分税制本身并不反映各级税收收入在全国税收总收入中所占的比重和地位，同是分税制，可以是集权型的，也可以是分权型的。这主要决定于各个国家的政体。一般来说，联邦制的国家，如美国、德国，侧重于分权；而单一制国家，如日本、法国，侧重于集权。我国是政治上统一的社会主义国家，以公有制为基础，实行社会主义市场经济，且二元经济特征明显，这些基本因素决定了我国的中央税应该在整个国家税收中处于主导地位，这主要体现在两个方面：第一，在财力分配中，中央政府通过征收中央税和中央地方共享税而支配的财力应为主要部分，以便与中央政府的地位和职能相适应。第二，保持中央财政对地方财政有较强的调控能力。实行分税分级财政，并不意味着使地方拥有足以自我平衡的税收收入，划归地方支配的税收仅是地方相对稳定的一部分财政收入，其收支差额应通过中央财政补助或其他形式予以弥补，从而实现中央财政对地方财政的调控。要改变目前我国的中央财政直接组织的收入不足以弥补其支出，不足部分靠地方上解收入和向地方借款解决，中央受制于地方的状况。要改变目前调控手段单调，即只对落后地区实行补助，对上解地区只规定上解比例而无健全调控约束机制的状态，应采用一般补助、专项补助等多种形式实行对地方的普遍补助，以达到对地方财政的有效调控。

④建立健全地方税制和税收体系。要改变目前地方税种少、收入规模小、地方政府税收管理权限有限的局面。第一，要增加地方税种，扩大地方税收入规模，建立地方税收体系。设计地方税系的思路，应

破除只将零星、分散、税源小的税种划给地方的传统做法。应考虑到分级财政的趋势，税源培养、征收成本、征管效应，地方政府中观调控杠杆等因素，建立健全合理的地方税系。地方税体系中要有主体税。由于营业税主要来自第三产业，征收面广，税源分散，宜于地方征管，因此可以考虑将营业税划给地方，以充实和加强地方税系。要完善房地产税，今后房地产开发有着广阔的前景，可以围绕房地产的增值、转让和经营征收相应的税收，作为地方财政的重要收入来源。此外，还应开征遗产税和赠与税等税种。第二，明确划分税收管理权限。地方税的管理权限归地方政府，地方政府有权决定地方税种的开征、停征、调整税率和减免税，并有权在所辖区内开设一些新的地方税种。(安体富，1993)

5. 坚持整体设计与逐步推进相结合的原则

分税制改革既要借鉴国外经验，又要从我国实际出发。在明确改革目标的基础上，办法力求规范化，但必须抓住重点，分步实施，逐步完善①。

6. 对分税制的评述

(1) 不能把分税制过于理想化。② 我国将要实行的分税制体制无疑是来自于国外的启示。目前世界上有关国家实行的分税制模式大体上分为四种类型：第一种类型是分散立法，同源共享、自上而下资金补助的分税制模式，以美国的财政体制为典型代表；第二种是集中税权、分散事权、税种让与、专项补助的分税制模式，以日本的财政体制为典型代表；第三种是税权集中、税种共享、横向平衡的分税制模式，以德国的财政体制为代表；第四种是大权集中、小权分散、中央

① 项怀诚主编：《中国财政50年》[M]，北京：中国财政经济出版社，1999年版，第359页。

② 李俊生：《从实际出发看分税制改革》[J]，党校论坛，1994年第1期。

补助的分税制模式，以法国为代表。

上述各种模式的共同点之一，都是分税制加补助制（或者横向平衡制）。单一的、彻底的分税制是不存在的。因此，第一，这种财政体制并不能彻底解决中央与地方之间为确定基数、比例等等而进行的争吵问题，因为各种各样的补助都不可避免地涉及算数、比例问题。我国实行财政包干制的动因之一就是为了解决这个问题，而实行分税制后这个问题将依然存在。第二，就纵向补助而言，中央政府虽然在一定程度上集中了财权，但与此同时，它带给中央政府资金调度的负担也异常繁重。从法国情况看，地方财政收入中约有25%来自中央政府的补助；而日本的这个指标更高，其地方税在地方财政收入总额中仅占30%左右，有60%多来自中央财政补助。我国各地区间财政经济不平衡的情况要比上述国家不知严重多少倍。目前，不算海南省，在其余20个省市自治区中，大约只有7、8个省收大于支，其余1/3多的省份不同程度地靠中央财政补贴过日子，其中像西藏，财政收入长期处于负数的状态。由此不难看出，无论采取哪种分税制模式，在我国都必然是通过补助制，而不是靠单一分税制就能实现资金调度过程的。在这种情况下，就有一个能否很好地实现资金调度的问题。因此，不能把分税制过于理想化。

任何财政体制的建立都要有一定的条件。要建立一种适合中国国情的分税制财政体制，应当满足下列主要条件。①财政体制及其行为主体不能靠经济利益驱动。地方的积极性不可以不调动，但是必须有个基本框架，这个框架就是在明确、合理地划分各级政府事权的前提下，在中央及地方政府财政职能范围界定清楚的前提下来划分税种，确定中央对地方财政机制的条件与方法，来调动地方积极性。②中央政府资金调度量不能过大，新体制必须防止走到统收统支的老路上去。因此，中国的分税制必须考虑经济发展严重不平衡这个事实，应当采取针对不同类型地区适当区分对待的体制。③新财政体制必须与企业隶属关系脱钩，从根本上消除按企业隶属关系划分财政收支的做法。④在合理界定财政职能范围的前提下，新财政体制必须保证中央及地方的合理财政收入规模与支出规模。

（2）初级阶段的国情对财政职能建设提出的要求。[①] 一是保证国家机器正常运转和公共活动的日常开支，使政府履行职能有足够的财力作后盾；二是保证政府对市场失灵领域的资源配置，承担公共设施、基础设施、基础产业建设及国家重点建设项目的投入，推进工业化进程，支持国民经济发展；三是弥补市场机制在收入分配中的缺陷，按照效率优先、兼顾公平的原则，调节地区之间、城乡之间、居民个人之间的收入分配水平；四是运用灵活的财税政策和经济杠杆，调节经济总量和结构，保证国民经济稳定协调健康发展；五是管好国有资产，提高国有资产的运营效率，确保国有资产保值增值，巩固社会主义经济基础。因此，适应我国国情的财政应该是公共型财政、建设型财政和调控型财政三位一体的。

（3）1994 年的分税制是不彻底的分税制。[②] 当前分税制改革还存在不少问题。一是遗留了许多旧体制的痕迹。包括：①企业所得税仍按企业隶属关系分别划归中央和地方。虽然这样可以明确划分中央收入和地方收入，但难免会使地方政府为了保护地方税源而侵蚀中央税基，不利于企业所得税的硬化，也不利于企业的公平竞争，并且会助长盲目投资、经济割据等地方本位主义，与建立社会主义市场经济运行体制相悖。②采用基数法确定地方财政收支基数。这样，既会把财

---

① 汪兴益：《对我国财政改革实践与发展的思考》［J］，财政研究，1998 年第 3 期。

② 阎坤：《对我国分税制财政体制改革的分析》［J］，税务研究，2000 年第 11 期。

政包干体制的一些弊端移植延续到分税制中来，又有碍中央财政收入比重的提高。二是事权、财权划分不清。在 1994 年的分税制改革中，由于种种因素的制约，并没有解决这个一直困扰我国财政体制改革的主要问题，而把改革的重点放在了划分收入上。由于各级政府的事权不清，各级政府的职能范围边界不明，使得划分各级政府的财力、财权、财责缺乏科学的依据，不得不沿用以历史状况和既成事实为基础的基数法。三是转移支付模式不当，转移支付力度不足。

（二）税收返还与做大“蛋糕”：充分调动中央和地方两个积极性

为了使财政体制改革顺利运行，分税制财政体制的方案确定了维持地方 1993 年既得利益的政策。实行按税种划分收入的办法后，原属地方支柱财源的“两税”收入（消费税和增值税收入的 75%，下同）上划到中央，成为中央级收入，如果中央不采取相应补偿措施，必然影响地方的既得利益，不利于新旧体制的平稳转换，为此，分税制财政体制改革制定了税收返还的办法。即以 1993 年为基期年，按分税后地方净上划中央的收入数额，作为中央对地方的税收返还基数，基数部分全额返还地方。为了尽量减少对地方财力的影响，调动地方政府的积极性，国务院还决定，不仅税收返还基数全额返还地方，1994 年以后还要给予一定的增长。增长办法是：从 1994 年开始，税收返还与消费税和增值税（75% 部分）的增长率挂钩，每年递增返还。关于税收返还的递增率，按当年全国增值税和消费税平均增长率的 1∶0.3 系数确定。1994 年 8 月，根据各方面的意见和要求，为了更充分地调动各地区组织中央收入的积极性，将税收返还的递增率改为按各地区分别缴入中央金库的“两税”增长率的 1∶0.3 系数确定。即各地区“两税”每增长 1%，中央财政对该地区的税收返还增长 0.3%①。

建议取消按 1993 年税收返还的做法，尽快建立规范的、统一的财政转移支付制度。按 1993 年基数对地方“税收返还”的办法弊端很大，这是过渡性的措施，也是权宜之计，要尽快结束旧体制，向新体制过渡。另外，要逐步缩小地区发展差距，也要求改变这一制度。取消按 1993 年税收返还的“基数法”，就是要重新“洗牌”和重新“摸牌”。其含义：一是中央要把名义收入变为实际收入，即凡属于中央专有收入，增值税、消费税收入以及与地方共享税收中央部分收入，这些名义收入真正成为中央财政收入，用不着算在地方收入的头上，所以要重新“洗牌”。二是重新“摸牌”，按“因素法”确定各地区财政转移支付额，最重要的因素是按各省区人均 GDP 水平排序，有区别地分配中央财政援助额，人均 GDP 水平相对于全国人均水平越低的地区，所获得的人均中央财政援助额越高，而高于全国人均 GDP 水平的高收入和上中等收入地区，不应获得中央财政援助额，即使获得中央财政援助额，也不应高于低收入和下中等收入地区人均中央财政收入援助额的水平。三是要考虑到少数民族自治地方（指自治区和自治州）的特殊情况，按少数民族人口占总人口比重这一指标作财政转移支付方案的一个权重因素，这一比重越高的地区，所获得的人均中央财政援助额就高。建立规范的财政转移支付制度其目标有三条：一是能够缩小各地区人均地方财政收入的相对差距，使转移支付之后的各地区人均地方财政支出的相对差距不致过分悬殊；二是保证在全国范围内，各地区人民能够享受全国最低的公共服务，诸如基础教育、基本卫生服务、基本计划生育服务、饮用清洁水、村村通电和减少绝对贫困人口；三是帮助欠发达地区建设和改善基础设施，特

① 谢旭人主编：《中国财政 60 年》（上卷）［M］，北京：经济科学出版社，2009 年版，第 384 页。

别是跨区域性的铁路、国道、大型航空港、光缆通讯等。财政转移支付可分为小口径和大口径两种：凡由财政部核发的对地方政府的财政转移支付额属于小口径；凡属由国家计委和中央部委的重大项目投资和基本公共服务拨款再加上小口径属于大口径，应列入财政部统一监管的范围之内。设计这一方案的依据，不应取决于某些地区的经济既得利益和政治实力，而取决于全国范围内能否有效地缩小地区发展差距。（胡鞍钢，1997）①

在财政经济关系上，确立了经济—财政（税收、国有资产收益）—经济的理财（治税、治产）思想。改革开放以来，随着经济的增长和财政的改革，理论界和实践界深刻地认识到，经济决定财政，是财政的基础，财政反作用于经济。社会主义市场经济的发展是理财（治税、治产）的根本，是理财（治税、治产）的出发点，也是归宿点。市场经济不发展，财政就成了无源之水，财政困难只有从切实有效地发展市场经济上才能解决。在日常工作中，要真正树立从经济到财政再到经济和“欲取先予”的理财思想，主动把财政工作的着眼点放在搞好搞活国有企业、发展经济上。邓子基曾把发展经济比作“做蛋糕”，把财政（税收、国有资产收益）分配比作“分蛋糕”，认为首先要把经济发展上去，做大“蛋糕”，再在此基础上分好“蛋糕”。解决适当集中财力与照顾地方既得利益的矛盾，仅仅盯住“分蛋糕”是没有出路的，必须着眼于先把“蛋糕”做大，然后中央和地方均可分得更大的一块。（邓子基，1998）②

税收返还是我国转移支付制度的初级形式。转移支付起因于中央财政与地方财政的纵向不平衡和各地区财政之间的横向不平衡，以及

---

① 胡鞍钢：《分税制：评价与建议》[J]，税务研究，1997 年第 2 期。

② 邓子基：《改革开放二十载 财政理论写新篇》[J]，厦门大学学报，1998 年第 4 期。

实现资源的有效配置和诱导、控制地方政府和经济活动的需要。而作为我国转移支付制度初级形式的税收返还则起因于照顾地方的经济利益，以减少推行分税制改革的阻力。这就说明，它并不是完全科学、规范的转移支付方式，因而也就不可避免地存在一些问题。（1）采取按基期年地方既得财力确定税收返还基数的做法，使旧财政体制下财力分配上的“苦乐不均”现象继续沿袭下来。在原来的财政包干体制下，为了使沿海地区的经济先发展起来，国家在财政上向这些地区做一定的倾斜，如给予政策优惠、税收减免等，使得这些地区的经济发展较快，财力相对充裕；而中西部地区则经济比较落后，财力相对匮乏，从而出现南北、东西地区之间经济发展的不平衡。实行分税制财政体制后，对地方的税收返还采取以 1993 年既得财力为基数的办法，而不是按照各方面需要来进行财力的再分配，将会出现受益地区继续受益，吃亏地区仍然吃亏，财力分配苦乐不均。经济较发达的东部沿海地区，由于税收返还的基数大，相对得到的财力也大；反之中西部落后地区，返还的财力就小，这样南北、东西地区之间经济发展的不平衡的矛盾仍将得不到很好的解决；企业公平竞争所要求的平等的社会经济环境也无法提供；地区之间财力分配不合理的格局仍未得到较有效的调整；地区之间的公平分配仍无法彻底实现。这种状况的解决，只能靠中央财政收入所占的比重提高以后，宏观调控能力得到加强，建立起科学的转移支付制度以后才能逐步得到解决。（2）税收返还办法，由于实行基数法，使一些地区为了扩大税收返还的基数，采取了一些舞弊行为。对地方的税收返还，是以 1993 年地方的净上划收入为基数进行返还的，因此，1993 年财政收入越多，则返还基数越高，1994 年乃至以后年度从中央财政得到的税收返还数就越大，没有完全按照效益为主、兼顾公平的原则进行财力再分配。于是地方在地区利益的驱动下，为了使本地区得到较大的经济利益，就千方百计扩大税收返还的基数。据了解，1993 年一些地方采取各种不正当手段，如清理“死欠”、转移科目、收过头税等办法来虚增 1993 年财政收入，以此来扩大税收返还的基数，为本地区争取尽可能多的财力。致使年下半年出现了地方财政收入增长逐月攀升，财政收入增长高于经济增长速度的少有现象①。

（三）费改税财政思想

所谓“费改税”，就是将目前村级对农民收取的三项提留（公益金、公积金、管理费）和乡镇的统筹收费（教育费附加、计划生育统筹、烈军属优抚费、民兵训练和国防教育费、乡村道路建设费等）改为“农村公益事业建设税”予以征收（简称“费改税”）。其税负不得超过农民上年纯收入的 5%，由乡镇财政所具体组织征收或委托其他单位和部门代征代扣代缴，纳入乡镇财政预算管理②。

1. 实行“费改税”的理论依据

农民负担的居高不下，“三乱”现象的屡禁不止，是“费改税”的直接原因。目前由农民负担的“村提留乡统筹”资金及其他种类繁多、名目不一的大量费用都是由“七站八所”等乡镇职能部门和事业单位各自组织收取的，其基本特点是自收自支、随收随支、多头收钱、多家管账。这样一种混乱的收费格局带来了极为严重的社会问题。突出表现在“三乱”现象愈演愈烈，农民负担有增无减。据统计，由农民承担的费用有几十种之多，少数地方向农民收取的费用已占年纯收入的 15% 左右，远远高于国务院明文规定的 5% 的标准。党的农村政

---

① 白佘清：《改进现行分税制中的税收返还办法 实行规范化的转移支付制度》[J]，中央财政金融学院学报，1995 年第 2 期。

② 张以坤：《“费改税”：分税制下乡镇财政的必然选择》[J]，财政研究，1996 年第 11 期。

策和农民政策遭到严重扭曲，党群关系、干群关系趋于紧张，恶性案件时有发生。在支出方面，无视财务制度，违反财经纪律，不讲效益，滥支乱用，贪污、浪费现象严重，助长了腐败，败坏了社会风气，分散了政府财力，加剧了财政困难，削弱了财政职能，制约了农村经济和各项事业的正常发展。另外，乡镇财政预算内收入一直趋于紧张，不少地方的大量精力穷于应付工资等刚性支出，根本没有财力发展乡镇经济和其他事业。严峻的形势提醒人们，这种极不正常的收费格局和财政现状必须进行改革，必须建立一种规范统一的、切实有效的管理、监督与制约机制。

理顺分配关系，强化财政职能，是实行“费改税”的根本原因。分析一下乡镇自筹、统筹资金的收支情况，我们不难看出：它体现的是一种政府行为，是国家与农民之间的分配关系，是政府所属部门或单位依据国家赋予的权力，行使政府职能，在国家规定的范围和幅度内，代政府向农民收取一部分社会劳动产品的活动。从支出看，它应专项用于满足本乡镇社会、文化、教育、福利等公益事业发展的需要，实现的也是政府的基本职能。所以，无论其收还是支都具有鲜明的财政性，是财政性资金。它的所有权只能属于国家，调控权只能属于国家代表者——政府，管理权也必须属于政府资金的专职管理机构——财政部门①。

2. 推行“费改税”必须采取的保障措施

加快农村公益事业建设税的立法步伐，为全面推行“费改税”创造前提条件。加快配套改革步伐，营造适宜推进改革的外部环境，为推行“费改税”夯实重要基础。加大执法力度，严肃执法纪律，为推

① 张以坤：《“费改税”：分税制下乡镇财政的必然选择》[J]，财政研究，1996年第11期。

行“费改税”提供根本保障①。

（1）农村税费改革。我国农民长期以来承担了大量的税费负担，特别是各种名目的非税负担种类繁多。尽管20世纪80年代以后中央三令五申，采取了多种措施，但农民负担过重的问题并没有从根本上解决。资料表明，2000年与1990年比较，农民承担的税费总额（不含乱收费、乱罚款、乱摊派等“三乱”负担）由469亿元增加到1358亿元，其中：农业“四税”由88亿元增加到465元，村级提留由216亿元增加到352亿元，乡统筹费由117亿元增加到268亿元，其他收费由48亿元增加到274亿元，农民人均承担的税费额由55.8元增加到168.4元。在这种情况下，中央决定从2000年起进行农村税费改革，实行“三取消、两调整、一改革”的政策。改革率先在安徽全省试点，到2002年试点范围扩大到全国20个省，其他11个省在部分县（市）试点，试点地区农业人口达6.2亿人，占全国农业人口总额近3/4。为了促进和支持农村税费改革，弥补基层财政因降低农业税而减少的财政收入，中央和地方设立了农村税费改革转移支付资金，确保了改革的顺利推进和基层的平稳运转②。

（2）规范公共收费管理。③ 一是全面清理整顿收费工作。1990年和1993年，我国两次开展了治理“乱收费”的工作。从1995年起，开始对乱收费情况进行清查摸底和全面整顿。1996年，针对一些地方、部门和单位将财政预算资金转为预算外资金，擅自设立收费基金项目，导致国家财政收入流失、预算外资金使用脱离财政管理等

① 张以坤：《“费改税”：分税制下乡镇财政的必然选择》[J]，财政研究，1996年第11期。

② 谢旭人主编：《中国财政60年》（上卷）[M]，北京：经济科学出版社，2009年版，第418页。

③ 谢旭人主编：《中国财政60年》（上卷）[M]，北京：经济科学出版社，2009年版，第446－448页。

问题，国务院发布了《关于加强预算外资金管理的决定》，首次明确了预算外资金是国家财政性资金，不是部门和单位的自有资金，必须纳入财政管理。1997 年，中共中央、国务院发布了《关于治理向企业乱收费、乱罚款和各种摊派等问题的决定》，要求坚决取消不符合规定的、面向企业的行政事业性收费、罚款、集资、基金项目和各种摊派。

二是清理取消不合法、不合理的收费基金项目。从 1996 年起，分期分批取消了大量不合法、不合理的收费项目。1996 年，公布取消了 48 项涉及建设项目的收费，涉及 14 个部门。1997 年，分两批公布取消了 49 项行政事业性收费，涉及 13 个部门。同年，公布取消了第一批基金（附加、收费）项目，共计 217 项。1998 年，公布取消第二批基金项目，共计 147 项。同时，地方各级政府对本行政区域出台的收费基金也进行了清理，据统计，到 1998 年 3 月底，各省、自治区、直辖市取消的收费基金项目共计 2028 项。1998 年以后，财政部门会同有关部门进一步加大了对乱收费的治理力度，1998—2003 年，共取消收费项目 1805 项，并降低了 479 个项目的收费标准，减轻社会负担 1417 亿元。

三是建立健全收费管理制度。具体包括：①实行收费基金目录管理，每年向社会公布《全国性及中央部门和单位行政事业性收费项目目录》和《全国政府性基金项目目录》，各省、自治区、直辖市每年也编制本行政区域的行政事业性收费项目目录。②对行政事业性收费实行统一归口管理，1999 年，财政部发布《关于统一归口管理中央部门和单位的行政事业性收费及政府性基金等问题的通知》，规定中央部门和单位凡涉及行政事业性收费的有关事务，统一由中央部门和单位的财务机构归口管理。③对行政事业性收费票据管理，根据财政部印发的《行政事业性收费和政府性基金票据管理规定》，收取行政事业性收费时，必须使用行政事业性收费票据。④对行政事业性收费实行不同的税收政策，1997 年，财政部、国家税务总局《关于调整行政事业性收费（基金）营业税政策的通知》规定，凡经中央及省级财政部门批准纳入预算管理或财政专户管理的行政事业性收费，均不征收营业税；未纳入预算管理或财政专户管理的，一律按章征收营业税。⑤杜绝擅自将行政事业性收费转为经营服务性收费，1999 年，国家计委、财政部等六部门印发《中介服务收费管理办法》，财政部、国家计委印发《关于事业单位和社会团体有关收费管理问题的通知》，对不得作为经营服务性收费管理的情况做出了规定。⑥实行“收支两条线”管理，规定依法取得的行政事业性收费等收入，必须全额缴入国库或者财政专户，支出通过编制预算由财政部门统筹安排，并通过国库或者财政专户拨付资金。

（3）推进相关税费改革。[①] 为了规范政府参与收入分配行为，依照公共财政的原则，在对各项收费进行清理整顿的基础上，推进了税费制度改革，用相应税收取代一些具有税收特征的收费，逐步建立适应社会主义市场经济发展要求的以税收为主、少量必要收费为辅的政府收入体系。税费改革工作按照总体规划、分步实施的原则进行。对问题较多、影响较大的领域率先规范。比如，通过农村税费改革，理顺农村分配关系，切实解决农民负担过重问题；通过交通和车辆税费改革，有效遏制交通领域的“三乱”现象，规范道路建设资金的筹资渠道。

交通和车辆税费改革工作从 1988 年开始启动。按照国务院的统一部署，经过两年多时间的认真调查研究，有关部门共同制定了《交通和车辆税费改革方案》，并于 2000 年 10 月经国务院批准后发

---

① 谢旭人主编：《中国财政 60 年》（上卷）［M］，北京：经济科学出版社，2009 年版，第 448 - 449 页。

布。《方案》规定了交通和车辆税费改革的主要内容：一是取消涉及交通和车辆方面的不合法、不合理收费项目；二是对具有税收特征的收费实行“费改税”。具体包括：开征车辆购置税，取代车辆购置附加费；开征燃油税，取代公路养路费、公路客货运附加费、公路运输管理费、航道养护费、水路运输管理费、水运客货运附加费以及地方用于公路、水路、城市道路维护和建设方面的部分收费。三是将不体现政府行为的收费转为经营性收费，严格按照经营性收费的规定进行管理。四是保留少量必要的规费，降低不合理的收费标准，实行规范化管理。2001 年 1 月 1 日，《中华人民共和国车辆购置税暂行条例》施行，开征车辆购置税取代车辆购置附加费，走出了交通车辆税费改革的实质性一步。实施燃油税的改革是交通和车辆税费改革的核心内容，虽然当时燃油税暂时没有开征，但中央有关部门和地方政府一直在认真研究完善燃油税改革方案，并积极为出台燃油税创造良好的外部条件，直至 2008 年，燃油税费改革顺利出台。

四、公共财政理论与民生财政理论

（一）西方公共财政理论源流考

公共财政理论起源于西方国家，而其形成与发展较其他理论的形成和发展要晚得多，它是伴随着资本主义生产方式的产生而发展的。因此，本报告按照资本主义发展的不同时期，对公共财政理论的变迁与发展进行了梳理。

1. 自由资本主义时期的公共财政理论

17 世纪中叶至 18 世纪中叶，西欧从封建社会过渡到资本主义社会。在这一时期，自由经济主义成为经济学的主流。公共财政是建立在市场经济体制基础上的财政模式，因此，公共财政理论的沿革与渊源应以西方财政理论，主要是自亚当·斯密创立财政学为起点来认识。1776年，英国著名经济学家亚当·斯密的《国富论》出版，这标志着公共财政理论的诞生。亚当·斯密认为市场能够有效配置资源，反对国家干预，主张自由竞争。同时，他也承认国家有其存在及执行其应有职能的必要性。此后，约翰·穆勒、威克塞尔、林达尔等经济学家进一步发展了亚当·斯密的理论，公共产品理论的创立和福利经济学的兴起使得公共财政理论逐渐丰富。19世纪30年代，资本主义国家爆发了经济危机，英美经济学家对福利经济学进行了修正和补充，形成新福利经济学。第二次世界大战以后，福利经济学又经历了新的发展和变化，认为要想增加经济福利、消除国民收入分配不均等问题，光靠“看不见的手”是不能消除外部性问题的，只有国家对市场经济进行适当干预才能消除外部性，消除外部性是公共财政的目标之一。在古典经济学派中公共财政的职能基本只限于资源配置的辅助地位。

2. 垄断资本主义时期的公共财政理论

随着西方资本主义经济的发展，垄断随之出现，市场经济的缺陷进一步凸显。分配不公和经济大幅度波动尤其突出，并开始直接威胁资本主义制度。经济学家对市场缺陷和政府干预作用的认识与研究日益深化，政府开始对经济进行大规模干预，公共财政的作用越来越重要。1929—1933年，西方国家陷入经济危机，在这种情况下凯恩斯主义应运而生。凯恩斯提出资本主义自发作用不能保证资源使用达到充分水平，国家有必要采取措施干预经济，为垄断资本主义国家干预经济的政策提供了理论基础。这个时期的西方财政学家沿着公共需求分析思路重点研究国家资源的供应和运用、国家需要以及满足这些需要的手段。巴斯塔布尔认为国家作为社会组织多种形式之一，反映的是个人的集中性或社会性需要的存在，国家支出主要用于满足这些需要。英国经济学家霍布森认为国家财政应以增加社会公共福利为目标，应考虑财政收支对社会公共福利的影响。在德国以瓦格纳为代表的社会政策学派主张政府应充分利用财政分配工具，矫正社会收入分配不公。此时，财政的职能已不是被动地处于市场配置的“补缺”地位，而是主动地对社会资源以效率为目标进行配置，并增加及强调了财政的收入分配职能。1936 年，凯恩斯发表了《就业、利息和货币通论》一文，认为因市场缺陷造成的宏观经济的大幅度波动与失衡只能由政府来矫正，指出了政府稳定宏观经济、克服市场经济局限性的功能。凯恩斯认为财政不仅包括传统的税收、支出、公债、预算，还应包括国家干预经济，尤其是政府政策对总体经济活动（如失业率、通货膨胀、经济增长等）水平的影响。凯恩斯结合资源配置、收入分配、经济稳定，把政府财政政策提高到相当高的地位，大大地扩展了西方政府财政职能的研究范围。在 20 世纪 50 年代，马斯格雷夫提出政府三大职能——资源配置职能、收入分配职能和经济稳定职能。马斯格雷夫侧重从对市场机制进行指导、修正、补充的角度界定公共财政活动的范围，他认为市场机制在事实上是无法发挥全部经济功能的，它需要政府公共政策的指导、修正和补充。20 世纪 50—60 年代，萨缪尔森、罗宾逊、希克斯、汉森等经济学家进一步发展了凯恩斯理论，凯恩斯理论成为当时西方经济学的主流。至此，现代公共财政理论的框架基本形成。

3. 经济“滞胀”时期的公共财政理论

20 世纪 60 年代中期以后，西方资本主义国家普通出现经济发展停滞和通货膨胀并行的现象。“滞胀”在很大程度上说明政府干预本身也存在着缺陷，因此凯恩斯主义受到货币主义、供给学派、理性预期学派、新自由主义等的抨击。公共选择理论作为自由主义回潮与现代西方经济理论反思后的新经济理论产物，既承认市场缺陷，也承认政府缺陷。该理论认为，问题的关键是如何在市场和政府之间进行选择。只有对市场缺陷和潜在的非市场缺陷（政府缺陷）进行比较，才能知道是否需要政府进行干预。对需要政府干预的领域，也要采取种种措施来严格限制政府权力，以防滥用。供给学派在此背景下兴起。供给学派主张通过减税抑制通胀、降低社会福利支出，强调资本投资在经济增长中的重要作用。供给学派对美国政府的经济政策影响很大。1981—1988 年的美国的“经济复兴计划”就是以供给经济学派的理论为依据，该计划实施不久，美国就陷入了第二次世界大战后最为严重的一次经济危机。总之，20 世纪 70 年代以来，西方各国出现经济“滞胀”，社会储蓄率、投资率、生产增长率的急速下降，以及国外竞争力的急剧削弱，导致西方经济学界对政府干预普遍产生质疑，经济自由主义开始回潮。从现实情况来看，尽管政府干预存在一定的缺陷，但国民经济的运行仍然离不开政府的有效干预，如何提高政府干预水平及政府干预与市场调节的协调性才是政府有效干预市场经济发展的关键所在。

4. 当代西方公共财政理论的主要内容

当代西方公共财政理论认为，财政存在的必要性在于市场存在缺陷，即“市场失灵”。社会经济的运行应当以市场调节为主，只是在市场难以调节或者调节失灵的领域，才需要政府进行适应性调节与干预。公共财政理论还认为，公共财政是为弥补市场失效，提供公共产品的政府分配行为，它是与市场经济相适应的财政模式。在市场经济条件下，政府不是营利性的市场运营主体，不能参与市场的营利竞争，因而也就决定了公共财政的非营利性。公共财政的活动范围只能限定在市场失效的领域内，不能超出这一领域而损害市场机制的正常运转①。20 世纪 80 年代以来，公共经济学打破了原有的学科边界，同政治科学的关系日益密切，政治学成为公共经济学的内在部分，公共经济学越来越成为一门综合性科学。安东尼·B. 阿特金森、约瑟夫·E. 斯蒂格利茨、詹姆斯·M. 布坎南是当代财政学家的主要代表，他们以经济机制为核心，寻找政府干预与市场机制的结合点，将政府财政职能问题的探讨推向深入。20 世纪 80 年代以来的西方财政学家十分关注重构政府资源配置功能，把焦点放在政府资源配置效率的分析上。以布坎南为代表的公共选择学派对政府效率进行研究，斯蒂格利茨和阿特金森从效率与公平两个角度研究公共产品的最优供应问题。当代西方学者在建构政府财政模型时把效率与公平结合起来，试图寻找两者的最佳均衡。他们认为效率和公平是一个问题的两个方面，是一个统一的整体。政府资源配置效率主要体现为公共预算决策效率和执行效率。新凯恩斯主义的代表斯蒂格利茨从一种新的“政府—市场观”出发，致力于重新、全面认识政府的经济职能，希望在政府干预与市场机制之间寻找一种不同于以往的平衡与结合点。布坎南揭示了政府失灵的深层原因，指出政府行为同样要受制度约束。政府干预与市场机制平衡的关键是公共部门和私人部门适度平衡。

（二）何为公共财政？完整的公共财政理论体系应包括什么？

1. “公共财政”：大家如是说

在我国，“公共财政”是一个外来词，它是在我国学者引入西方公共财政理论的过程中被人们所认知，并最终于 1998 年的全国财政工作会议上被明确下来的。故对公共财政的理解，也反映出我国学者对西

① 刘晓燕、郑敏、严兴华：《公共财政理论的发展与我国公共财政理论基础选择》[J]，财会月刊（理论），2008 年第 8 期。

方公共财政理论发展脉络的整理与总结。

在解放前的几十年中，“公共财政”一词在财政论著中尽管时有出现，但均未引起麻烦和争议。陈启修1924年的《财政学总论》一书，是中国最早的财政政学专著之一。该书持有的就是公共财政观。20世纪20年代的其他中国学者也是这样看待财政概念的。如1925年寿景伟的《财政学》一书，就明确地提到《公共财政》的概念，并从公共财政的角度对全书进行了分析。20世纪30年代尤其是1934年和1935年两年是中国财政论著的相对繁荣期。民国时期的财政学对于财政概念的概括，以1935年尹文敬《财政学》最具代表性。他指出，财政“即国家或地方政府，当其欲满足共同需要时，关于所需经济的财货之取得管理及使用等各种行为之总称也”。以现今的观点来看，这是从公共财政论的基点扼要但又完整地表述了财政概念，到了40年代，中国财政学的公共财政观也无根本的变化。

解放初期，中国财政理论界在构建马克思主义的财政理论过程中，其矛头所指，首先是旧的“公共财政”及其理论，即批判其以“公共性”去粉饰和掩盖财政的“阶级性”和“剥削性”。此后在传统的计划经济时期，尽管已没有公开将“财政”与“公共”相联系了，但理论界仍然不时地在批判“公共财政”，而在改革开放初期的80年代，关于财政本质的“社会共同需要论”一提出，就因其强调“共同需要”遭到意识形态上的批判，在这种背景下，当时系统地公开提出“公共财政论”，就几乎是不可能的了。

然而，与市场经济相适应的，只能是公共财政模式，中国进行的毕竟是市场取向的改革，改革中市场因素的发展和市场体系的形成，决定了中国的财政模式必须向着市场型的公共财政方向发展，市场型财政理论即公共财政论也必将相应形成，其典型表现，就是“公共财政”一词的愈益频繁出现。

1993 年提出的双元财政论，就是基于西方公共财政及其理论的思考而提出的主张，其理论重心在于“公共财政”，并试图对“公共财政”作体系性的描述，同年安体富和高培勇也撰文主张构建公共财政。1996 年是大规模批评和批判“公共财政论”的起始之年，孙树明（1996）对于双元财政论的批评，就是针对公共财政进行的，对此，张馨以《也谈公共财政的一些基本问题——兼答孙树明同志》一文作了答复。张馨（1999）给“公共财政”定义（作为政权组织而不是资本所有者的）是国家或政府为市场提供公共服务的分配活动或经济活动，它是与市场经济相适应的一种财政类型和模式。虽然不同的经济体制有着不同的运行机制和活动特点，决定着不同体制下财政的根本性差异，从而形成不同的财政类型，但从财政即“国家（政府）收支（经济）”活动这一所有类型的财政共性来看，财政即“国家财政”①。2008 年在其“公共财政的再认识”一文中进一步指出，公共财政是为市场提供公共服务的财政，是人民群众的财政。其中与市场经济体制相适应的财政制度，是公共财政定义的根本点，由此而派生出“公共服务的财政”和“人民群众的财政”的两大基本含义。何振一（1986）创建了“社会共同需要论”②。陈昌盛通过分析政府调节收入分配的目的，认为公共需要包括弥补市场失灵。高培勇（2000）定义“公共财政”是为满足社会公共需要而进行的政府财政收支活动模式③。刘溶沧（2001）指出所谓公共财政，就是以满足社会公共需要为主旨而进行的政府收支活动或财政运行机制模式④。唐云峰、何运信（2007）认为，公共财政的根

① 张馨：《公共财政论纲》［M］，北京：经济科学出版社，1999 年版。

② 何振一：《理论财政学》［M］，北京：中国财政经济出版社，1986 年版。

③ 高培勇：《市场经济体制与公共财政框架》［J］，税务研究，2000 年第 3 期。

④ 刘溶沧：《谈谈公共财政问题》［J］，求是，2001 年第 5 期。

本目标是最大限度地满足社会公共需要①。贾康（2008）则认为“公共财政”是指社会权力为中心代表公众利益、为满足社会共同需要而发生的理财活动，属于社会再生产分配环节上的公共分配。社会主义财政，即建立在生产资料社会主义公有制为主导的多种经济成分并存基础上的财政分配②。王国清认为“公共财政”是国家实现其职能，凭借国家的权力，参与一部分社会产品或国民收入分配所进行的一系列经济活动。

2. 完整的公共财政理论体系：理论层面

从理论层面上分析，公共财政理论体系至少应包含以下几点内容：（1）经济主体行为理论。无论是马克思主义经济学者还是西方经济学者，绝大部分都认为人的经济活动是带规律性的，也正因为这样一种规律的存在，经济学才得以成为一门学科。研究财政问题的出发点同样基于此。（2）财政制度理论。人们在有规律地展开经济活动过程中，为更好地减少成本、达到目标，一般需要借助经济制度这一工具，特别是在许多人共同参与的经济活动中更是如此。经济制度包括市场制度、企业制度等，其中政府制度（广义的财政制度）也是在当代一种非常重要的制度工具。财政学有必要研究怎样的政府制度构架是最优的，现存的政府制度与理论化的政府制度存在着哪些差距？在现有的技术条件和利益格局下，制度演进的可能性究竟有多大？值得指出的是财政学要研究的制度形式还不仅限于财政制度形式本身，因为我们必须解释对于某些类型的经济事务，为什么运用政府制度之一工具来处理而不是运用其他的一些制度工具，而在有些情形下，又会做出相反的选择。归根到底，究竟运用哪

---

① 唐云峰、何运信：《论实施公共财政的几个前提》[J]，宁夏社会科学，2007年第3期。

② 贾康：《对公共财政的基本认识》[J]，税务研究，2008年第2期。

种经济制度形式来处理经济事务，从规范的意义上来讲，取决于不同经济制度工具的比较优势，公共产品理论正是用来解释这一问题的。因为政府制度和市场制度等其他经济制度形式的分工负责状态并不完全如公共产品理论所描绘的那样。要解释这一方面的问题，就离不开利益分析和公共选择理论。（3）财政决策理论。财政决策不是随意生成的，尽管在财政决策的过程中，存在着主观能动性运行的空间，但从根本上来说，财政决策是技术和利益格局制约下的客观产物。因此，对于财政决策，既有必要运用规范理论来探讨何种决策是最优的，以便明确改进的方向，但同时，更有必要研究在客观条件制约下财政决策的可能空间，从而实现对财政决策的实现改进。（4）财政目标和绩效评价理论。与对任何经济活动的价值判断一样，对财政过程（包括财政制度、财政决策等）的评价，必须找到一个正确的参照系，否则就势必使得经济过程的评判变成陷入一种“公说公有理，婆说婆有理”的混乱状况中，而最终丧失正确的行动方向。对财政过程的评价，必须牢牢地建立在社会效率和公平的统一这一基础上，对现实任何财政活动的评价，必须归结到“对社会的效率与公平是否有所增进？是否有更好的方案来增进？”这一问题上来。

（三）中国公共财政理论发展历程

1. 中国财政理论发展的黄金时代——中国公共财政理论伊始（新中国成立—20 世纪 60 年代初）

在财经管理中，1950 年 2 月全国财政工作会议上集中研究了“统一财经、紧缩编制、现金管理、物资平衡”的四大问题，并不失时机地颁布了《关于统一国家财政经济管理工作的决定》，以财政收支平衡、现金出纳平衡、物资供求平衡的措施，达到了物价、金融的基本平稳和人民生活的改善。1950 年到 1952 年我国三年财政收入 382.05 亿元，支出 366.56 亿元，结余 15.49 亿元。① 这种财经状况表明我国已经取得了国民经济恢复时期的胜利。这一时期，对我国财政经济有重大贡献和影响的还有邓小平（1953）提出的“财政工作六条方针”、陈云（1956）提出的财政、信贷、物资三大平衡理论和社会主义经济“三个为主，三个补充”的理论、薄一波在党的“八大”会议上提出的关于正确处理积累和消费关系的三点制约界限的理论等。上述 50 年代我国财经理论和财政政策研究的兴起，是在生动丰富的财经实践中总结经验教训的基础上所进行的理论性概括。当然，事隔 60 多年后的今天，世界各国政治经济形势和科技进步已经发生了巨大变化，我国财政也不再是每年只有 100 亿元左右的财力基础，而是每年约有 2 万亿元左右的可动支财力。在这种情况下，当年诸理论家在阐述其财经思想时的某些具体提法和某些具体措施，或许与现实情况有所出入，并带有明显的时代烙印，但是他们所揭示出的基本原理仍具有很强的理论意义和现实指导意义。从新中国成立后至 20 世纪 50 年代以前，我国财政管理体制开始向分级管理方向作出探索。（贾康，2008）

而真正把财政理论研究推向了高潮是 1964 年 8 月和 1965 年 8 月召开的两次全国财政学理事会。两次会议上，秉承“百花齐放，百家争鸣”的原则，各专家学者各抒己见，探讨之深，都是世所罕见。概括为：

（1）国家分配论。这是我国财政学的主流学派，它认为财政本质是“以国家为主体的分配关系”，由此而认为财政是“以国家为主体所进行的分配”。

---

① 《中国财政统计》（1950—1988 年）［M］，北京：中国财政经济出版社，1989 年版，第 11 页。

（2）货币关系论。它认为财政的本质是“货币关系”，或“货币关系体系”，财政是“货币资金运动的形式”。

（3）价值分配论。它认为财政的本质是“国家以价值形式进行社会产品分配而形成的分配关系”，财政是“国家对价值的分配”。

（4）国家资金运动论。它认为财政的本质是“国家资金运动所形成的经济关系”，社会主义财政解决的“第一是社会主义国家依据国家权力，采取价值形式，对社会产品有计划地进行分配和再分配问题，第二是有计划地组织国营企业的资金周转问题”。

（5）公共分配论或共同需要论。它认为财政的本质是社会为满足公共需要而进行分配所发生的分配关系，财政是“为维护和发展社会再生产的必要条件对劳动在全社会范围内进行的分配及由此而发生的经济关系。”

（6）剩余产品分配论。它认为财政的“本质特征是对剩余产品的分配”，财政是“由剩余产品形成各种社会基金的一个经济过程。”

（7）国家经济活动论或公经济论。它认为“财政是国家关于财货的取得、使用和管理的诸种活动，简言之，就是国家的经济活动，亦即是所谓‘公经济’。”

上述各学派从不同角度对财政本质和概念作了精炼的归结，意在从大范围里社会经济的丰富实践中深入分析，高度抽象，来建立中国现代财政基础理论大厦，为社会主义经济建设和社会全面进步服务。虽然各派都有独到见解，但李炳鉴（1998）以为，国家分配论的涵盖领域和所揭示问题的深度，更能够经得住历史的检验，更具有科学性，它对我国社会主义建设具有重要的理论价值和指导价值①。

① 李炳鉴：《略论中国现代财政理论研究第一次高潮的兴起》［J］，财政研究，1998年第11期。

2. 中国公共财政理论研究的高潮——中国公共财政本质之争（20世纪60年代—90年代）

20世纪60—70年代，中国财政理论界在提出和发展国家分配论的过程中，对来自前苏联的“货币关系论”进行了全面批判，使“货币关系论”最终失去了主流地位，关于财政理论的探讨主要集中于国家分配论，认为财政是以国家为主体的分配关系，将财政本质——国家分配视为财政学中最核心的概念。如许廷星等（1986）较早提出了相关的理论，认为货币关系只是货币职能的表现形式，不能反映财政的本质。许廷星教授从国家参与社会产品分配所形成的分配关系入手，根据参与分配的主体把社会再生产中的分配区分为经济属性分配和财政属性分配两大类，于1957年在国内首次明确提出了“国家分配论”或称“国家分配关系论”，认为“财政的本质是国家凭借其主权，参与社会产品和国民收入分配过程所形成的分配关系关于财政理论发展源流的概要回顾及我的‘公共财政’观[①]。财政学的研究对象正是这种以国家为主体的财政属性的分配关系。”还有邓子基教授1962年提出相关的财政本质定义：“社会主义国家财政的本质……是无产阶级专政的国家为实现其职能，并以其为主体无偿地参与一部分社会产品或国民收入的分配所形成的一种分配关系，简称为以国家为主体的分配关系或财政分配关系。”[②] 于1964年在大连召开的第一届全国财政理论讨论会上，中国财政学界初步形成了国家分配论的主流地位，陈如龙同志、许毅教授等的思想贡献和组织贡献对此产生了重大影响。抚今追昔，一大批中国前辈学者的学术建树和理论贡献，后人是难

---

① 许廷星、谭本源、刘邦驰：《财政学原论》［M］，重庆：重庆大学出版社，1986年版，第74页。

② 邓子基：《略论财政本质》［J］，厦门大学学报（哲学社会科学版），1962年第3期。

以忘怀的。

20 世纪 80 年代，中国财政理论随着改革开放，西方财政理论开始传入国内。张愚山（1983）将美国经济学家阿图·埃克斯坦所著的《Public Finance》直译为《公共财政学》，但这一译法的调整，并未引起财政学术界的足够关注。80 年代后半期，重庆市财政局提出了“重庆财政改革的目标模式是建立城市公共财政”（胡安，1987）的主张，这是中国实际部门在改革中最早发出的建立“公共财政”模式的呼声。伴随着对传统体制下一些主流观点的反思，特别是结合经济、社会、财政转轨变型的实践探索与丰富信息，出现了对“国家分配论”的一系列争论，形成了一些新的理论流派。如“共同需要论”是以何振一 20 世纪 80 年代提出的观点为代表，认为财政是由于人类社会生产的发展，出现了剩余产品和剩余劳动之后，发生了社会共同需要而产生的。它的实质是人们为了满足共同需要而对社会剩余产品进行分配所发生的分配关系。还有“剩余产品分配论”，则是以王绍飞的观点为代表，认为……财政是由剩余产品形成各种社会基金的一个过程，始终体现国家、集体与个人之间的剩余产品的分配关系。贾康则在 1998 年明确提出了财政基础理论“从国家分配论”到“社会集中分配论”的发展思路①。

20 世纪 90 年代，迫于经济体制转轨带来的财政压力，学术界和实践层越来越倾向于从财政支出规模的压缩上寻求出路（叶振鹏，1993；安体富、高培勇，1993），此时公共财政便被“借用”于压缩财政支出规模、缓解财政收支困难的实践。为了跳出“跛脚”式调整的局限，1994 年的税制改革应运而生。“94 税改”提出“统一税法、公平税负、简化税制、合理分权”“十六字”原则，在归结其理论基础或思想来源

① 贾康:《从“国家分配论”到“社会集中分配论”》[J]，财政研究，1998 年第 4、5 期。

的时候，公共财政的字眼，也不时出现在阐述税制改革问题的有关文献之中。1998 年 12 月 15 日举行的全国财政工作会议，决策层做出了一个具有划时代意义的重要决定：构建中国的公共财政基本框架从那时起，作为中国财政改革与发展目标的明确定位，公共财政建设正式进入了政府部门的工作议程①。

随着党的十四大提出建立社会主义市场经济体制，我国财政学界开始注重对源于西方的“公共财政论”的认识与辨析，一度引起许多关于“国家分配论”和“公共财政论”的理论争论。张馨强调“公共”财政的原因在于，市场经济要求并决定着财政具有“公共性”，“公共性”是市场型财政的根本特征，因此，“公共”财政就成为市场经济下特有的财政类型。他认为公共财政所具备的四大特征与内涵是：公共财政是弥补市场失效的财政，政府通过自身收支活动而满足共同消费需要，直接弥补着市场失效；公共财政必须为市场活动提供一视同仁的服务，为各市场主体的充分公平竞争创造良好的环境；公共财政具有非市场赢利的性质，这是政府参与市场失效领域到何种程度的具体标准；公共财政是法治化的财政，这意味着社会公众通过议会和相应的法律程序，其中具体地通过政府预算的法律权威，而根本地决定、约束、规范和监督着政府的财政行为，从而使得此时的财政鲜明地体现出是社会公众的财政。以上四大基本特征分别从不同的侧面，共同地表现了“公共财政”的“公共性”，因此，市场型财政就是公共财政。我国要建立社会主义市场经济，很自然也要建立与之相适应的公共财政。许毅（1997）对张馨的批评包括：公共产品论代表着哪一个阶级的利益？边际效用论引入公共产品论是荒谬的；许多公共产品模型并没有解决问题，是没有经过实践证明的谎言；通过政治程序

① 在那次会议上，时任中共中央政治局常委、国务院副总理的李岚清代表中共中央明确提出，要“积极创造条件，逐步建立公共财政基本框架”。

实现公共产品的最佳供应的政治程序到底指的是什么？

然而，究其根本，“国家分配论”是以马克思主义的国家学说为理论基础，主要探讨在财政本质观上的基本理论，而“公共财政论”是以社会契约论为理论基础，研究的则是财政运行形态的相关认识，学界越来越倾向于两者不是直接对立的关系，而是兼容的、甚至是相辅相成的关系，如有的研究者概括为“公共财政，是国家分配的本质观在市场经济条件背景下的具体化体现”。因此，在争论中，不仅关于以市场经济为背景的“公共财政论”的认识得到清晰化和具体化，而且对“国家分配论”等基础理论的认识也有所深化，逐步形成从财政一般到财政特殊、从财政本质到财政运行的财政理论演进，并反映着我国财政模式正在适应建立社会主义市场经济新体制的客观要求，在改革探索中寻求理论阐释。

3. 中国公共财政理论新阶段——公共财政基本框架初建（20 世纪 90 年代至今）

公共财政理论的提出引起的巨大争议表明，中国财政理论正处于“百花齐放、百家争鸣”的良性发展期，中国财政学得到了长足的发展。实践变化必然引起理论的相应变化。20 世纪 90 年代以来，中国财政理论界自觉与不自觉地也探究着与市场经济相适应的财政模式。尽管存在着种种论争，有着严重的意见分歧，但中国财政必须从原有的计划型转到市场型上来，则至少是无人公开提出质疑了。对此，随着中国最高当局确定了建立公共财政基本框架的改革目标，因而对于财政“公共性”的反对将会逐步减弱，而转到对“公共财政”具体细节的争论上来。

在国家战略层面，2003 年 10 月，中共十六届三中全会召开并通过了《关于完善社会主义市场经济体制若干问题的决定》。在《决定》中，根据公共财政体制框架已经初步建立的判断，提出了进一步健全和完善公共财政体制的战略目标。认识到完善的公共财政体制是完善的社会主义市场经济体制的一个重要组成部分，将完善公共财政体制放入完善社会主义市场经济体制的棋盘，从而在两者的密切联系中进一步谋划推进公共财政建设的方案，也就成了题中应有之义。十六届三中全会给中国的公共财政建设带来了新的契机。2007 年末召开的中共十七大，在全面总结改革开放的历史进程和宝贵经验的基础上，对我国新时期的经济建设、政治建设、文化建设、社会建设等做出了全面部署。其中，无论是对经济建设、政治建设问题的阐释，还是有关文化建设、社会建设图景的描绘，都融入了公共财政的理念，渗透着公共财政的精神，甚至直接使用了“公共财政”的字眼。特别是关于“围绕推进基本公共服务均等化和主体功能区建设，完善公共财政体系”的表述，在更广阔的范围内、更深入的层面上标志着，中国公共财政理论与实践又进入到了一个新的阶段。2012 年党的十八大报告，从全局和战略的高度，强调要全面深化经济体制改革，并对当前及今后一个时期加快改革财税体制、完善公共财政体系提出了明确要求。提出“完善的公共财政体系，是促进基本公共服务均等化和主体功能区建设、不断改善民生的重要保障。”

在学术界，20 世纪 90 年代中国财政模式论的争议，已从原先的否定公共财政论逐步转变到在“公共财政”大思路下的论争：诸如公共经济与公共财政的关系如何？是否只存在着公共经济而不存在公共财政？或者干脆是否只有公共经济而无财政？公共财政框架如何构建？公共财政机制如何更好地体现中国特色？等等的论争。但所有这些，究其实质只不过是对于公共财政具体认识的差异，并不影响从总体上对于“公共财政”的认可。陈共（1999）在《关于“公共财政”的商榷》一文中说：“如果说‘公共财政’一词还有什么可取之处，那就是它倒可以表示亚当·斯密时代的财政的内涵。然而作为财政学目前已被公共经济学所代替，作为财政类型早已是过时的概念了。”在这一认知前提下，陈共认为，“改为‘公共财政’，不仅是使财政退出竞争性投资领域，同时也否定了实施积极财政政策的必要性。”联系到当前全球市场生产过剩及国内通货紧缩、需求不振的经济形势，陈共呼吁“公共财政”再议缓行①。赵志耘、郭庆旺（1999）与陈共所持观点相似，在他们看来，“‘公共财政论’更倾向于西方国家在资本主义初期阶段的财政观，不能适用于我国20世纪末期以至21世纪的社会主义市场经济”，因此，由“公共财政论”不能推导出“公共财政论”者所赞同的财政的“三大”职能（即资源配置职能、收入分配职能和经济稳定职能），这反映了理论与财政实践之间的差距。② 在构建公共财政基本框架制度方面，马海涛、安秀梅（2000）提出至少应从规范公共财政支出体系（如重新界定公共财政支出范围、改革公共支出的资金供应和管理方式）、健全公共财政收入体系、强化公共预算管理和监督等方面建立中国公共财政基本框架体系③。刘溶沧（2001）提出具有中国特色的公共财政基本框架大致应主要包括：公共财政职能框架、公共财政管理框架、公共财政体制框架以及公共财政政策框架四个方面的内容和要求，其应贯穿于新时期国家财政的各个方面、各个环节以及财政工作的全过程④。需要说明的是，关于公共财政的基本看法，国内财政理论界并未依国家分配论和公共财政论两种观点而划分界限，大多数学者的主张都存在许多共通之处。2011年，崔潮将国家分配论与公共财政论进行整合，提出财政主体结构论，认为财政主体不是铁板一块，可分为“权贵”“资产者”“劳工”3个部分，不同部分对财

---

① 陈共：《关于“公共财政”的商榷》[J]，财贸经济，1999年第3期。

② 赵志耘、郭庆旺：《“公共财政论”质疑》[J]，财政研究，1998年第10期。

③ 马海涛、安秀梅：《构建我国公共财政基本框架的思考》[J]，中央财经大学学报，2000年第1期。

④ 刘溶沧：《谈谈公共财政问题》[J]，求是，2001年第12期。

政活动的影响及关系决定了财政的本质。国家分配论和公共财政论反映了财政主体体现统治阶级或全体人民两种偏于极端的财政本质特征。从历史与现实来看，财政活动往往倾向于满足政权掌控者的利益，但也具有满足公共需要的成分①。

改革开放40多年，是中国财政的公共性伴随着市场因素不断发展变化的40多年，即中国财政不断地从计划型向市场型转化的40多年，这一过程目前仍在持续，其引起的典型变化主要有：(1)“我国的财政支出，呈现出一种‘退出生产领域’的趋势。传统的计划经济时期那种尽可能集中精力和财力于‘一要吃饭，二要建设’的考虑和安排”；(2)“在我国财政支出中，……余下的投资，也主要不是投向传统的工农业等“生产领域’，而是投向了能源交通等‘重点建设’领域”；(3)“我国财政收入结构，从税收和上缴利润大体上各占一半，已转变为以税收为唯一的基本财政收入形式”；(4)“我国的税收，也从原有的促进国营经济发展，压抑其他经济成分并迫使它们向国营经济过渡，逐步转向对所有的经济成分一视同仁对待的制度模式上来”；(5)“我国正在进行的费改税，也是财政公共化的具体内容”；(6)“我国的社会保障制度，从原有的‘单位’保障，正逐步地向着‘社会’保障转化”，等等。所有这些，共同构成了40多年来我国财政改革的总体趋势。可见，在市场化改革中，我国财政逐步地然而是日益公共化了，这是我国财政部门提出“公共财政”的根本依据和客观基础。

(四) 公共财政理论未来改革的重点

我国公共财政理论的产生发展是市场经济改革实践发展的要求与

① 崔潮：《论财政体制的演进与重构》[J]，河南财政税务高等专科学校学报，2011第1期。

结果，具有其积极的理论创新意义。但由于理论渊源上的原因，使得西方新古典主流经济学在制度分析上的不足和欠缺延伸并体现在我国现有的公共财政理论上。我国公共财政理论需要超越西方主流经济学及其公共财政学的制度既定观，以进一步推进我国公共财政理论的发展。

1. 我国公共财政理论现存的不足

刘晔（2006）提出从我国公共财政理论的现实意义上说，目的本是要立足于制度转轨背景来解释并指导财政改革实践的，但以市场制度本身为既定的新古典经济学分析框架忽略了制度变迁过程，由此会对我国公共财政理论的实践意义产生影响。分析起来，新古典主流经济学制度既定假设所隐含的缺陷及其对财政理论和实践的影响主要体现在三个方面：第一，制度割裂观使我国公共财政理论容易在理论和实践上存在某种偏差和教条。第二，与制度割裂观相联系，制度外生观在公共财政理论上一个明显地反映是，将政府及其财政直观地视为外在于市场的资源配置力量，由此妨碍着对市场与政府及其财政间内在联系中更深层次的认识。第三，我国公共财政理论的产生和发展是在中西财政理论比较（实质上是计划经济型财政和市场经济型财政理论）基础上借鉴西方公共财政理论的产物，目的也是要适应并指导由计划到市场的财政体制转轨实践。但由于受理论渊源上制度静态观的约束，却是以成型市场经济下财政职能和运作模式为依托和描述对象的。

王庆（2014）在论证现代财政与公共财政时提出了目前中国公共财政理论研究面临的三大不足：

第一，公共财政理论不够深刻。他指出西方公共财政理论核心内容的模糊性使该理论虽冠以公共之名，却不能全面归纳公共行为之特征，进而引导公共行为之走向，反而使西方社会在个体解放中出现了公与私的失衡状态，最终导致公共危机频发且难以逆转。而我国学者在引进西方公共财政理论的过程中，也没有很好地解决“公共性”本源问题，反而是在数理经济分析趋势下弱化了我国在这方面的传统优势。

第二，公共财政理论本土化进程缓慢。近年来，国内学者在引进西方公共财政理论以构建我国公共财政理论的过程中，较少提及西方经济思想存在的文化背景。实际上，追求个体利益最大化的经济思想之所以能在西方备受推崇，与其特有的文化背景相关。与西方文化不同的是，我国传统文化更重视建立在良好修养基础上的圣贤之道和以情感为纽带的人治之举。不同的文化积淀意味着我国若将追求个体利益最大化的西方经济思想拿来就用，只会“水土不服”。故必须对西方公共财政理论加以改造，以创造适合我国传统文化的公共财政理论。可惜的是，十多年的理论研究，在公共财政理论本土化方面是非常缓慢的。

第三，公共财政制度构建难以明确。之所以出现上述的理论缺陷，细究起来，主要有两个原因：一是，国内财政学科趋向边缘化；二是，财政学科的跨学科特征。实际上，财政学科之所以被边缘化，还有一个更重要的原因就是财政学科的研究对象——政府，远区别于其他经济学科的研究对象。既然想要说明政府收与支的运行规律，那财政学科就不可能采用单一经济方法从事研究，政府事务的复杂性和广泛性规定了财政学科的跨学科特征。但在学科细化和科学化的背景下，财政学科的跨学科特征反而极大增加了该学科理论研究的难度。也正是由于财政理论研究的不足，才使公共财政理论在被提出十多年后，还是没有指导建立起明确的公共财政制度，自然也就难以发挥应有的作用了①。

2. 中国公共财政未来发展的趋势和重点

通过回顾可以发现，西方公共财政理论的发展是与市场经济的发

---

① 王庆：《论现代财政与公共财政——兼述我国现代财政制度的构建》[J]，当代财经，2014 年第 10 期。

展和财政制度的演进相伴随的过程，并不存在整齐划一的财政制度与理论模式，需要根据我国财政制度的演进过程发展有中国特色的公共财政理论。管永昊（2009）从以下三个方面来丰富与完善我国的公共财政理论：第一，转变研究范式。就我国目前的研究状况看，很多尚停留在政府的职责范式上。将这种政府职责范式逐步演化为资源配置范式和交易费用范式，将是我国财政理论发展并成为真正的“公共经济学”的可行途径。第二，构建严密的逻辑体系。严密的逻辑体系是理论研究的学术合法性的要求，在公共财政理论研究中应构建“价值判断——技术评价——政策分析”三位一体的逻辑体系。因此，从我国财政发展的历史和当前的国情出发，加强对我国公共财政的基本价值判断选择的研究，则是我国目前学术界必须面对的问题。从当前看，民生与基本公共服务均等化是我国今后一段时期公共财政建设的方向，但同公共财政理论发展相似的是，“民生”与“基本公共服务均等化”概念提出后虽然被广为接受，但对于具体的内涵、全体公民基本价值取向的体现，以及对财政活动产生何种要求等问题都缺乏深入的研究。这些都需要我们进一步的分析和探索。第三，发展研究方法。基本价值判断研究的缺乏是技术评价和政策分析对现实解释与应用乏力的一个主要因素，研究方法的不足也同样具有重要影响，工作报告式的研究方法使得研究局限于单个财政现象，所以在公共产品提供这一基本问题分析的基础上，需要引入成本—效益分析方法。西方早期的财政理论注重于对一些财政现象的解释和总结，即使是亚当·斯密和被称为“集大成者”的瓦格纳，虽然在体系上已经比较完备，但也只是在一个大框架下对各种财政现象解释的汇总①。

中国的改革走的是渐进式发展道路，一直是“摸着石头过河”。改

① 管永昊：《我国公共财政理论发展的困境与出路》[J]，当代经济研究，2009年第3期。

革中始终存在巨大的风险和不确定性，甚至很多时候处于“头痛医头脚痛医脚”的状态。但这也是我们所必须经历的一个理性回归的过程，符合历史趋势和逻辑规律。以成熟公共财政理论发展过程中所显示出的条件为标杆，以我国具体的国情为依据，要使公共财政制度成为促进中国社会经济发展的助推器，因此，中国财税政策要引导支持企业提高自主创新能力；要改革完善相关财税政策和制度；要推行政府绿色采购制度；要支持建立市场化交易与补偿制度①。要建立规范化的政府预算制度，使政府预算的编制、执行和监督符合公共的要求；要构建规范化的政府收入体系，建立适宜的税制；要构建规范化的政府间财政关系，使政府间财力、财权与事权相匹配；要构建高效的财政政策调控体系，提高财政效率②。还须在省以下财政体制、结构性税制改革及预算管理的精细和民生等方面深化改革③。

贾康在中国十二五时期公共财政制度建设和改革创新提出建议，一是实行“扁平化”改革，减少财政层级；二是进一步理清政府事权和职责，由粗到细形成三级支出责任明细单；三是构建财权和事权相呼应、财力与事权相匹配的财税体制，完善转移支付制度和税源总分制度；四是强化政府公共服务职能，推进主体功能区建设和基本公共服务均等化；五是构建有利于发展方式转变和走创新型国家道路的财税体制；六是改进和优化公共政策与公共管理，创新机制和提升绩效，并向宪政框架靠近④。

---

① 邓子基：《转变经济发展方式与公共财政》[J]，东南学术，2010年第4期。

② 杨志勇：《中国式公共财政制度构想》[J]，人民论坛，2010年第2期。

③ 曾康华：《未来公共财政制度改革的方向和重点》[J]，人民论坛，2010年第2期。

④ 贾康：《促进经济发展方式转变的公共财政建设与改革——“十二五”公共财政前瞻》[J]，中共中央党校学报，2010年第6期。

（五）公共财政理论的进一步深化和本土化——民生财政理论

“什么是民生财政?”这一问题迄今尚无权威官方解释。1998 年以来我国努力发展的公共财政就是民生财政，其基本逻辑是要首先保障基本民生；“取之于民，用之于民”的公共财政分配中，收入再分配如何合理地区别对待，是其应有之义与关键内容，而财政管理的科学化、精细化是改善民生进程中提升公共政策效力的必然要求；政府提供公共服务与管理必然要支付成本，行政成本的合理化与民生的改进是相互呼应的关系，降低行政成本、增惠民生需要深化财政改革和全面配套改革。“民生”是当今民众之所需，是当今时代之所需，是社会发展之所需。党的十六大确定的以人为本、全面协调、可持续发展的科学发展观，从发展目标、发展方式等方面，进一步解决了如何更好地为公、为民的问题。党的十七大系统地提出了改善民生的政策取向，即“努力使全体人民学有所教、劳有所得、病有所医、老有所养、住有所居”的民生建设目标，把改善民生作为落实科学发展观、促进社会和谐的重中之重。今年的政府工作报告中又明确提出更加注重社会建设，着力保障和改善民生的工作任务。

1. 民生财政是我国现阶段国情的历史选择

建国后至改革开放前，我国实行传统高度集中统一的计划经济体制，政府是资源配置的主体，企业和公民成为行政的附属物，政府的职能无限扩张，当时，我国经济不发达，财政弱小，又面临着国际国内敌人侵略和破坏的威胁，所以，国家集中有限的财力主要投向基础工业、国防和政权机构运转等领域，这提高了我国工业特别是重工业和国防工业的技术装备水平，增强了其物质基础，巩固了政权；但也带来了城乡基础设施欠账多，农业和消费品工业发展严重滞后，民生改善步伐缓慢等问题。

市场经济的逐步建立极大促进了我国社会生产力的发展，但也带来了一系列社会经济问题，收入分配差距、失业、社会保障等民生问题已发展到相当严重的程度，直接影响到经济的可持续发展和社会的稳定。经济发展和社会建设极其不协调，尤其进入新世纪以来，不同社会阶层的民生诉求存在冲突，因民生而导致的群体性事件多发，落后的现实与民生的期待相去甚远。而且新阶段的民生问题不再仅仅是温饱生存和利益分配的经济问题，而是已经表现为追求公平、正义与人的全面发展等更高层次的民生诉求，解决新时期的民生问题刻不容缓。

我国的经济改革已进入构建和谐社会与完善社会主义市场经济体制阶段，而民生财政的基本内涵与制度性安排则与这一阶段的改革任务相匹配。从财政本身的变革来看，财政体制经历由建设财政、公共财政到民生财政具有其内在逻辑和一致性，是符合我国财政演进规律的必然选择。从体制演进和改革实践的层面来看，财政改革的目标定位于民生财政有利于统领当前的经济改革政策，具有阶段性的政策指导意义，是克服当前经济发展与社会和谐面临的诸多困难的基本改革思路。

2. 民生财政理论：以人本主义论为理论基础

第一，民生财政的基本出发点是民生需求的满足

刘尚希（2008）①、马海涛、和立道（2010）② 指出，很多地方对民生财政的认识较为肤浅，仅停留在数字化、机械的认识，鉴于这种肤浅的认识，地方政府、媒体往往只注重财政支出中“民生”性的占比而忽视支出的质量，这些是远不及真正的民生财政的。陈治（2011）也提出，民生财政不可以仅靠简单的财政支出占比来判断，否则容易

---

① 刘尚希：《论民生财政》[J]，财政研究，2008 年第 8 期。

② 马海涛，和立道：《积极财政政策凸显民生财政》[J]，甘肃金融，2010 年第 1 期。

一味强调“增加对民生的投入”，乃至将“民生”本身当作财政支出的正当性基础，而应该看民生需求是否得到满足①。吕炜（2012）指出，民生财政主要是通过提供公共物品和服务，满足有关民生问题的基本需要，是其“民生性”的基本要求②。

第二，民生财政的终极价值理念是以人为本

马海涛、和立道（2010）认为，要是增加在教育、医疗、“三农”等民生范畴内的投入量无法使广大劳动者的切身生活获得改进，那么所谓的民生财政便失去了它本质的意义，有且只有能真正提升居民福祉的财政支出才是民生财政。刘尚希（2011）、吕炜（2012）也指出，真正的民生财政不仅使大众的健康状态、生活环境以及文化修养等均加以改善，还使大众的各项能力获得了提升。真正的民生财政确保全部的财政支出以有利于保障和提升民生为导向，且最终有利于人的生存与发展。因此民生财政的判断标准应该体现在处处以人为本的终极价值理念上。民生财政的核心是解决当前我国社会经济发展过程中面临的各项民生问题，并以保障公民的基本需求及实现基本公共服务均等化为最终目标。

第三，民生财政的本质特征是法治化和人本化

陈治（2011）提出，民生财政首当其冲的必要条件是具有合法性，即为了让政府支出得到明确的事先授权，须事先通过权力机关批准政府预算。这是民生财政的最基本标准，同时也是组成一切政府财政活动的基本依据。首先，民生财政的次级必要条件是具备合理性，这是组成民生财政的实质标准。要是忽略了财政投入前期的可行性分析、后期的绩效评价与风险控制，转而仅强调财政对民生的投入，则这类

① 陈治：《构建民生财政的法律思考》[J]，上海财经大学学报（哲学社会科学版），2011年第2期。

② 吕炜：《民生财政：中国财政改革的新坐标》[M]，北京：中国社会科学出版社，2012年版。

财政并非真正的民生财政。其次，民生财政第三个必要条件是具备一定的程序约束机制。程序须贯穿在民生财政从预算批准、执行到绩效评价等环环相扣的运作过程，据此作出理性选择以及限制权力肆意，这是构成民生财政的民主标准。最后，民生财政还应当具备人本性，这是构成民生财政的价值判断标准，只有以保障与改善民生、提升人的生存质量的财政才是民生财政，人本性是民生财政的题中应有之义①。

3. 民生财政理论：公共财政理论的继承与发展

公共财政是与市场经济体制相匹配的财政运行模式，是政府筹集和配置公共资源、以满足社会公共需求的经济行为，而民生需求是社会公共需求的重要内容，从这个意义上说，民生财政与公共财政是一脉相承的，应该说民生财政是公共财政在当代中国的深化，但民生财政与公共财政是各有侧重的财政制度。

第一，公共财政与民生财政指导思想不同

公共财政的指导思想则来自福利经济学及公共产品理论，是弥补市场失灵的经济范畴的问题，而公共选择理论则对财政理论产生了深刻影响，使财政由政府为弥补市场失灵而进行资源配置和收入再分配的经济问题，扩展到因政府失灵而必须通过政治程序对其加以约束的政治问题。民生财政的思想渊源是人本主义，其现实的理论基础是以人为本的科学发展观，当前我们的主体思想是把“人民拥护不拥护、人民答应不答应、人民赞成不赞成”作为检验各项方针政策的最高标准，这就决定民生财政既是一个经济问题，也是一个政治问题。

第二，公共财政与民生财政社会背景不同

公共财政是建立在完善的市场经济基础之上，公共财政运行是依托于市场经济和民主制度高度发展的社会环境和时代背景。民生财政面对

---

① 陈治：《构建民生财政的法律思考》[J]，上海财经大学学报（哲学社会科学版），2011 年第 2 期。

的是社会利益严重分化的社会现实，利益关系的不断失衡，贫富差距的不断扩大，两极分化的不断加深以及群体性事件的频繁爆发。群体性事件实际是利益冲突的叠加释放，其“导火索”大多是由于民生利益被侵犯，而建设民生财政和民主政治是维护群众合法权利的不二法门。

第三，公共财政与民生财政目标取向不同

公共财政以提供公共产品、解决市场失灵为主要任务，关注公共产品的生产与消费。民生财政的重点在于帮贫扶弱，其实质是以提供与人民群众生存所必需的公共服务为己任，对社会财富实行二次分配，帮助各阶层群体共享发展成果，民生财政所做的利益整合，不是抽高补低，强行缩小各利益群体的差距，而是承认各种利益群体存在的合理性，充分发挥公权力的调控职能，妥善处理社会各阶层的利益关系，保证困难阶层能共同分享改革发展的成果。

总之，公共财政主要是为了弥补市场失灵，而民生财政既要弥补市场失灵，又要弥补政府失灵。当社会公共需求从生存问题转为公平问题的时候，民生财政就会从公共财政这个母体中脱离出来，应运而生。正如科学社会主义固然是马克思理论的基石，中国特色社会主义理论则是科学社会主义发展到一定阶段以及在一定特定条件下的必然产物，民生财政也是一种现阶段具有中国特色的公共财政类型，立足于我国现阶段的具体国情，应该把改善民生作为公共财政建设的目标取向，把建设民生财政作为整合社会利益关系、构建和谐社会的重要途径，“要让人民的钱更好地为人民谋利益”，真正体现出财政的普惠性和公平性。

首先，民生财政并不否定公共财政，是对公共财政体制的进一步深化，是对公共财政在特殊改革时期和经济发展背景下的继承与发展。如果我们强调与市场经济相匹配的是公共财政，那么与社会主义市场经济相匹配的则应是更能体现社会主义属性的民生财政。前者体现了经济体制与财政体制一般属性的匹配，后者则体现了两者间特殊属性的匹配。当前我国经济体制已基本实现了由计划到市场的转变，财政体制也逐步实现了由建设财政向公共财政的转变。在进入完善社会主义市场经济体制阶段，在强调市场经济的同时更应凸显其社会主义属性，这就要求财政职能的重心逐步由公共化向民生化转移。公共财政框架下的适合现代经济要求的体制基础与管理模式也是承载民生财政发展模式的必要条件。只有真正确立公共财政制度，才有可能发展与社会主义市场经济相匹配的民生财政。

其次，民生财政致力于从体制层面改善民生现状，破除制约经济发展与深化改革的基础性障碍。当前我国经济发展面临着社会保障不足、经济发展过度依赖政府投资与出口的困局，诸多社会矛盾也逐步向财政部门集中，需要财政在支出体制、结构、力度及管理等多个层面进行相应变革，以缓解社会矛盾并破除制约改革深化的体制性障碍。对此，民生财政的建设应明确两方面目标：一方面要着眼于当前发展阶段的改革困境，着力解决贫富差距过大、公共服务保障不足等深层体制障碍，切实做好社会财富再分配、调节收入差距、完善公共服务体制等工作；另一方面，要对财政体制本身进行合理调整，使之适合于改善民生及推进改革的需要。

再次，民生财政对于民生领域的覆盖边界不应局限于传统公共财政范围，其范围应当更为广泛，服务项目应当更为具体化、多样化和人性化。在社会主义市场经济体制完善阶段出现了诸多新的社会问题，大到公共服务体制的整体运行不畅，小到大学毕业生就业、农村生产资料价格上涨等都具有社会公共产品的属性，需要财政给予支持来化解。这从本质上要求民生财政必须根据当前经济运行与社会发展中的突出问题，适当调整自身的边界与范围，制定灵活、有效的政策措施。

综上论述，我国主流财政理论由计划经济时期的国家财政论，转向市场经济条件下的公共财政论，再到转型时期的民生财政论，是社会经济发展的必然选择。而民生问题的解决是财政理论发展的最终归宿，要解决好民生问题，就必须用好民生财政这个工具，在当前社会转型与经济转轨的关键时期，政府财政不仅要在数量上扩大财政支出直接投入民生的比例，更要在财政用于民生支出的效率上用功夫，真正做到民生财政的每一分钱都用在与民生真正有关的领域，逐步实现基本公共服务均等化，真正体现发展为了人民、发展依靠人民、发展成果由人民共享的共产党执政理念。可见，实行民生财政是我国经济社会发展到新阶段的历史选择，是贯彻落实科学发展与构建和谐社会的现实体现，更是我国财政理论演化的理性升华。

对公共财政理论缺陷的总结，不是要说明公共财政理论过时了，恰恰相反，公共财政理论所肯定的西方从个体理性出发的经济思想为观察财政行为提供了全新理论视角，让我们意识到财政行为并不是单一体现政府强权意志，同时也是公众意愿的最直接体现。只不过，传统的延续与现实的发展，要求我们不能完全参照西方公共财政理论来构建我国财政理论与制度体系，而“建立现代财政制度”就是对这一认识的清晰反映。

五、财政投融资与土地财政理论

（一）财政投融资平台与地方债理论摸索和发展：地方债发行突破过程

1. 中国财政投融资发展概述

（1）财政投融资理论研究综述。①财政投融资的内涵。我国学者对于财政投融资概念的理解是一个不断细化的过程。我国经济理论界使用“财政投融资”概念是近几年从日语中引进的，日本经济理论界将财政投融资译为“Treasury Investment and Loan”，一般定义是：以政府信用为基础筹集资金，以实施政府政策且形成固定资产为目的，采取投资（出资入股等）或融资方式将资金投入企业、单位和个人的政府金融活动，是政府财政活动的重要组成部分。日本当代著名财政学者井手文雄认为，财政投融资是指政府以特定的财政资金对指定的项目进行投资或给予贷款支持，用以促进社会资本的形成。通常它也被称为广义的政策性金融，即国家为了实现一定的产业政策和目标，采取国家信用方式筹集资金，并以出资入股或融资贷款等方式将资金投向符合国民经济发展规划并且急需发展的行业或企业的一种资金融通活动①。

财政投融资研究课题组所谓财政投融资，是以政府为主体，遵循信用原则，采用投资和融资方式有偿使用部分财政资金及其他信用资金以实现国家的宏观经济发展目标和规划。李代言等（1993）认为财政投融资是在一般财政资金无偿分配范围之外的行为，它由财政部门直接管理调控，并以信用方式有偿的吸收和使用资金。凌涛（1992）通过研究日本的财政投融资，指出日本财政投融资是指“日本政府以邮政储蓄、各种保险和年金等形式吸收社会资金，然后根据政府制定的经济发展计划，通过与政府有关的公共金融机构，以投资、贷款和认购债券等方式所进行的资金活动”②。王朝才（1995）认为财政投融资应以政府信用为基础筹集资金，以实施国家政策为目的，采取投融资方式如出资、入股、投资等，将资金注入到政策性金融活动领域，政府通过财政投融资所筹集到的资金应主要用于基础产业、基础设施等准公共产品的建设，并且其还应该是政府财政支出的重要组成部

① 井手文雄：《日本现代财政学》［M］，北京：中国财政经济出版社，1990 年版。
② 凌涛：《日本财政投融资体制及启示》［J］，金融研究，1992 年第 11 期。

分[①]。白钦先（1999）指出，财政投融资也称国家金融、政策性金融、制度金融、政府金融、特殊金融，是在国家政府的支持和鼓励下，运用特殊融资手段，以国家信用为基础，严格依照国家法规，为贯彻配合国家特定政策而进行的特殊的资金融通活动。郑显理（2005）指出财政投融资以信用为基础，包括各种政策性贷款和一切带有政策性意向的投资、担保、贴现、信用保险、存款保险和利息补贴等多种特殊性资金融通行为。封北麟（2009）则在界定这一概念时强调了社会效益的优先，和投融资方式的多样性。指出财政投融资行为是指政府通过国家信用方式，以实现产业政策等目标为目的，将部分闲散资金集中统一管理，采用多种投融资方式，追求社会效益、推动社会经济发展的经济活动。

②我国财政投融资现状。徐其瑞（2007）指出我国财政投融资体系当前存在的主要问题是政策性银行定位不清晰、业务范围不明确、缺乏法律法规的制约，融资渠道过于狭窄，财政投融资管理制度不规范，还未确立投融资平台作为投融资市场领域主体的地位，其自主权有待落实。赵萌（2006）主要研究了我国政策性银行、融资模式、邮政储蓄、政府性收费与基金的发展现状，指出我国财政投融资存在的主要问题是政府投融资平台定位不清，融资渠道单一且相互分离，管理模式不科学，资金运作过程存在效益欠佳等问题。瞿强（2004）指出财政投融资以国有经济导向为主的格局同现实经济增长格局不相匹配，投融资效益欠佳，固定资产投资增长过快，信贷规模逐步扩大，重复建设现象严重，导致资源浪费，容易造成经济波动，对经济社会的可持续发展构成潜在威胁。林毅夫（2003）提出中国财政投融资体制发展滞后的原因内生于中国工业和城市发

① 王朝才：《关于财政投融资的几个问题》[J]，财政研究，1995 年第 2 期。

展进程中的金融发展战略缺陷。朱志刚（2003）依据财政基建与支农支出占财政总支出份额、财政基建与支农支出占份额以及财政总支出占份额这些指标分析了我国财政基建与支农支出规模问题，认为国家财政支出占国内生产总值的比重远高于财政基建与支农支出占基础产业与农业增加值的比重，这表明国家对基建与农业部门的投融资不足。

③完善我国财政投融资体系。近年来，许多学者在如何完善我国财政投融资体系方面提出了较系统的建议与措施。贾康（2009）建议参考重庆模式去构建并完善地方投融资平台，如可以用建设国债的资金作为资本金注资，建立投融资相应的标准和制度流程，用一些标准的程序来规范法人的行为。这样能够加强管理的程度和风险防范的水平，有利于促进国家投融资体系改革，满足地方政府的投融资需求，促进相关机制的优化，促进我国金融改革深化和储蓄转化为投资，提高国债的使用效率。并建议应该从原来的潜规则起主导作用的状态，转向构建合理的零规则，走向地方政府阳光融资机制的思路①。瞿强（2009）建议继续深化我国金融体制改革，用法律手段去规范和明确开放性政策金融的运作，并建议尽可能地减少地方政府对金融机构的干预，构建符合地方政府投融资发展需要的健康有序的地方金融体系。张华（2009）认为政府在财政投融资资金管理方面有缺位现象，建议将财政投融资纳入财政收支预算并由人代会来表决，适度确定地方政府债务融资规模，缓解财政赤字压力等措施来解决财政参与管理的主动性不强，地方融资平台债务融资规模没有限制等问题。余萍（2009）指出资金短缺已经成为制约我国地方政府在积极财政政策下进行投融资工作的一大瓶颈问题，建

① 贾康：第二届恩必特经济论坛。

议首先要正确认识地方投融资平台的重要性，进而构建一个职责分工明确、协调统一的地方投融资平台管理框架，重点强化对财政投融资平台可能导致的财政风险的管理职能。王雍君（2008）指出资金问题是我国中央和部分地方政府在进行财政投融资项目时面临的首要障碍，已经严重制约着经济社会的发展。为此，他建议应努力拓展多元化的融资渠道，积极探索新型的融资方式，如市政债券融资、模式融资、土地资源融资、政府信托计划融资、社会保险基金融资、政府产权交易融资和财政税收优惠政策融资等方式。潘升树（2007）通过对日本政府准公共事业投融资模式的研究，分析了我国政府目前在准公共事业领域投资中定位不准确的问题，提出明确界定政府投融资活动的领域是完善我国财政投融资体系的前提，并指出健全的法律规范是财政投融资能够顺利实施的保障。汪雷（2004）认为政府要成功运作财政投融资的关键是如何选取和确定融资资金的投资范围及其整个运用过程的监管，并指出今后我国应重点将财政投融资的资金投向准公共产品领域，如基础设施、基础产业、农业及环境保护等领域。

（2）地方政府投融资平台理论研究综述。①地方政府投融资平台的内涵。姜彬（2008）认为，地方融资平台是指地方政府指定或建立融资平台公司（主要是城市基础设施投资建设管理公司或国有资产经营管理公司）作为借款人，对城市基础设施建设项目进行打包后统一从银行贷款，地方政府以未来的经常性财政收入和土地转让收益作为贷款清偿保障[①]。巴曙松（2009）进一步指出，融资平台广义上包括由地方政府组建的城市建设投资公司、城建开发公司、城建资产经营公司等不同类型的公司，必要时再辅以财政补贴等作为还款承诺，重

① 姜彬：《从制度演进的角度考察地方财政融资与担保》［J］，生产力研究，2008 年第 12 期。

点将融入的资金投入市政建设、公用事业等项目之中[①]。郭宝华（2010）认为，所谓的地方政府投融资平台，是指以实现地方政府意图为目的，以项目盈利前景为基础，低风险运作机制为保障，以地方政府注入的国有资源和资本等作为种子资本，通过市场化运作，融通和引导社会资金，主要投向基础设施工程和产业升级等重大项目建设的国有投资公司。其主要具有以下特征：一是地方政府投融资平台要以实现地方政府意图为目的；二是地方政府投融资平台需要依附于国有投资公司；三是地方政府投融资平台需要明确盈利前景；四是地方政府投融资平台需以低风险运作机制作保障；五是地方投融资平台要引导社会资金的投向[②]。冯李婷（2014）认为，地方政府投融资平台是指地方政府为了给市政工程建设融资所组建的城市建设投资公司等[③]。吴晓明（2014）指出，根据银监发〔2013〕10 号《中国银监会关于加强 2013 年地方政府融资平台贷款风险监管的指导意见》中最新定义“地方政府融资平台是指由地方政府出资设立同时承担连带还款责任的机关、事业、企业三类法人”对政府融资平台概念的理解。第一，应当明确地方政府融资平台的出资人为各级地方政府，职能为代表各级地方政府筹集资金，对地方城市基础设施项目和公共事业项目的建设开发进行投融资；第二，政府融资平台以项目建成后取得的经营收入、收费以及地方政府财政收入作为还款来源；第三，融资平台包括政府机关、事业单位和企业三类法人，具体包括面向不同领域、发挥不同

---

① 巴曙松：《地方政府投融资平台的发展及其风险评估》［J］，西南金融，2009 年第 9 期。

② 郭宝华，熊英：《地方政府投融资平台问题研究》［J］，市场论坛，2010 年第 11 期。

③ 冯李婷：《我国地方政府投融资平台现状研究》［J］，商情，2014 年第 9 期。

职能的投资公司、开发公司和资产经营管理公司等①。

②地方政府投融资平台的成因与发展。任何新生事物的诞生与发展都有着历史的必然性与强有力的内在和外在的推动力。袁静（2001）指出：一方面，公共产品具有耐用性，居民从中收益的期限一般较长，甚至出现收益的代际转移，这在客观上要求有一种能够将成本向后递延的分担方式；另一方面，由于提供该类公共产品的前期投资规模巨大，并且基本没有直接收益，因此单依靠地方政府自身的自由财政资金是难以完成的②。平新乔（2006）指出，中国1994年的分税制改革极大地改变了中央政府和地方政府财政收入能力之间的对比，而支出责任之间的划分并未做出相应的调整③。刘汉屏（2007）通过研究中国东、西、中部地区的经济发展数据，得出地方政府提供的公共产品更适合不同地方居民的需要以及地方政府对社会总供求具有不可替代的调节作用的结论④。同时，地方政府的融资方式也在不断的创新与发展，张理平（2010）认为资产证券化可以释放固化在基础设施项目中的大量资金，加快建设资金的周转，提高资金使用效率；资产证券化融资亦可以显著降低融资成本；资产证券化可以进一步拓展城市基础设施建设资金的融资渠道，需要结合我国的基本国情，大胆探索和创新，为资产证券化融资的推广创造条件⑤。吕亚楠（2014）研究发现，目前融资平台的现状主要表

---

① 吴晓明：《商业银行政府融资平台类客户信用风险及防范》[J]，上海企业，2014年第9期。

② 袁静：《城市建设举债的理论基础》[J]，财经理论与实践，2001年第9期。

③ 平新乔，白洁：《中国财政分权与地方公共品的供给》[J]，财贸经济，2006年第2期。

④ 刘汉屏：《地方政府提供公共产品的经济学分析》[J]，审计与经济研究，2007年第1期。

⑤ 张理平：《资产证券化与地方政府融资平台建设》[J]，经济体制改革，2010年第4期。

现在：第一，地方政府融资平台的债务余额逐年增加，但增速有所减缓；第二，融资平台的层级逐步延伸至市县一级，级次逐步向下扩展；第三，融资平台的融资结构单一，资金主要来自银行贷款，债券份额较小；第四，融资平台的法人治理结构不健全，缺乏市场经营和运作经验。在传统融资方式不断发展的同时，新的融资方式也在不断地活跃起来①。

③地方政府投融资机制研究。朱琳（2010）认为，如何建立和完善规范化、市场化和透明化的地方政府投融资平台运行机制，使之更好地为地方政府建设服务，成为一个非常必要的研究课题。因此，她提出要健全地方投融资平台融资机制，首先要形成以财政政策性、内源性融资为主体的资金注入机制，其次要实现以地方政府融资平台为主体的多元化融资渠道和方式的结合②。江凯（2011）指出我国地方政府融资模式主要有以下两种：一是间接债权债务关系下的融资模式；二是直接债券债务关系下的融资模式③。王黔京（2013）指出当前地方政府融资平台的运营主要有以下三种模式：一是政府主导型模式。这一模式，决策权力由地方政府行使，一元特征明显；二是企业主导型模式。这一模式中，决策权力仍然集中由地方政府行使，仍具有一元特征，执行上依托现代企业的管理运作机制，控制上体现为政府、企业公管；三是政府——企业协作性模式。在这一模式中，决策权力由地方政府和企业共同行使，体现为地方政府与企业就具体政策的磋

① 吕亚楠：《规范地方融资平台发展的对策研究》[J]，现代经济信息，2014年第16期。

② 朱琳：《地方政府投融资运行机制研究平台》[J]，商业时代，2010年第30期。

③ 江凯，鄢斗，杨美英：《国际经验视角下我国地方政府融资模式探讨》[J]，河北金融，2011年第9期。

商和对话，执行上发挥企业、政府组织方式各自的优点①。

④我国地方政府投融资平台风险及控制。在中国经济飞速发展的今天，地方政府投融资平台如雨后春笋在全国各地兴起，然而与此同时，投融资平台带来的风险问题不可忽视。因此，大量专家学者对我国地方政府投融资平台的风险进行了研究，并提出了大量化解风险的建议。裴育和欧阳华生（2006）从债务风险矩阵分析得知产生债务危机的原因是多方面的。因此，有必要建立债务风险预警系统，对财政运行过程进行跟踪、监控，通过及早发现债务危机信号来预测财政面临的风险，使得政府在债务危机的萌芽期便采取有效措施避免危机的出现②。李俊文（2008）认为，我国地方政府不具备法律许可的贷款资格和担保资格，但由于存在强烈的融资需求，地方政府通过组建地方融资平台融资。又由于地方融资平台具备天然的软约束机制，使得投资风险很容易转移到商业银行体系③。金大卫（2010）认为，地方政府融资的风险在于偿债风险和道德风险。地方政府发行公债一旦出现信用风险，最终还是要由中央政府来买单。由于债权人不会关注发行债务的地方政府的信用风险，债务的利率无法反映地方政府的债务风险，这会加剧地方政府的道德风险问题④。李娟娟（2011）认为，为有效化解政府的信贷风险并实现地方政府的规范化、持续化融资，需要做到规范政府经济行为、建立地方债务预警体系、完善分税制以

① 王黔京：《地方政府融资平台建设中的问题及成因、挑战与应对》[J]，贵州商业高等专科学校学报，2013 年第 1 期。

② 裴育，欧阳华生：《地方债务风险预警程序与指标体系的构建》[J]，当代财经，2006 年第 3 期。

③ 李俊文：《地方政府机构的银行融资情况研究》[J]，经济问题探索，2008 年第 10 期。

④ 金大卫：《我国地方政府发债：制度根源、风险控制、法律规范》[J]，财政研究，2010 年第 1 期。

及地方政府与融资平台自身行为的规范与约束等。杨大光与李存（2014）认为，地方政府应盘活存量资产，集中优势资源以扩大规模。地方政府融资平台可以充分利用信贷和资本市场吸纳可用资金，也可积极研究地方投融资平台上市的渠道和方法，扩大募集资金的范围。应彻底转变政府职能，加强预算管理，协调好债务规模和偿债能力的关系，杜绝投资决策的随意性①。

（3）我国财政投融资体制的发展历程。①我国财政投融资体制变迁的四大阶段。第一阶段是1978年到1983年，在此时间段内，我国的经济建设正处于探索和恢复阶段，财政投融资体制的建设也是刚刚起步。在这一时期，财政投融资体制的典型特征便是下放投资决策权。为了调整政府和企业在市场经济中的关系，我国引入一系列有效的投资激励机制和投资约束机制来刺激企业的积极性，在这一阶段由于投资对经济增长的拉动作用颇为显著，使得我国在避免盲目扩张和提高投资效率方面取得了一定的成效。这一阶段财政投融资的体制创建手段主要包括在企业之间推行合同制、部分单位和部门实行收费化试点、下放国营企业自主权等，这一系列措施后来被我国进一步推进经济体制和财政投融资体制改革的实践证明是非常有价值的。

第二阶段是1984年到1992年，在此阶段，我国从财政投融资建设的探索阶段转入财政投融资的全面改革阶段。随着《关于投资管理体制的近期改革方案》的颁布，我国第一次系统阐述中国投资体制改革的基本任务、目标和措施，并且还成立了国家专业的投资管理公司。与此同时，市场机制的影响力与日俱增，通过责任制承包方式制，企业的积极性被全面调动。在这一时期，财政投融资对经济的发展作用

---

① 杨大光，李存：《地方政府投融资平台的债务规模、风险及化解对策》［J］，当代经济研究，2014年第9期。

明显增加，经济发展速度不断提升。

第三阶段是1993年到2003年。这一时期财政投融资体制的建设主要表现在法人责任制的确立、规范具体操作以及市场细化等方面。在这一时期财政投融资额不断扩大，对于经济增长的作用也不断增强。负责项目的业主、法人责任制等制度得到有效发展和完善。财政投融资项目自组织到成型再到具体实践，都变为市场经济下的企业行为，这样有助于在项目的具体操作中发现问题及落实相关责任，极大地保证了财政投融资的质量和效率，使得项目自融资开始就具有相当的规范性和合理性。同时投融资方式的变革也是这一时期我国财政投融资体制变化的亮点。财政投融资应主要投资于公共基础设施建设上，对于直接追求经济效益的项目则应由企业通过竞争来完成，整个市场被具体细化，有利于专业化的分工。

第四阶段是2004年至今。党的十六届三中全会审议通过了一系列有关完善市场经济体制的决议和决定，使得我国财政投融资体制改革的立场和方向更加明确。但是此阶段由于资金有限，财政投融资相对滞后于我国的经济发展速度，二者的差距不断扩大。虽然我国财政投融资体制改革明确了改革方向，但其具体改革措施则有待于进一步落实和完善。

②发展财政投融资平台对我国的重大意义。财政投融资的作用可概括为以下几个方面：

第一，填补投资空白，优化经济结构。市场机制并非万能，在有些方面会出现资源配置不到甚至配置失效，尤其是在收益低、风险大、资金收回难度大的基础产业和公共设施的投资上。在这些领域市场投融资不愿涉及、而财政投资则限于财力，力不从心。财政投融资可以弥补市场配置的不足，填补投资空白。

第二，调节经济的周期波动。财政投融资可有效调节经济周期性波动。在经济过热时，政府可多集中一部分民间资本和部门基金到财政投融资体系，相应地抽走一部分银行资金，压缩一般投融资支出，控制投资膨胀的态势。而当经济不景气时，政府又可以迅速加大财政投融资资金支出份额，刺激国内有效需求，带动经济复苏。

第三，促进国家高科技的发展，引导产业升级。许多重大科研计划的开发和组织实施对国民经济的发展有着至关重要的影响，同时又带动国家产业结构进行相应的调整和改造。但是分散的社会资本自身是无法满足这些科研计划的资金需求的。像欧洲共同体的“尤里卡计划”，日本政府制定的“振兴科技发展计划”这样的大计划都有动辄上千亿元的资金需求。这个时候就需要以政府为主导的财政投融资来帮忙解决大型科研计划的融资需求。

第四，财政投融资也具有负作用。财政投融资的负面效应主要体现在两个方面：首先，财政投融资在投资方面具有挤出效应。同一般的财政支出一样，财政投融资所形成的投资对于民间投资具有一定的替代和挤出作用，特别是财政投融资的规模一般较大，其挤出效应也会非常可观。目前我国财政投融资体制仍然不完善，财政投融资领域存在着界限模糊、投资缺乏科学性的问题。财政投融资会为弥补资金短缺而更注重投资的直接效益，结果抢占了民间资本的市场；其次，财政投融资的政策性职能也会使得财政投融资决策直接影响市场作用的发挥，不完善的体制更会扭曲市场在配置资源方面的有效性，这会造成相关资源尤其是有限的财政支持的浪费。但即便财政投融资存在着负面影响，但是其对经济增长的促进作用仍不容忽视，其正效应是其作用的主要方面。因此为实现我国经济又好又快的发展，完善财政投融资体制仍然很有必要。

财政投融资作为政府资源配置职能的重要实现途径，在促进经济有效增长、调整经济结构、强化政府的宏观调控能力等方面具有独特的功效。而我国当前宏观经济运行过程中突显的结构性矛盾与体制性障碍迫切要求我们重塑财政投融资的运作流程，建立健全有中国特色的财政投融资体制，提高财政投融资的运作功效，从而优化社会资源配置，提高政府宏观调控效果。在我国市场经济发展的现阶段，构建财政投融资体制具有非常重要的现实意义。在中国经济转型时期，整个市场经济运行机制尚不成熟，国民经济长期稳定的增长、经济结构合理的调整、区域经济平衡等宏观经济运行目标，还难以由市场来实现。同时市场机制本身也在准公共产品领域存在失灵现象。在此背景条件下，就十分需要政府充分发挥其宏观调控职能。财政投融资作为宏观调控手段在我国经济实践中虽有运用，但由于建国后我国长期实行计划经济体制和平衡财政预算政策，忽视了财政投融资的理论研究和深层次实践，没有建立真正的财政投融资体制。现行的财政投融资运作在发展定位、运作制度、运作机构及资金来源和运用方面都存在着严重的缺陷分析问题。建立完善的投融资运作机制，是财政投融资在促进经济增长、合理调整经济结构、强化政府宏观调控能力等方面发挥作用的前提条件。

目前我国的市场经济运行机制尚处于未成熟的状态。市场自身难以实现国民经济长期稳定的增长、经济结构合理的调整。在此背景条件下，稳妥而积极地发展财政投融资，以使财政投融资在促进经济有效增长、合理调整经济结构、强化政府宏观调控能力等方面充分发挥出其基本功能和调节效应，就显得十分迫切和重要；尤其在当前运用积极的财政政策来启动宏观经济，加大基础设施投资力度，扩大内需，财政投融资更有着其他政策手段无法替代的功能。同时我国因疆域辽阔，财力分散，财政宏观调控被弱化。大力发展财政投融资对健全财政职能，充分发挥财政宏观调控作用具有重要意义。另外近年来，我国的农业、能源、原材料工业投资明显不足，产业发展滞后于国际水平。从产业发展的角度来看，发展我国财政投融资，对调整产业结构，促进产业升级，加强宏观调控有巨大作用。

2. 中国地方政府债的发展演变

（1）地方政府债务的概念与分类。债在法律上是指按照约定的条件，在当事人之间产生的特定的权利和义务关系，享有权利的人是债权人，负有义务的人是债务人。债务是指在债的关系中，一方按约定的条件向另一方承担为或不为一定行为的义务。政府债务是政府为履行其职能需要，依据信用原则，有偿、灵活地取得收入的一种形式，作为财政范畴，政府债务的产生晚于税收。国际会计师联合会公共部门委员会在其发布的《2006 公共部门会计准则第 1 号——财务报告的表述》中表示，政府债务是指政府由于过去事项引起的现时义务，此项义务的履行预期会导致政府资源的流出，这种资源流出既可以是经济利益也可以是服务形式。我国《企业会计准则》对企业负债的定义是，企业过去的交易或者事项形成的、预期会导致经济利益流出企业的现时义务。现时义务是指企业在现行条件下已承担的义务。未来发生的交易或者事项形成的义务不属于现时义务，不应当确认为债务。同时还规定，符合负债定义的义务需同时满足一下两条：一是与该义务有关的经济利益很可能流出企业；二是未来流出的经济利益的金额能够可靠的计量，这项义务就可以确认为负债。

根据研究角度的不同，学术界对于政府债务的定义有所不同。从会计学对债务的定义可以看到，政府债务的实质就是过去事项引起的现时义务；义务的履行将导致政府经济资源的流出。政府债务包括以下四个要素：第一，政府债务是由过去的交易或者事项形成的；第二，政府债务是现时义务，即在现行条件下政府已经承担的义务；第三，政府债务的履行，会导致政府资源的流出，能够可靠地计量；第四，政府的资源包括经济利益和服务两种形式。从经济学角度来理解政府债务则有不同的结果。政府性债务是政府机关、事业单位、企业或其他经济组织以政府名义向国内外或境内外承借或担保，政府负有直接或间接偿还责任的债务，需要政府以货币或其他经济资源偿还。政府承担的现时义务体现为政府的直接债务，这种债务在其得到履行前是始终存在的，不会因为外界的变化而发生变化；政府承担的未来义务则体现为间接债务，亦称或有债务，这是在特定条件下可能会产生的债务。根据官方文件的界定，财政部《2009 年地方政府债券问题解答》定义地方政府债务为：地方政府作为债务人所负担的债务，它是与中央政府债务相对的，是地方政府在经常性财政收支不足的情况下，为了满足地方经济与社会公益事业发展的需要，根据本地区社会经济发展状况和资金短缺程度，在承担还本付息责任的基础上，按照有关法律的规定向社会发行的债务。

1998 年结合中国国情，中国财政部门与世界银行对中国政府的分类进行了研究，奠定了政府债务分类的基本规范，对我国政府和地方政府研究债务问题有一定的参考价值。其主要内容是将政府债务分为显性直接债务、显性或有债务、隐性直接债务、隐性或有债务四类。这一分类基本奠定了政府债务分类的基本框架（见表 5）。

表 5　　财政风险矩阵

债务	直接债务	或有债务
显性债务	直接显性债务	显性或有债务
隐性债务	直接隐性债务	隐性或有债务

其中直接显性债务是指由特定的法律或合同规定的政府债务；直接隐性债务是指由中长期公共支出政策中预先确定的责任所形成而并非合同或法律规定的债务；显性或有债务是指法律规定当某特定事件发生时必定由地方政府承担的债务；隐形或有债务是指没有被正式确

认，当某一事件发生后地方政府迫于公众和道义压力而接受的债务。就我国而言，直接显性债务包括各级政府的协议借款和发行的债务，应支未支的法定支出，法定公务员养老金。显性或有债务主要包括对下级政府债务的担保，对公共或私人部门实体所发行债务的担保，对政策性贷款的担保，政府提供的贸易和汇率担保，对私人部门投资的政府担保；政府保险体系。直接隐形债务包括公共投资项目未来的资本性和经常性支出，非法定的未来公共养老金，非法定的其他社会保障计划，非法定的未来医疗保健融资。隐性或有债务包括下级政府对于非担保债务的违约，公共或私人部门对非担保债务的违约，政府保险体系以外的金融危机成本，国有部门在私有化过程中的债务清理，非担保社会保障基金的破产，中央银行可能出现的亏损或者不能履行其职责，自然灾害等突发公共事件。

（2）地方政府债务的理论依据。首先，支持地方政府债务的理论主要有公共产品理论和财政分权理论。按照公共产品理论将公共产品分为公共产品与准公共产品，由于大多数公共产品只具有有限的非竞争性或有限的非排他性，介于纯公共产品和私人物品，因而叫准公共产品，而对于准公共产品，需要以政府和市场共同分担为原则，这是地方政府举债的一个重要理论依据。财政分权理论则是将公共产品按照受益范围分为全国性公共产品和区域性公共产品，分别应由我国政府和地方政府来提供，中央和地方政府在依靠财政收入提供公共产品不能满足供给的情况下，可以通过举债的方式进行建设融资。

其次，公共基础设施服务项目的建设资金需求与地方财政收入的期限结构不匹配。在从项目建设运行直至废止的整个生命周期过程当中，公共基础设施服务项目一般具有初始建设投资资金规模相对较大、后期运行维护费用相对较低的特征，这种现金流支出的期限结构通常都会显著不同于地方财政的现金流收入的期限结构；后者通常相对较为稳定，而且在扣除地方经常性服务项目的支出（包括现有基础设施项目的运行维护费用）之后，通常都难以覆盖新建公共基础设施项目所需要的初始建设资金。在我国，许多地方公共基础设施供给极为匮乏，地方财政预算资金更不可能承担在较短时期内密集投资建设大量基础设施项目的庞大资金需求压力。

最后，资本性的公共产品成本——收益在时间上存在的非一致性，不符合代际公平原则，举债就是将这类产品成本在各代之间公平、合理分担的有效工具，也是地方政府举债的重要理论依据。公共基础设施项目通常运行寿命较长，由于初始投资大、受益期限长，因此如果采用类似于现收现付制的项目融资机制，完全利用档期地方财政收入进行融资，不仅会对当期地方财政造成极大的资金需求压力，而且会使成本和收益在当代与后代之间的分布失衡，进而造成代际之间的分配不公问题。

（3）中国地方债发行模式的历史演进与突破。1994 年财政分税制改革后，中央政府将财权部分上收，但大部分经济建设、社会服务等事权仍留在地方政府。在此背景下，受到“以 GDP 增长论英雄”、城市形象工程的政绩观与考核制度推动，我国地方政府投向资金需求大、建设期和回收期长的基础设施建设项目中的资金大规模攀升，地方政府财政收支不平衡日益加剧，债务融资需求不断扩张。然而，1994 年 3 月颁布的《预算法》第二十八条明确规定“除法律和国务院另有规定外，地方政府不得发行地方政府债券”。① 上位法层面的明文禁止使得地方政府发行债券融资从一开始就呈“隐性化”特征，在模式上向两个方向进行演变：一个方向是发债方式“显性化”，在

① 中华人民共和国预算法实施条例，http：//www.mohurd.gov.cn/zcfg/xzfg/201110/t20111028_206995.html，2017.5.30。

不突破地方政府不能自主发行债券的大框架下，中央政府通过国债转贷和地方政府债券试点等方式不断进行探索地方政府融资模式；另一个方向是发债主体“隐性化”，地方政府通过搭建投融资平台替代其作为发债主体，“城投债券”方兴未艾。

①地方政府债券。国际上地方政府债券（Local Treasury Bonds），又称为“市政债券”（Municipal Securities），是指国家的地方政府、地方公共机构发行的债券。同我国政府发行的国债一样，地方政府债券一般也是以当地政府的税收能力作为还本付息的来源或者担保。地方政府债券的安全性较高，被认为是安全性仅次于“金边债券”的一种“银边债券”。而且，投资者购买地方政府债券所获得的利息收入一般都享受所得税减免优惠政策，这对于投资者而言是很强的吸引力。目前全世界已经有多个国家实行地方政府债券模式，其中美国和日本的地方政府债券规模是最大的，其发行规模也具有代表性：美国的市政债券代表着分权制国家的地方债券市场制度；日本的地方政府债券则代表了集权制国家的地方债券市场制度。此外，近年来在欧洲、阿根廷、巴西等国家和地区，地方政府债券市场也已经具备一定的规模。

由于我国1995年起实施《中华人民共和国预算法》规定地方政府不得发行地方政府债券，因此我国目前政府债券仅限我国政府债券，还没有真正意义上的地方政府债券。2008年底，为应对国际金融危机，国家采用积极财政政策，国务院推出4万亿元投资计划，其中中央安排资金1.18万亿元，其余由地方政府进行配套。同时，国务院通过特别批准的方式，在2009年政府工作报告中首次提出安排发行地方政府债券2000亿元，用以部分缓解4万亿元投资计划中地方政府的配套资金压力，正式开启了我国地方政府债券之门。

图1　中国地方政府债券发展阶段

一是“代发代还”地方政府债券。2009年2月28日，财政部印发《2009年地方政府债券预算管理办法》。该办法第二条即明确所谓“地方政府债券”是指“经国务院批准同意，以省、自治区、直辖市和计划单列市政府为发行和偿还主体，由财政部代理发行并代办还本付息和支付发行费的债券”。

在此种模式下，地方政府债券在实质上仍是国债转贷的延伸和拓展。首先，地方政府债券的发行主体只能是省一级（含计划单列市）地方政府。其次，债券的发行和还本付息均由中央财政进行。这是指，在发行方式上，地方政府债券由国家财政通过现行国债发行渠道代理发行并代办还本付息和支付发行费。这种方式有利于充分利用国家财政多年来发行国债积累的丰富经验、成熟的技术以及与投资者之间形成的关系，从而降低地方政府融资成本，提高债券发行效率，还可以保障投资者按时收到本金和利息，提升地方政府债券信用等级，充分保护投资者利益，并可根据地方需求和债券市场情况，统筹安排发行节奏，促进债券市场稳定。再次，全国地方政府债券发行的总额度必须经全国人大批准，而各地方政府发行债券的额度需报请国务院批准同意。2009—2011年，全国人大每年批准的地方政府债券额度均为2000亿元。最后，该地方政府债券发行的收入“可以用于省级（包括计划单列市）直接支出，也可以转贷市、县级政府使用”。

二是“自发代还”地方政府债券。2011年，在“代发代还”地方政府债券成功运行2年后，国务院批准上海、浙江、广东、深圳试点在国务院批准的额度内自行发行债券，但仍由财政部代办还本付息；

其余地区的地方政府债券仍由财政部代理发行、代办还本付息。

自行发债是指试点省（市）在国务院批准的发展规模限额内，自行组织发行本省（市）政府债券的发债机制。试点省（市）政府债券由财政部代办还本付息。试点省（市）发行政府债券实行年度发行额管理，全年发债总额不得超过国务院批准的当年发债规模限额。年度发债规模限额当年有效，不得结转下年。试点省（市）发行政府债券是以新发国债发行利率及市场利率为定价基准，采用单一利率发债定价机制确定债券发行利率。试点省（市）应当建立偿债保障机制，在规定时间将财政部代办债券还本付息资金足额上缴中央财政，具体事项参照有关财政部代理发行 2012 年地方政府债券发行兑付的规定办理。这项改革的核心是将发行的技术环节工作交由地方政府去执行，这样可以提高地方政府发行市政债（地方政府债券）在操作层面上的能力。其最重要的发行额度、还本付息的方式还是没有变化。

此次改革后，虽《财政部代理发行 2011 年地方政府债券发行兑付办法》第二十条明确规定“地方财政部门未按时足额向中央财政专户缴入还本付息资金的，财政部采取中央财政垫付方式代为办理地方政府债券还本付息”，中央政府仍对地方政府债券偿还有实质的担保责任，但地方政府债券的发行端开始放开。地方政府可以就债券期限、每期发行数额、发行时间等要素与财政部协商确定，债券定价机制也由试点省（市）自行确定（包括承销和招标）。

2013 年，在 4 省市“自发代还”地方政府债券试点 2 年后，国务院批准新增江苏和山东成为“自发代还”地方政府债券试点地区，发行和还本模式仍采用之前规定，并首次提出“试点省（市）应当加强自行发债试点宣传工作，并积极创造条件，逐步推进建立信用评级制度”。除发行方式改革试点外，在地方政府日益旺盛的融资需求推动下，2011—2013 年地方政府债券的发行总额分别为 2000 亿元、2500 亿元和3500亿元，规模日益扩大。

三是“自发自还”地方政府债券。在党中央十八大三中全会《决定》和国务院《2014年政府工作报告》等重大纲领性改革文件的指导下，2014年5月22日，财政部印发《2014年地方政府债券自发自还试点办法》，继续推进地方政府债券改革：第一，在前期自行发行的基础上，在还本付息上从财政部代行突破至发债地区自行还本付息；第二，在前期6个试点地区的基础上，再次增加直辖市北京、计划单列市青岛以及中西部省份江西、宁夏为试点地区；第三，将债券期限由2013年的3年、5年和7年拉长至5年、7年和10年；第四，明确提出“试点地区按照有关规定开展债券信用评级”。

当然，在《预算法》尚未修订的情况下，试点地区发行政府债券仍“实行年度发行额管理，全年发行债券总量不得超过国务院批准的当年发债规模限额”，且“2014年度发债规模限额当年有效，不得结转下年”。

表6　　中国地方政府债券各种演变方式的相同点和差异

地方政府债券方式	发行主体范围	发行事宜组织	还本付息主体	信用评级
代发代还	省级地方政府（含计划单列市）	财政部代理发行	财政部代办还本付息	否
自发代还	上海、广东、浙江、深圳、江苏和山东6个试点地区	6个试点地区自行组织	财政部代办还本付息	否
自发自还	上海、北京、广东、江苏、山东、浙江、江西、宁夏、深圳和青岛10个试点地区	10个试点地区自行组织	试点发债地区自行还本付息	是

资料来源：财政部、中债资信整理。

②城投债券。“城投债”是地方政府投融资平台（一般是隶属于地方政府的城市建设投资公司）作为发行主体公开发行的企业债券，多用于地方基础设施建设或公益性项目，在我国被称为“准市政债”。因为“城投债”其实是企业债券融资在城市基础设施领域的创新，可以说是我国现阶段特有的金融产品。

“城投债”虽然发行形式是企业债券，但是又不完全是企业债券。“城投债”、企业债和市政债券的对比关系见表7。

表7　“城投债”、企业债券和市政债券对比

项目	“城投债”	企业债券	市政债券
发债主体	地方政府直属的建设投资公司	符合发债条件的企业（包括公司和非公司）	地方政府或其代理机构
信用支持	政策性银行、授信银行以及政府信用担保	授信银行或其他担保机构担保	政府信用（税收支持）
偿债资金来源	发债主体未来现金流以及发债项目收益	发债主体未来现金流以及发债项目收益	地方政府税收收入、建设经营的基础设施项目的收益
募集资金用途	公共基础设施建设	企业生产经营项目	公用基础设施建设
投资者	机构投资者	机构投资者或个人	机构投资者和个人

我国地方政府融资平台债券（即“城投债券”）发端于20世纪90年代初上海久事公司发行的企业债券，随着宏观财政政策调整和债券市场的发展，至今大体经历了以下几个阶段。

第一，起步阶段（1992—2004年）。这一阶段，由于我国债券市场仍属于起步阶段，债券品种有限，且企业债券的发行主体仍限定于中央企业、省、自治区和直辖市企业，因而城投债券的发行规模一直很小，1999—2004年城投类企业债券仅发行8支，合计156亿元。

第二，逐步发展阶段（2005—2008 年）。2005 年，国家发改委启动地方企业债券发行，作为地方政府全资控股国有企业的政府投融资平台可以通过发行企业债券的方式进行融资；同时，2005 年 5 月，中国人民银行发布《短期融资券管理办法》，短期融资券发行的重启为地方政府投融资平台提供了新的债券品种。受益于债券市场的扩容，城投债券开始快速发展。2005—2008 年，地方政府投融资平台分别发行债券 17 支、29 支、54 支和 49 支，发行规模分别为 242 亿元、351.50 亿元、664.50 亿元和 740 亿元。

第三，爆发增长期（2009 年）。2008 年 1 月，国家发改委发布《国家发展改革委关于推进企业债券市场发展、简化发行核准程序有关事项的通知》，将企业债审批环节由先前先核定规模再核准发行的两重审批简化为核准发行一个环节，并取消总额限制，政府融资平台发行企业债的空间在政策上得到很大拓展。

同时，在 2009 年初国务院推出“稳增长”4 万亿元投资计划后，为了提供相关配套资金，2009 年 3 月，中国人民银行和银监会联合发布的《关于进一步加强信贷结构调整促进国民经济平稳较快发展的指导意见》提出“支持有条件的地方政府组建投融资平台，发行企业债等融资工具”；加之发改委明确表态，要“扩大企业债券发行规模”；根据中债资信的数据统计，2009 年政府融资平台总计发行 162 支债券（其中企业债达 117 支），为 2008 年的 3.31 倍，发行债券规模总计 2821 亿元（其中企业债券达 1734 亿元），为 2008 年的 3.81 倍。

第四，整理和回落期（2010—2011 年）。经历了 2009 年的爆发式增长后，地方政府融资平台债务快速积聚也受到监管层高度重视，自 2010 年 6 月国务院发布《关于加强地方政府融资平台公司管理有关问题的通知》（国务院〔2010〕19 号文）后，国务院及相关监管部门相继发布针对地方政府融资平台的规范性文件，加之云南公路

"只付息不还本"函件、云投重组和上海申虹偿债危机等信用事件的相继发生极大地挫伤了市场对政府融资平台企业的风险偏好，根据中债资信的数据统计，2010—2011 年政府融资平台发行债券支数和规模增速均显著放缓，分别为 162 支、193 支和 2765 亿元和 3264.10 亿元。

第五，规范中发展期（2012 年至今）。2012 年 3 月，银监会下发了《关于加强 2012 年地方政府融资平台贷款风险监管的指导意见》，要求各银行原则不得新增融资平台贷款规模，政府融资平台银行贷款渠道被显著收紧。但政府基础设施建设需求很大，且正值地方政府债务到期高峰，地方政府融资需求非常大，得益于债券监管部门政策放松，发行城投类债券成为地方政府极为重要的融资渠道。根据中债资信的数据统计，2012 年政府融资平台总计发行 662 支债券，总计 8246.10 亿元，分别为 2011 年的 2.74 倍和 2.53 倍，发行规模创历史新高。

2013 年 4 月，国家发改委发文对城投债券按照三类实行分类管理，有保有控；而"债市风暴"又使得国家发改委自 5 月起对企业债券展开了大规模的自查工作，新债发行基本暂停。受此影响，2013 年政府融资平台发行债券 652 支，总计 8286.26 亿元，较 2012 年几乎没有增长。

2013 年底，在中央提出"开正门、堵邪路"化解地方政府债务风险思想的指导下，推动地方政府融资平台融资"阳光化"成为监管的核心思路。因此，政府融资平台发行债券融资得到了明确支持。2013 年 12 月，国家发改委明确允许融资平台通过发行企业债置换"高利短期债务"，而后，融资平台发债的政府行政级别限制放开，国家发改委再次发文支持扩大企业债券资金用于棚户区改造。在政策的支持下，2014 年 1 季度，政府融资平台已发行债券 289 支，总计 3277.70 亿元。

照此估计，2014 年城投债券发行规模将再创新高。

（二）土地财政理论

1. 土地财政的内涵

（1）相关文献综述。关于土地财政的定义，邵绘春（2007）等认为“土地财政”是指地方财政主要依靠土地的运作来增加收入，土地是政府增加财政收入的重要来源。高聚辉等（2006）认为土地财政主要包括四个方面的内容：一是出让土地获得土地出让金收入，这是之前地方政府财政预算外收入最主要的来源；二是通过低价出让工业用地，以此来招商引资，带动地方经济发展；三是进行城市改建、扩建，促进房地产业和相关产业链的发展，增加地方税收收入；四是以土地为抵押作为融资媒介获得银行贷款，以此来进行基础设施投资和市政建设。易凌（2009）则把“土地财政”归纳为地方财政过度依赖土地所带来的相关税费和融资收入的非正常现象，即一方面通过划拨和协议出让土地等方式招商引资，促进制造业、房地产业和建筑业超常规发展，以期带来营业税、企业所得税等地方税收入；另一方面通过招、拍、挂等方式收取土地出让金，并以土地使用权和收益权质押获得土地融资，以此带动地方经济发展。

从土地财政的产生原因和背景方面，大都把它归因于分税制财政体制、土地公有制下的征收制度和政府垄断土地一级市场。周业安（2000）等认为分税制改革以后，中央与地方财力与事权不匹配，而土地非税收入主要归地方，使得地方政府把眼光投向了土地财政收入。政府从土地中所获得收益占地方财政收入的比重越来越大，进一步促发了土地财政相关的问题和矛盾。杜雪君（2009）等在认同财政体制影响的同时，也分析了城市扩张相关投资需求、以 GDP 和财政收入为主的政绩考核体制等因素的推动作用。政府为了彰显政绩往往通过土地开发来“经营城市”和发展经济，并竞相以优惠的地价出让土地来吸引投资。陈国富等（2009）从法经济学的视角分析土地财政产生的原因，认为其根源在“土地财政幻觉”，政府在获取财政收入的同时，对大量的隐性成本认识和即时补偿不够，政府有巨大的财税激励去加速土地资源开发利用。

在土地财政所面临的矛盾和解决对策方面，程瑶等（2009）认为土地财政的形成，带来了寻租、资源利用代际不公平、资源配置效率低下、收入分配不公、财政风险等方面的问题。在解决问题的对策建议方面，多数观点仍属于“就财政论财政”或“就土地论土地”，从改革财政体制、完善土地管理制度、规范土地收益分配、改进政绩考核等不同角度提出了政策建议。

（2）土地财政的构成。土地财政是指一些地方政府日渐依靠一次性出让以后若干年土地使用权所获得的收入以及由此带动的其它相关收入来维持地方财政支出的现象①。归纳起来，广义上，地方政府形成“土地财政”的组成部分，主要有四个方面：

第一，通过出让土地获取的土地出让收入。政府作为国有土地的所有者，让给土地使用者一定期限的土地使用权，并向受让人一次性收取若干年地租，这就是土地出让收入。土地出让收入是地方政府土地财政收入最主要的来源。

第二，房地产业和建筑业有关税费收入。房地产业和建筑业是城市扩张的结果，从根源上看，其有关税费是由土地派生出来的。目前，房地产和建筑业的相关税费收入大约占地方财政预算内收入的40%，已经成为地方财政预算内的支柱性收入，也是其土地财政的一个重要来源。

---

① 孙雪梅：《略论“土地财政”现状及成因》[J]，金融经济，2011年第22期。

第三，招商引资带来的税收收入。地方政府往往通过低价出让工业用地的方式进行招商引资，以期获得企业进入后若干年后的税收。这种收入往往不体现在某一期或某几期的财政收入中，因此一般也比较难以量化。

第四，通过土地进行的抵押融资。旧《预算法》规定，除法律和国务院另有规定外，地方政府不得发行地方政府债券，理论上也就不允许其直接向银行借款。但事实上，为了满足地方建设的需要，许多地方政府通过成立土地储备中心或借助经济开发区的平台，绕过旧《预算法》的规定，以土地为抵押获得银行信贷支持。这种形式的地方债使得近年来土地财政的规模增长迅速。

狭义上，“土地财政”的组成部分只包括前两项来源。广义的土地财政，则包含了上述四个方面的内容。下面我们根据研究需求，将选择不同的土地财政内涵进行研究。

（3）土地财政与政府的关系。说到财政，即离不开政府。财政是以国家为主体的分配关系，是政府的收支活动，为政府职能的发挥提供资金保障。纳税人以缴纳税款的方式获取政府提供的各项公共物品及服务。政府运用税款履行相应的政府职责，为本国居民的生产生活提供良好的外部环境。然而，政府的财政收入除去税收以外，还有部分非税收入，例如，财政还包括国有企业利润上缴收入、罚没收入，以及政府资产的转让收入等等。国内学术界对于“借地生财”的地方政府财政收入结构冠以“土地财政”的称谓，体现地方政府通过出让土地获得土地出让金收入的实质，以及其作为地方政府财政收入重要补充来源的地位。下面从四个方面来阐释我国土地财政与政府之间的关系。

第一，从政府财政收入的角度来看，我国“土地财政”包括土地以及相关产业的税、费、租三种不同性质的收入。首先，土地房产税收是国家凭借政治权力以社会管理者的身份，参与土地收益分配的形式。目前，具体的征收类型包括：房地产税、耕地占用税、建筑业的营业税，以及土地增值税。其次，房产收费是行政事业单位或代行政府职能的社会团体提供特定公共服务、准公共服务而取得的资金，亦是政府参与土地收益分配和再分配的重要形式，主要包括：新增建设用地有偿使用费、耕地开垦费、新菜地建设基金等；租是不同于税收的公共收入类别，地方政府通过出让土地获得土地出让金和各种形式的年租金。此外，从广义上讲，“土地财政”还包括政府以土地储备中心、政府性公司和开发区为载体向银行进行土地抵押融资的收入。

第二，从政府财政支出的角度来看，土地所有权同其他自然资源以及新中国成立以后积累起来的经营性、非经营性国有资产一样，都具有国有资产收益的性质，属于国有产权的一部分。因此，“土地财政”收入是一种公共产权收入，这是土地的国家所有权在经济上的体现①。政府财政支出在实践中的具体支出方式大体是：维持政府基本运转和公共支出需要的主要来源为一般预算收入，而土地出让收入则主要用于基础设施投资、经济及社会事业发展。同时，作为国家财政收入的一个组成部分，“土地财政”收支差额的存在是新时期的一种常态，相对而言，“土地财政”平衡与“土地财政”赤字现象仅在局部地区偶尔发生。从国际角度观察，政府财政从土地经营中获取的收益也大多用于其他政府支出的方方面面。

第三，从政府财政运行管理的角度来看，“土地财政”收支管理分为“两条腿走路”：税收收入和部分收费收入均纳入一般预算管理，土地出让收入则全额纳入基金预算管理。与此同时，由于土地抵押融资是以未来土地出让收入为偿还来源的，因此也有地方政府将土地抵押

① 邓子基，唐文倩：《土地财政理论与实践》［M］，北京：经济科学出版社，2012 年版。

融资资金纳入项目支出管理，这改变了过去直接切块给项目公司支配的做法。

第四，从政府运用财政政策的角度分析，政府既可以选择直接将土地出让收入用于基础设施建设、发展公共事业等；也可以通过相关的土地税收优惠政策，或以区别价格投放不同类型的产业用地，推动经济结构调整和新时期的产业升级；政府还可以通过土地收益权质押等方式，适当放大未来土地收益的杠杆效应，加速推动经济社会的发展。

2. 土地财政的发展历程

（1）土地财政产生的背景。在众多国家或地区当中，我国土地财政问题尤其突出，这是由多种经济社会因素所决定的。在所有影响因素当中，有 3 个因素是推动土地财政的形成与发展的关键所在。

①土地公有及相应的征地制度为土地财政提供了基本的制度基础。我国国有土地管理体制为地方政府催生土地财政创造了先天条件。我国《宪法》规定：国务院代表全国人民行使土地所有权，国务院通过《土地管理法》等法律法规层层委托给地方政府具体管理。实际上地方政府把土地“分级管理”变为事实上的“分级所有”，越权行使土地所有者权利，加速了土地财政的兴起。

而征地制度安排则进一步加剧了土地财政的程度。现行土地管理制度规定，农村集体建设用地只有通过征地变为国有土地以后，才能进入一级市场进行流通，集体所有建设用地不能直接进入一级市场流通，事实上政府垄断了土地的一级市场。或者说，土地资本化过程是完全由政府来主导进行收益分配的。这就为政府通过大规模的征地与出让取得财政收入提供了制度条件。特别是随着工业化、城市化的深入推进，城市建设资源日益稀缺，地方政府纷纷运用土地财政手段推动经济社会发展。

②政府主导型跨越式发展为土地财政形成提供了强大驱动力。改革开放以来，我国政府主导进行的跨越式发展，需要大量的资本投入。在劳动力供大于求的情况下，外来投资是实现跨越式发展的关键。由此，土地资源成为政府主导型跨越式发展的重要依靠和抓手。政府也需要土地财政作为基本工具和重要手段，直接或间接地吸引外资进入，加快本地发展。因此，土地财政是我国工业化、城市化和市场化进程中的一种客观现实，这种现象的出现和存在具有一定的合理性和必然性。在特定的制度环境下，土地财政收入恰恰满足了地方政府的投资需要，土地资源和土地相关的财政收入成为政府主导实现跨越式发展的重要手段。后期随着工业化、城市化进程的逐步完成和政府手中存量土地的减少，这种投资强度会逐渐下降。

③土地财政幻觉加速土地财政收入规模扩张。与土地财政相关的成本和风险往往具有隐蔽性，地方政府把土地财政作为推动城市建设和经济发展的重要手段，同时对于土地相关的隐性成本支付补偿不够，形成了所谓的“土地财政幻觉”，进一步强化了地方政府对土地财政的依赖。土地财政幻觉主要源于三个方面：一是，直观地认为出让收入远大于征地成本，没有看到因此而带来的大量隐性社会成本，即使在财力充足的情况下，地方政府也有驱动力去扩大征地规模。二是，预期用未来土地出让收入偿还政府性债务，没有看到土地出让收入的波动性和不可持续性。三是，没有充分认识到土地使用结构和占有方式改变所持续引发的社会利益结构变迁。这几个方面的因素，导致地方政府一度征地、出让规模过大，土地收益权质押贷款迅速增长，土地财政幻觉加速了土地资本化进程，放大土地相关经济社会风险。这也是导致众多专家学者批评土地财政的原因所在。

④现行财政体制与土地财政形成。现行财政体制与土地财政形成

存在一定的联系，但不是决定性因素。许多学者把土地财政现象的兴起，直接归罪于分税制财政体制改革，认为1994年实行分税制改革“事权下移、财权上移”，导致地方政府财力与事权不匹配，不得不寻求其他可行稳定的财力来源。土地财政便由此应运而生。

对于这一看法要客观分析。一是从前期土地出让收入的使用范围看，主要是用于基础设施和重大经济建设项目配套建设，做的是“发展经济”的事，而不是政府份内的提供“基本公共服务”。二是分税制改革时明确土地出让收入中央不再分享，是为了“放水养鱼”、促进各地发展经济、改善当地环境、促进土地增值、培育地方财力来源，而不是逼迫地方自寻财路，歪打正着撞上了“土地财政”。三是近几年中央加大对地方的转移支付之后，财力与事权的匹配程度改善，但是地方政府依然依赖“土地财政”，显然，这不是分税多少的问题，而是政府在“土地财政”上成本收益账所决定的。

恰恰相反，现行分税制财政体制是分税种对税收收入的流量进行了政府间收入划分，而对于国有土地、矿产资源及其他公共产权收益等存量部分没有进行收入划分。土地出让收入作为目前公共产权收益的主要部分，中央没有分享，导致地方政府把土地分级管理变为事实上的“分级所有”，激发大家通过土地征收出让、土地抵押融资的极大热情。如果要说中央财政参与土地出让收入分享，对收入实行全国范围的转移支付，土地财政的“虚火”才有可能会下降。

（2）新中国成立以来我国土地制度及政策演变。新中国成立70年以来，我国农村土地经历了从新中国成立初期的国家有限管制到人民公社时代的国家全面管制，再到改革开放后以家庭为单位的产权结构的变迁，可以说我国农村的土地制度改革见证了我国整个农村经济体制改革。与此同时，我国在城市土地制度建设方面也取得了伟大的成果，主要体现在两个方面：改革开放前30年，建立了城市土地国家所有制；改革开放后30年，建立了与社会主义市场经济体制相适应的城市土地产权制度。未来我国将在坚持城市土地国有制的前提下，坚持社会主义市场经济道路的基础上，进一步完善城市土地产权制度，优化城市土地资源配置，提高城市土地利用率，巩固和发展社会主义制度在各方面取得的优秀成果。我们将中国土地政策变迁过程以改革开放和分税制改革为界大致划分为如下三个阶段。

①1978年以前的土地政策。一是农村土地集体所有制。新中国成立之初，中央政府就以《中华人民共和国土地改革法（1950）》为依据，在全国实行了农村土地改革。此次土地改革以后，我国在1949—1952年间仍旧实行农村土地私有制，但相较之过去取消了地租，土地的分配不平衡问题在一定程度上得以缓解。同时，获得农村土地的农民，产权得到了法律层面上的保护，并且进一步明确了农村土地的权属问题。这次中国历史上最大规模的土地改革，彻底消灭了封建土地所有制，解放了农业生产力，进一步巩固了工农联盟的坚实基础，使得3亿多无地少地的农民无偿获得了大约7亿亩土地以及其他必需的生产资料，同时免除了原本每年需要交给地主的700多亿斤粮食的地租。由此，人民翻身成为土地的真正主人，从而极大地调动了农民的生产积极性，极大地促进了农业生产的发展。据统计，1952年全国粮食产量比1949年增长42.8%。这为国民经济的恢复和发展，为国家社会主义工业化和对农业的社会主义改造均创造了良好的条件。

随着国家土地制度改革的完成，我国分别完成了对农业、资本主义工商业和手工业的三大行业社会主义改造。而其中农业改造历时5年，自1953年起至1957年，分别经历了互助组、初级社以及高级社和规模更大的人民公社等形式。1985年，随着农村人民公社制度的正式确立，农村土地由私有制转为公社所有制或农村集体所有制，农民成为公社或集体的一员，自此，农民不再独立享有农村土地所有与使用权（仅留有少量自留地），实行统一计划、经营和分配。然而此时国家《宪法》明确规定，“农民的土地所有权受国家法律保护。”此后的20年间，受到诸如1962年的自然灾害影响，国家将部分农村土地使用权归还给农民，而土地所有权则一直留在集体。此时的国家《宪法》（1954年）也明确规定，农村土地集体所有制实行“队为基础，三级所有”，在法律规定的条件下，国家有权将土地收归国有。自此，形成了“农村土地由集体统一经营，国有土地由计划配置、行政划拨”的用地制度。

二是城市土地国家所有制。在城市，国家在对生产资料进行社会主义改造时，根据土地私有制的不同情况，相应地采取了不同的改造方式。对于帝国主义、官僚资本和反革命分子占有的城市土地采取没收的方式；对民族资本主义工商业、私营房地产公司和私有房地产业主占有城市土地实行了赎买的政策。此后，国有土地实行“无偿、无期限、无流动”的使用制度，企业占有使用的土地均作为企业的资产，不必向国家缴纳租金。机关、军队、学校等行政事业单位经过政府批准占用的土地不缴纳任何费用，国有土地基本处于无偿使用的状态。城市土地的社会主义全民所有制或国家所有制的建立，不仅消灭了城市土地私有制以及依靠对土地的垄断占有剥削城市劳动者的制度基础，同时也为国家有计划地利用城市土地进行社会主义建设提供了相应的土地制度基础，有力地推动了国民经济和城市经济的发展。

从财政的角度来看，由于土地出让制度虽然规定土地所有权属于国家，但是在具体执行过程中土地所有权和使用权相分离，地方政府可以通过拍卖、招标等方式获得土地使用权，出让一定年限内的土地租金，由此地方政府可代表国家获取规定年限的土地出让金。由于按照法律规定，土地出让年限相对较长，一定面积的土地出让金规模也较大，因此地方政府也可获得一定数量的土地出让金收入，在这种情况下，地方政府有动力出让其所辖区范围内的土地使用权并由此获得收入，这种收入虽然在性质上与地方政府税收收入不同，但是在同一时期内均属于地方政府可支配的收入，由此与地方政府本级财政收入一样，成为了地方政府可靠的收入来源。

②1978—1994 年的土地政策。一是农村土地承包经营制度。1978 年，党的十一届三中全会确定了以经济建设为中心，实行改革开放的方针。改革首先从农村地区发起，实行家庭联产承包责任制，其实质就是改革农村土地使用制度。通过此次改革，赋予农民生产自主的生产决策权和收益权，从而极大地调动了广大农民的生产积极性，迅速促进了农村地区的经济增长和社会进步，并进一步激发了 80 年代开始的乡村非农产业大发展。

为了稳定农民对土地制度的预期，20 世纪 80 年代中后期，中央政府明确指出，土地承包关系 15 年不变。从 1984 年中央 1 号文件开始，就允许“土地承包经营权可以依法采取转包、出租、互换、转让或者以其他方式流转”。1982 年我国《宪法》修正案明确规定：农村土地、农村和城市郊区土地，除由法律规定属于国家所有的以外，属于集体所有。但是对集体的界定在当时是非常模糊的，宪法只是对农业用地转为建设用地做了严格的限制。

二是城市土地产权制度。在高度集中的计划经济体制和以重工业优先增长为特征的工业化发展方式下，土地的合理流转和市场转让被明令禁止。1982 年的《宪法》明确规定城市土地归国家所有，但由于当时传统的高度集中的计划经济体制否认商品经济和市场机制的作用，改革开放前城市土地由用地单位采取“无偿、无期限、无流动”的方式使用，形成了一定程度上的土地的单位或部门所有制，土地市场在当时无法存在。随着经济体制改革的不断深入，我国社会主义经济体制逐步遵循市场机制，企业逐渐成为自负盈亏的市场主体，过去“无偿、无期限、无流动”使用土地的弊端不断暴露。与此同时，伴随这种僵化的土地使用政策，出现了很多问题：很多用地单位随意转让、出租土地，真正体现土地所有权的应由国家征收的巨额地租大量流失，国家得不到来自土地的任何收益，不利于完整的城市土地国家所有制和土地所有权在经济上的实现。另外，国家的基础设施建设缺乏稳定的资金来源，城市建设欠账日积月累，财政困难不断加剧。因此，无论是城市土地使用情况，还是城市土地使用制度带来的一系列问题，都要求政府尽快对城市土地制度进行改革。

改革开放后，我国对于社会主义市场经济体制的探索与实践，为我国城市土地使用制度的改革提供了理论基础，指明了改革方向。1988 年 4 月 12 日，第七届全国人大一次会议通过《中国人民共和国宪法》有关修正案，把第十条第四款“任何组织或者个人不得侵占、买卖、出租或者以其他任何形式非法转让土地”，修改为“任何组织或者个人不得侵占、买卖或者以其他形式非法转让土地。土地的使用权可以依照法律的规定转让”，从而使得国有土地使用权的出让有了坚实的宪法依据。随后，根据《宪法》的规定，《中华人民共和国土地管理法》随后也做出规定：“国家依法实行国有土地的有偿使用制度”，“国有土地可以依法确定给全民所有制单位或集体所有制单位使用，国有土地和集体所有制土地可以依法确定给个人使用”，并且将土地补偿的收取主体明确为地方各级人民政府。通过法律确立的这种城市土地所有权和使用权的分离，为城市土地使用制度改革奠定了法律的基础。目前我国建立的与社会主义市场经济体制要求相适应的城市土地产权制度基本上就是由两个“权利束”构成的，即城市土地“所有权权利束”和城市土地“使用权权利束”。这就改变了带有计划经济体制特征的“无偿、无期限、无流动”的土地使用制度，建立了与社会主义市场经济体制相适应的城市土地“有偿、有期限、可以流动”的使用制度。至此，国家基本法和部门法的双重调整为地方政府通过出让土地获取土地出让金收入打通了道路。

③分税制改革以后的土地政策。一是农村土地承包权法定。20 世纪 90 年代中后期，对于农村土地，国家又提出土地承包权 30 年不变，并于 2003 年通过《土地承包法》加以确定。5 年后的 2008 年 10 月 12 日，中共中央十七届三中全会通过了《中共中央关于推进农村改革发展若干重大问题的决定》，《决定》指出“健全严格规范的农村土地管理制度”，“依法保障农民对承包土地的占有、使用、收益等权利。加强土地承包经营权流转管理和服务，建立健全土地承包经营权流转市场，按照依法自愿有偿原则，允许农民以转包、出租、互换、转让、股份合作等形式流转土地承包经营权，发展多种形式的适度规模经营”，土地承包关系长久不变。

二是城市土地使用权市场。构建城市土地使用权市场是改革开放 30 年来城市土地使用制度建设的优秀成果，通过改革城市土地使用制度，建立了与社会主义市场经济体制相适应的城市土地产权制度和城市土地使用权市场。通过城市土地使用权市场实现了城市土地资源优化配置，提高了城市土地的使用价值。具体的政策时点，概括列述如下：

1990 年 5 月 19 日，国务院发布《中华人民共和国城镇国有土地使用权出让和转让暂行条例》，确立了出让土地使用权的产权地位，对土地使用权出让、转让、出租等做出了规范化的规定，从而构建了我国土地市场制度的基础框架，对土地市场建设也具有重大意义。

1992 年出台的《划拨土地使用权管理暂行办法》强化对划拨土地[①]的管理，使得划拨土地有偿纳入使用范围并进入市场有法可依、有章可循。

1994 年颁布的《中华人民共和国城市房地产管理法》进一步明确了国有土地的现阶段实行城市国有土地有偿使用制度，城市国有土地在批租期限以内的各项权能已经相当完备，主要形式有出让、出租、入股、资本金挂账，等等。

1998 年颁布了全面修订后的《中华人民共和国土地管理法》，该法对于土地管理、土地市场建设新形势、新问题进行了全面总结，并将相关内容上升到法律制度的层面。完善的法律法规的建立，实现了土地管理制度一系列重大突破和转变，也起到了规范市场的作用。

这一时期我国土地市场的突出特征是，土地配置在制度格局上仍呈现行政划拨与有偿出让并存双轨制，虽然有偿使用的比重在不断加大，但土地划拨制度的作用面还相当大。在土地出让市场中，协议出让的方式长期占据主导地位，而招标、拍卖出让等通过市场公开竞争的方式只占总量的一小部分。土地使用权的出让方式，是新一轮改革中政策关注的核心问题。进入 21 世纪，土地有偿使用制度又开启了新的时代。

2001 年，国务院出台《关于加强国有土地资产管理的通知》（15 号文）明确要求："为增强政府对土地市场的调控能力，有条件的地方政府要对建设用地试行收购储备。"这就确定了市场在配置经营性用地

---

① 1992 年 3 月 8 日国家土地管理局《划拨土地使用权管理暂行办法》第二条：划拨土地使用权，是指土地使用者通过除出让土地使用权以外的其他各种方式依法取得的国有土地使用权。

中的基础地位。15 号文还明确规定，“除法律规定可以用划拨方式提供用地外，其他建设需要使用国有土地的，必须依法实行有偿使用。为体现市场经济原则，确保土地使用权交易的公开、公平和公正，各地要大力推行土地使用权招标、拍卖”。

2002 年，国土资源部发布《招标拍卖挂牌出让国有土地使用权规定》（国土资发〔2002〕11 号），其中的第四条明确规定：“商业、旅游、娱乐和商品住宅等各类经营性用地，必须以招标、拍卖或者挂牌方式出让。前款规定以外用途的土地的供地计划公布后，同一宗地有两个以上意向用地者的，也应当采用招标、拍卖或者挂牌方式出让”。

2004 年，国务院《关于加强土地调控有关问题的通知》进一步明确，工业用地必须采用招标拍卖挂牌的方式出让，其出让价格不得低于公布的最低标准。

2009 年，《国土资源部、监察部关于进一步落实工业用地出让制度的通知》明确要求，各地要严格执行工业用地招标拍卖挂牌制度，凡属于农用地转用和土地征收审批后由政府供应的工业用地，政府收回、收购国有土地使用权后重新供应的工业用地，必须采取招标拍卖挂牌方式公开确定土地价格和土地使用权人。

从最早行政划拨为主的供地方式，到协议有偿出让土地，再到完全公开市场化的“招拍挂”出让方式，尤其是土地招拍挂的全面推开，被舆论认为是中国“土地新革命”和“阳光地政”，由此土地有偿出让率开始大幅提高，地方政府的供地方式也逐渐从行政划拨转化为有偿出让，有偿出让土地所获得的收益远比无偿划拨土地收益高得多，土地使用权的市场价格得到充分体现。一些地方政府不仅越来越依赖出让土地使用权的收入来维持城市基础设施建设，也借此土地财政逐渐成为了地方财政收入的主要资金来源，在增加地方财政收入和巨大土地财政收入收益的诱惑下，地方政府以经营城市为名义和动力，大肆征用、圈占、开发农村土地，扩大城市建设规模，土地财政全面发展，地方政府对土地相关的税收和非税收入的依赖渐渐加深直到欲罢不能。

3. 土地财政的现代经济意义

（1）土地资源的稀缺性。土地是人类赖以生存的基本资源之一，是人类社会存在和发展的重要前提。中国是一个人多地少、土地资源特别是耕地资源稀缺的发展中大国。全球20%的人口生活在中国这片土地上，而中国耕地总面积仅为全球的8%。中国的人均国土面积和人均耕地面积则仅为全球人均数值的31.6%和40%。不但如此，与20世纪50年代相比，中国人口翻了一番，水土流失和荒漠化土地却翻了一番半，人均生存空间是原来的1/5。因此，中国的基本国情和资源基础决定了土地资源在中国的高度稀缺性。

从经济学的角度来看，土地资源经济供给的稀缺性有两层含义：首先，供给人们从事各种活动的土地面积是有限的；其次，特定地区，不同用途的土地面积也是有限的，往往不能完全满足人们对不同类型用地的需求，从而出现了土地占有的垄断性这一社会问题和地租、地价等经济问题。由于土地的稀缺性所引起的土地供不应求现象，造成了地租、地价的不断上涨，迫使人们采取更为节约、集约的土地利用方式，努力提高土地的有效利用率和单位面积的生产力。

改革开放以来，我国土地管理事业快速发展，逐步建立符合国情、适应社会主义市场经济体制要求的土地管理制度基本框架，为经济社会发展提供了有力支撑。另外，可以看到，社会发展的内涵要比单纯的经济增长广泛得多，如果经济增长并没有带动整个社会诸多要素之间关系的协调发展，而只是片面单纯的经济增长，那么这样的发展是一种非可持续的发展。因此，建立完善的土地管理制度，坚持节约、集约用地，是促进经济社会可持续发展的战略举措。

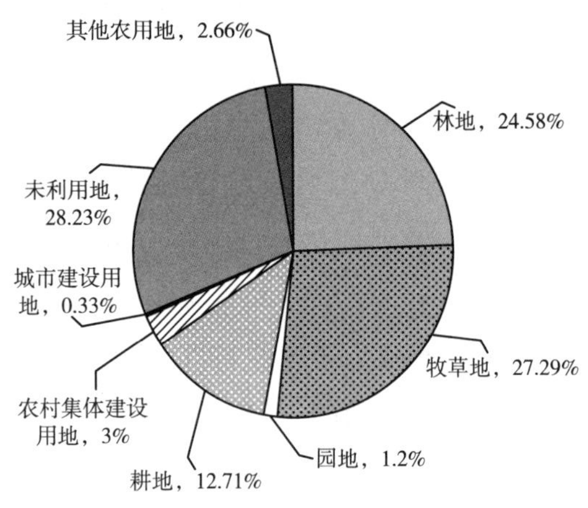

图2　全国土地资源构成图

资料来源：《全国土地利用总体规划纲要（2006—2020年）》。

（2）土地财政与中国特色经济发展模式。①土地与城市化。在国民经济以乡村经济为主、就业人口中的大部分人在农业部门就业，乡村经济以农业为主要收入来源的情况下，中央政府和乡村地方政府财政收入的主要来源均是土地产出，因此土地在国家开始工业化之前的阶段具有重要的意义。在该阶段政府财政收入的主要来源为土地农业相关税收。在国民经济由农业社会向工业社会转换阶段，公共交通、城市基础设施建设、医院、学校和图书馆等成为政府提供公共物品的主要内容。尤其是城市化发展的起步和加速阶段，政府财政的主要内容是链接城市之间的交通，为建设新城区筹集资金。这一阶段与维护和更新老城市设施的阶段不同，不仅需要依靠资金，更需要大量新的土地。由此引发因为新的土地使用目的的出现以及土地使用权的变更而出现的相关财政问题。一方面财政需要投入资金，对于原来的土地所有者进行补偿，另一方面需要投入新的资金对这些土地进行城市化开发。因此，在这一阶段，无论是中央政府还是地方政府的财政活动，往往都与土地有关，都是关于土地投入和产出，土地非农化利用产出利益分配的活动。由于城市化的实体是城市本身，因此城镇地方政府与土地有关的财政活动在比例上要明显多于中央政府。

在计划经济体制下，所有土地都只是作为自然资源和资产而存在。改革开放前，我国国有土地的占有和使用都是无偿的。改革开放以来，我们在土地产权制度方面进行了大胆改革，农村土地的所有权和使用权分离，最终实现国有土地的使用权有偿使用，国有土地使用权流转、抵押、出让等，逐渐唤醒了“沉睡资本”。从现代国家角度考察，土地作为资产要素通过地产市场在整个市场经济中的地位与影响而越发凸显；土地同时作为制度载体对经济发展也会产生影响。以土地产权安排为核心的土地制度则通过政策、制度的渠道对经济增长和社会福利产生影响，甚至关系到一个经济体的工业化起飞时点与发展水平。土地在上述领域的作用和影响也体现在我国 40 多年的改革与发展过程中，土地资本化产生的巨大土地财政红利和回报。

②“土地财政”是中国经济的固有特征。从理论上说，土地是自然或天然生成物，不是劳动产物；土地资源是有限的，是人类生存和发展的基本条件。我国目前正处于城市化的加速阶段，地方政府财政活动带有“土地财政”的特征。尽管所得税和其他税收收入在总税收收入中占比较高，但在政府的财政活动中，与土地相关的事务占比仍较大。1978 年中国经济改革是从农村土地制度的变革开始的，过去 40 多年中的经济高速增长在一定程度上，又与城市化过程中农地城市化不可分割。

从宪法上说，我国实行国家和集体所有的二元土地制度。国家与集体土地所有权的法律地位应当是平等的，但宪法同时又规定了只有国家才具有土地征收和征用权，即政府征收和征用是改变集体土地所有权和农地用途的唯一合法途径。这样，政府凭借其垄断的土地征收权，就可以在支付征地补偿费之后强制性地将集体所有的土地转为国有土地，然后再按照建设用地规划许可的土地用途予以统一供应。我国《物权法》第四十二条规定："为了公共利益的需要，依照法律规定的权限和程序可以征收集体所有的土地和单位、个人的房屋及其他不动产。征收集体所有的土地，应当依法足额支付土地补偿费、安置补助费、地上附着物和青苗的补偿费等费用，安排被征地农民的社会保障费用，保障被征地农民的生活、维护被征地农民的合法权益。"可见，征收集体土地的补偿主要以原土地用途收益为计算标准，并适当考虑了被征地农民的今后生活费用，而政府征地则按照建设用地定价，由此产生的征地和售地之间形成的级差地租被政府占有，构成了"土地财政"的重要组成部分。把国有土地的使用权分离出来并推向市场，实行有偿占有和使用制度，是传统计划经济走向中国特色社会主义市场经济的巨大进步。

国有土地使用权走向市场后，带动了城市居民住房制度的改革，又推动了城镇化的快速健康发展。地方政府的土地出让收入主要投入城市建设领域，刺激了建筑业、房地产业的大繁荣，带动了建材、五金、化工、电器等产业的大发展，房地产业的迅猛发展还带动了工业化进程和整个国民经济的发展；地方政府来自于土地出让、转让以及房地产开发的财政收入越来越多，为征地补偿安置、城市基础设施建设以及廉租房建设等提供了重要的资金来源。因此，土地要素市场及土地制度本身就是中国高速增长的经济发展模式不可分割的一部分，"土地财政"是中国特色经济发展模式的固有特征。

六、国家社会经济发展进入新常态后的现代财政理论

（一）社会经济新常态、四个全面与五大发展理念

1. 社会经济新常态

2013 年 12 月 10 日，在中央经济工作会议上的讲话上习近平首次提出“新常态”：我们注重处理好经济社会发展各类问题，既防范增长速度滑出底线，又理性对待高速增长转向中高速增长的新常态；既强调改善民生工作，又实事求是调整一些过度承诺；既高度关注产能过剩、地方债务、房地产市场、影子银行、群体性事件等风险点，又采取有效措施化解区域性和系统性金融风险，防范局部性问题演变成全局性风险。

此后，习近平在多次讲话中阐述了“新常态”的内涵。2014 年 5 月 10 日，习近平在河南考察时的讲话指出，我国发展仍处于重要战略机遇期，我们要增强信心，从当前我国经济发展的阶段性特征出发，适应新常态，保持战略上的平常心态。

2014 年 7 月 29 日，习近平在党外人士座谈会上的讲话强调，要把思想和行动统一到中共中央决策部署上来，正确认识我国经济发展的阶段性特征，进一步增强信心，适应新常态，共同推动经济持续健康发展。2014 年 11 月 9 日，习近平在亚太经合组织工商领导人峰会开幕式上的演讲上指出，中国经济呈现出新常态，有几个主要特点。一是从高速增长转为中高速增长。二是经济结构不断优化升级，第三产业、消费需求逐步成为主体，城乡区域差距逐步缩小，居民收入占比上升，发展成果惠及更广大民众。三是从要素驱动、投

资驱动转向创新驱动。习近平提出的“新常态”重大战略判断：深刻揭示了中国当前经济发展阶段的新变化、准确研判了中国未来一段时期的宏观经济形势、充分展现了党中央高瞻远瞩的战略眼光和决策定力。

习近平经济新常态的提出主要是基于当前国内外宏观经济形势的正确分析和准确研判。

（1）中国经济发展进入新阶段。2010 年我国 GDP 总量首次超过日本，成为世界第二大经济体，但还不是经济强国。按照 IMF 于 2014 年 10 月份最新公布的《世界经济展望》称：按照购买力平价进行核算，中国已超过美国，成为世界第一大经济体。

2014 年我国人均国民总收入超过 7000 美元，位于“上中等收入”经济体，但收入分配问题很多。根据世界银行 2008 年最新的划分标准，我国属于人均国民总收入 3856—11905 美元之间的中等偏上收入国家。进入上中等收入国家，同时意味着我国面临着“中等收入陷阱”风险。截至 2014 年，拉美地区国家在“中等收入陷阱”平均滞留时间为 40 年，其中智利 43 年，乌拉圭 41 年、墨西哥 40 年，巴西 39 年，哥伦比亚 35 年，阿根廷更是长达 52 年。

国际经验表明，发展中国家在经济起步的发展阶段时，往往追求经济的快速增长，容易忽视技术进步、结构优化，以致出现经济与社会、城乡、地区、收入分配等结构失衡。伴随着问题的累积，容易出现经济停滞不前，甚至严重下滑。为避免这样的情况，就要需要准确研判新阶段的特征，重新定位，实现转型升级。

（2）我国正处在“三期叠加”的特殊阶段。习近平提出的“新常态”重大战略研判源自我国正处在“三期叠加”的特殊阶段。我国经济增长速度从 2012 年开始结束近 20 年 10% 的高速增长，转而进入增速换档期。根据国家统计局的数据显示，2012 年我国的经济增长率为

7.8%；2013年我国的经济增长率为7.7%；2014年我国的经济增长率为7.4%。

目前我国正在经历结构调整的镇痛期，2012年底，我国钢铁、水泥、电解铝、平板玻璃、船舶产能利用率分别仅为72%、73.7%、71.9%、73.1%和75%，明显低于国际通常水平。而在经济下行压力增大的情况下，政府出台的4万亿元投资结构中，45%是铁路、公路、机场、城乡电网的投资，使得目前我国仍处于前期刺激政策消化期。

国内经验表明，科学认识新常态，逐步适应新常态，必须从当前我国经济发展的阶段性特征出发。而新周期中的中国经济，最主要的特征就是“三期叠加”，这是研究和分析新常态的前提条件。

（3）国际经济格局正在深刻调整。习近平提出的“新常态”重大战略研判第三个背景在于，国际经济格局正在深刻调整。目前全球经济增长缓慢，强国重定游戏规则，各国在进行经济结构和发展模式调整，培育新的经济增长点。大西洋和跨太平洋区域合作——重塑世界贸易版图，对我国等新兴经济体形成反制。

世界主要经济体经济发展形势，外部需求常态萎缩，发达国家将“再工业化”作为重塑竞争优势的重要战略，发出向实体经济回归信号，围绕信息、生物、环保等领域的新一轮科技和产业竞争愈演愈烈，我国的外部需求萎缩可能会成为“常态化”。

外需是支撑我国三十多年高速增长的重要力量，而随着世界经济复苏的不稳定不确定因素增多，世界经济格局正在发生重大变化，外部需求萎缩将成为常态化，这种变化将带动我国经济增长转向常态化的中高速阶段。

我国经济增长由高速增长向中高速增长的转换，表面上看增长速度的放缓，其实质是宏观经济背景下经济结构重大调整和发展环境深刻变化的必然结果。

2. “四个全面”与五大发展理念

2015 年 10 月 26 日至 29 日，十八届五中全会在北京隆重召开。这次会议主要听取和讨论了习近平受中央政治局委托作的工作报告，审议通过了《中共中央关于制定国民经济和社会发展第十三个五年规划的建议》。至此，面向“十三五”的经济社会发展步入到准备期和启动阶段，全面建成小康社会的宏伟蓝图进入到决胜阶段，党的社会主义事业领导核心的地位和作用也进入到新的阶段。“十三五”的新发展格局，将在“四个全面”战略布局下，坚持“五位一体”的发展思路，全面推进和落实创新、协调、绿色、开放和共享五大发展理念。

根据五中全会《公报》，“十三五”时期是全面建成小康社会决胜阶段，“十三五”规划必须紧紧围绕实现这个奋斗目标来制定。而全面建成小康社会则是“四个全面”的战略目标，全面深化改革、全面依法治国和全面从严治党作为战略举措，为战略目标的实现提供动力源泉、法治保障和政治保证。因此，“四个全面”的战略布局是“十三五”新发展格局的重要基础和条件。

根据新时期经济社会的发展特征和现实条件，五中全会对全面建成小康社会的构成目标进行了全面阐述，从而使“十三五”的发展目标更清晰、更系统、更全面。全面建成小康社会的目标体系包括五个组成部分即：经济保持中高速增长，人民生活水平和质量普遍提高，国民素质和社会文明程度显著提高，生态环境质量总体改善，各方面制度更加成熟更加定型。在其中，既将全面小康的概念从经济社会领域拓展到文化、生态和制度领域，又在原有的经济社会指标中形成了创新，如“户籍人口城镇化率加快提高”“迈进创新型国家和人才强国行列”“我国现行标准下农村贫困人口实现脱贫，贫困县全部摘帽，解决区域性整体贫困”

等。此目标使全面建成小康社会的战略目标更加丰满充实，也更具实践性和现实性，反映了国家和人民在新时期的核心需要。

经济新常态仍然是“十三五”时期的经济运行环境和发展的现实条件。但在“十三五”时期，经济新常态的具体构成有了新的变化，对经济新常态的策略也将从认识和适应经济新常态，转为加快形成引领经济发展新常态的体制机制和发展方式。

总体上，“十三五”时期的经济新常态的核心特征如下：消费上，个性化、多样化消费渐成主流，保证产品质量安全、通过创新供给激活需求的重要性显著上升；投资上，基础设施互联互通和一些新技术、新产品、新业态、新商业模式的投资机会大量涌现，对创新投融资方式提出了新要求；进出口上，我国低成本比较优势也发生了转化，同时出口竞争优势依然存在，高水平引进来、大规模走出去正在同步发生；产业组织上，传统产业供给能力存在明显超出需求的压力，产业结构必须优化升级，企业兼并重组、生产相对集中不可避免，新兴产业、服务业、小微企业作用更加凸显；生产要素上，人口老龄化日趋发展，农业富余劳动力减少，要素的规模驱动力减弱，经济增长将更多依靠人力资本质量和技术进步；市场竞争上，数量扩张和价格竞争正逐步转向质量型、差异化为主的竞争，统一全国市场、提高资源配置效率是经济发展的内生性要求；资源环境上，环境承载能力已经达到或接近上限，必须顺应人民群众对良好生态环境的期待；资源配置和宏观调控上，全面刺激政策的边际效果明显递减，既要全面化解产能过剩，也要通过发挥市场机制作用探索未来产业发展方向。总体上，“十三五”时期的经济新常态的核心就是我国经济正在向形态更高级、分工更复杂、结构更合理的阶段演化。

面对全面建成小康社会的宏伟目标和经济新常态的发展基础，我们必须坚持“发展是第一要务”的定位，坚持“以提高发展质量和效益为中心”的路径。在实践中，必须坚持以经济建设为中心，从实际出发，把握发展新特征，加大结构性改革力度，加快转变经济发展方式，实现更高质量、更有效率、更加公平、更可持续的发展。而要想实现这一发展，则必须完善发展理念，破解发展难题、厚植发展因素，为“十三五”时期的新发展格局提供坚实的动力和支撑。

众多学者对四个全面与五大发展理念进行讨论。谷亚光认为，五大发展理念的内涵为：创新是经济社会发展的第一动力；协调是持续健康发展的内在要求；绿色是永续发展的必要条件；开放是国家繁荣发展的必由之路；共享是中国特色社会主义的本质要求。陈金龙以问题导向思维来阐释五大发展理念的内涵：创新发展着力解决发展动力问题；协调发展着力解决发展不平衡问题；绿色发展着力解决人与自然关系和谐问题；开放发展着力解决发展内外联动问题；共享发展着力解决社会公平正义问题。王淑芹认为正确理解五大发展理念的内涵，应着重把握以下几点：创新发展是在继承优良传统、借鉴先进经验、独立探索中的发展；社会系统各要素的相关性、整体性、有序性，奠定了整体与部分系统性、整体性协调发展的理论基础；绿色发展观是破解我国资源节约、环境保护、经济发展难题的需要，确立绿色发展理念在经济社会中的首要价值；开放发展是深度融入世界经济和参与全球治理的发展；共享发展是人民公平享有经济发展成果的发展。

（二）财政包容性增长思想

1. 财政包容性增长思想的提出

2007 年亚洲开发银行结合发展中国家收入分配状况和贫困的动态变化，重新审视传统的增长模式，首先提出“包容性增长”（Inclusive Growth）概念。这一概念得到国际上的广泛接受和认可。2009 年 11 月，胡锦涛在亚太经合组织第十七次领导人非正式会议上首次倡导

“包容性增长”，2010 年 9 月又在第五届亚太经合组织（APEC）人力资源开发部长级会议开幕式上再次提到“包容性增长”，强调实现包容性增长，切实解决经济发展中出现的社会问题，为实现经济长远发展奠定坚实社会基础。这也是各国需要共同研究和着力解决的重大课题。胡锦涛两次强调“包容性增长”，充分反映出党和政府践行“包容性增长”的决心和信心，也表明“包容性增长”理念已开始上升为执政理念，将深刻影响我国未来的经济社会发展。

迄今为止，对于什么是包容性增长，国内外学术界尚未形成统一的定义，不同的学者从不同的角度进行了诠释。多数学者认为，机会平等和利益共享是包容性增长的核心价值观，强调在利益共享过程中所有人的机会均等，在共享的同时也需要社会成员都能为经济增长做出贡献，也有学者提出，包容性增长是益贫式增长，其重点是贫困人群的情况改善；还有学者从就业角度来界定包容性增长，认为包容性增长应当实现穷人的充分就业，并使穷人的就业报酬增长速度高于富人的资本报酬增长速度。尽管学者们的研究角度各有不同，关注的对象也各有侧重，但综合来看，他们对核心含义基本形成了以下共识：包容性增长就是在机会平等基础上的增长，包容性增长之“包”的内涵在于在分配增长的成果时，能否平等地惠及所有社会成员，尤其是弱势群体；包容性增长之“容”的涵义在于这种增长既要让自己发展，也要容忍、允许别人发展。就一国而言，包容性增长既要强调为所有人创造机会，又要让所有人获得机会。简言之，就是保证社会各阶层都能平等地参与发展过程并从中受益。就国际层面看，包容性增长要求倡导开放与合作的国际环境，让各国能公平地参与国际经贸活动并受益。

2. 楼继伟的财政包容性增长思想

时任财政部部长的楼继伟同志对于包容性增长做了较为深入的研究，从理论、国际实践及我国的路径等方面分别进行了分析。

对于包容性增长，从比较宽泛的角度，可理解为经济、政治、文化、社会、环境等多个方面的统筹发展。如果把概念缩小一点，包容性增长就是要让经济发展的成果惠及所有地区，惠及所有人群，在经济可持续发展中实现社会的协调发展。其中关键在于，政府和市场各自应该扮演什么样的角色。政府发挥作用离不开财政税收这种公共资源，财政税收资源来自纳税人的贡献，通过政府预算安排发挥作用。因此，如果实现包容性增长的途径和方式问题不明确，就很难谈到如何推进财税改革。

对于实现包容性增长的途径，有三种理解比较有代表性。第一种理解，关注发展成果的再分配，为此特别强调发挥政府的作用，国家要提取更大比例的财政收入，通过大规模的再分配来实现结果的公平。这种途径压缩了市场的作用，可能导致经济增长率较低，就业不足。同时，如果过多靠国家福利，而不是靠自己奋斗，人民的幸福感也并不见得很高。因此，这种模式不大可持续。第二种理解，关注发展机会的创造，而不仅仅关注结果，争取使每个人都能根据自身条件获得发展机会，通过自身努力得到发展，享受发展成果。国家适当提取财政收入，实施适当的再分配政策，主要是创造公平的发展机会，让市场发挥资源配置的基础性作用。这种发展途径使得就业充分，人民的幸福感强，经济增长率高，是可持续的。第三种理解，是一种不平衡的途径，国家大力扩大开支，实施大规模的再分配，但提取的财政收入比较少，财政长期赤字，个人付出较少的努力，享受更多的福利，国际收支赤字也会越来越大。但是，天上不会掉馅饼，这样一种途径最后要靠通货膨胀来平衡，其结果是低收入人群和地区会更为困难，陷入恶性循环。一些拉美国家在历史上就有这样的例子，落入了所谓“中等收入国家陷阱”。有的国家经过近十年的政策调整，才走出这个陷阱，但付出了惨重的代价。

个别南欧国家本属中等收入国家，却走了第三种途径。由于这些国家属于欧元区，有强有力的货币，国际收支平衡有欧元保护伞，并不见得马上表现为危机。现在“保护伞”已经撑不住了，我们会发现，这些国家原来没有走出“中等收入陷阱”，可能还要倒退回去。由此可见，第二种途径是实现包容式增长的正确道路。它尊重和保护市场机制，政府提供必要的公共服务，是可持续的。

遗憾的是，第一种和第三种理解总是很有市场，原因多种多样。其中之一就是，部分政府部门过分相信自身干预经济和社会发展的能力，对微观经济活动的不平衡反应过度，不太相信市场自身的修复能力，马上出台干预措施，结果往往适得其反，人为制造波动。在社会层面，虽然不能指望大多数民众都从可持续性的长远观点来思考问题，以多贡献、少获取的理念来指导行动，但是大多数人愿意在机会公平、公正的环境之下，通过自身的努力赢得更好的生活。然而，在政策环境不友好，特别是机会很不均等的时候，想少付出、多享受福利的人的比例就会越来越大，舆论环境也会恶化。第一种和第三种理解是不归之路，中国并非没有滑向这些歧途的可能。第二条是艰巨的改革之路，也是走向包容式增长之路。中国正在努力走上第二条路。习近平在谈到“中国梦”的时候，强调要“保证人民平等参与、平等发展的权利，维护社会公平正义”，要让人民“共同享有人生出彩的机会，共同享有梦想成真的机会”。李克强总理向全国人大汇报的《国务院机构改革和职能转变方案》提出，“必须处理好政府与市场、政府与社会、中央与地方的关系，深化行政审批制度改革，减少对微观事务的管理，完善和加强宏观管理，真正做到该管的管住、管好，不该管的不去干预，真正让市场起作用。”这个方案还提出一些具体的任务，比如说大幅度减少、合并中央对地方的专项转移支付，增加一般性转移支付，取消不合理的行政事业收费，公平对待社会力量提供医疗、卫生、教育等公共服务，加大政府购买服务的力度。这些都对财政工作提出了明确要求。

2012 年底的中央经济工作会议还指出，要按照“守住底线、突出重点、完善制度、引导舆论”的原则做好民生工作，这也是非常重要的。“守住底线、突出重点”，就是政府不能包揽所有的民生问题，而要关注什么是基本的需要？底线是什么？财政能不能可持续？承诺过多而收入不够，我们就会走向第三种途径，那是不归之路。“完善制度、引导舆论”也很重要。有的民生政策，在制度上是不完善的，往往没有约束，容易导致帮了懒人却没有帮到穷人，我们应该帮助穷人，而不应该帮助懒人。当然还要“引导舆论”，舆论常常一提到民生就好像站在道德高地上，实际上民生是一个复杂的综合性问题，要兼顾“守住底线、突出重点、完善制度”。全国人大通过的机构改革方案还提出一些方向性要求，其中，财政税收是特别加以强调的改革重点。包容性发展要求把创造机会均等、平等发展、维护社会正义放在最为突出的位置，这些方面涉及广泛，而且往往同财政制度相关联，所以，财政部门既要加快自身改革，完善财税制度，也要积极支持配合相关改革，着重建立机制，促进包容。财政部门要加强调查研究，理清改革思路，提出发展建议。改革是当代中国经济社会发展的不竭动力，过去 30 多年来，中国坚持市场取向持续不断的改革。在此过程中，财税体制作为改革的突破口和先行军，进行了多次重大变革，与各方面改革相配合，推动了经济、社会的根本性变革，国家的财政实力也不断壮大，财政状况总体健康。尽管改革和政策调整任务非常艰巨，但方向是明确的，也有一定的经验和理论准备，新一轮的财税改革会取得更为长足的进展。

（三）现代财政理论

1. 现代财政理论的提出

建立现代财政制度是党的十八届三中全会立足全局、面向未来提出的重要战略思想，是中央科学把握现代国家发展规律作出的重大决策部署，抓住了全面深化改革的关键环节，对于完善中国特色社会主义制度、全面建成小康社会和实现中华民族伟大复兴的中国梦具有重大而深远的意义。

自十八届三中全会提出“建立现代财政制度”以来，国内学者以“现代财政”为主题进行了深入研究。这些研究主要讨论了与“现代财政”相关的如下问题：（1）国家治理与现代财政间的关系。多数论及“现代财政”的学者均以为，现代财政制度是实现国家治理现代化的基石。陈龙（2014）将国家治理现代化细分为强化市场型政府、公平竞争型市场和合作型社会三个子目标，并提出可以通过优化财政汲取比例与方式、调整支出结构和权责、实施预算管理制度创新、构建“三位一体”财权管控新机制和推动预算的社会协商与参与来促进国家治理现代化。（2）现代财政制度的性质与特征。刘晓路（2014）基于荷兰和英国的财政史分析认为，国家能力主要体现为资源汲取能力、政治渗透能力和危机解决能力，所有这些能力的提升都要依靠财政收入的支撑。因此，较强的财政汲取能力是推动现代化的保障，我国要建立的现代财政制度应具有强国性与集中性性质。王庆（2014）从现代财政与公共财政的关系入手，亦认为现代财政制度，从国家层面来看，就是应尽快提高以财政为核心的国家组织能力，以使我国政府能从容应对未来因国内经济增速放缓和国际摩擦增大后带来的各种潜在风险。杨志勇（2014）则把现代财政制度的特征归结为与国家现代化建设相适应、体现民主财政和法治化财政理念、有专门财政管理机构、以专门的治理技术为依托和适应动态财政治理需要等五个方面。（3）构建现代财政制度的具体路径。现代财政的制度构建也是学者们集中讨论的内容，如马骁、周克清（2014）认为，现代财政制度建设包括财政法律框架、税收制度体系、预算制度和政府间财政关系等内容。高培勇（2014）则认为，现代财政制度应从财政收入、财政支出、预算管理和财政管理体制等方面来构建。

2. 楼继伟的现代财政理论思想

楼继伟（2014）对现代财政做了较为深入和全面的论述，分别从现代预算制度、税收制度和调整中央和地方政府间财政关系三个方面进行了研究，具体论述如下：

建立全面规范、公开透明的现代预算制度。一是建立透明预算制度。除涉密信息外，所有使用财政资金的部门都要公开本部门预决算，其是财政资金安排的“三公”经费都要公开；进一步细化政府预决算公开内容、扩大部门预决算公开的范围和内容。二是完善政府预算体系。结合修订有关法律规定，清理规范重点支出与年度财政收支增幅或生产总值挂钩事项，一般不采取挂钩方式；政府收支要全部纳入预算，明确“四本”预算的收支范围和功能定位，加大相互之间的统筹力度。三是改进年度预算控制方式。预算审查的重点由平衡状态、赤字规模向支出预算和政策拓展；建立跨年度预算平衡机制；实行中期财政规划管理，并强化三年滚动财政规划对年度预算的约束。四是完善转移支付制度。完善一般性转移支付稳定增长机制，逐步提高一般性转移支付所占比重；对专项转移支付进行清理、整合、规范，逐步取消竞争性领域专项和地方资金配套，同时严格控制新增项目和资金规模；建立专项转移支付定期评估和退出机制。五是加强预算执行管理。硬化预算约束，预算未安排事项一律不得支出；全面落实国库集中收付制度，借鉴国际经验，推进国库现金管理。六是规范地方政府债务管理。依法建立以政府债券为主体的地方政府举债融资机制；对地方政府债务实行限额控制，分类纳入预算管理，并严格限定举债程序和资金用途；建立权责发生制的政府综合财务报告制度，完善地方政府考核问责机制和信用评级制度。七是清理规范税收优惠政策。除专门的税收法律、法规外，起草其他法律、法规、发展规划和区域政策都不得规定税收优惠政策；未经国务院批准，不能对企业规定财政优惠政策；严肃财经纪律，严格财政资金分配使用的监督问责，严厉查处违法违规行为。

建立健全有利于科学发展、社会公平、市场统一的税收制度体系。一是推进增值税改革。扩大营改增实施范围，“十二五”时期完成营改增目标；适时优化税率，实行彻底的消费型增值税制度并完成增值税立法。二是完善消费税制度。调整消费税征收范围，优化税率结构，改革征收环节和收入分享办法，增强消费引导与调节功能。三是加快资源税改革。抓紧在全国范围内实施煤炭资源税从价计征，全面推进资源税从价计征改革，相应清理取消涉及的行政事业性收费和政府性基金；逐步将资源税扩展到水流、森林、草原、滩涂等自然生态空间。四是建立环境保护税制度。按照重在调控、清费立税、循序渐进、合理负担、便利征管的原则，将现行排污收费改为环境保护税，新设二氧化碳税目，进一步发挥税收对生态环境保护的促进作用。五是加快房地产税立法并适时推进改革。总的方向是，在保障基本居住需求的基础上，对城乡个人住房和工商业房地产统筹考虑税收与收费等因素，合理设置建设、交易、保有环节税负，促进房地产市场健康发展，使房地产税逐步成为地方财政持续稳定的收入来源。房地产税改革要加强调研，立法先行，适时推进。六是逐步建立综合与分类相结合的个人所得税制。合并部分税目作为综合所得，适时增加专项扣除项目，合理确定综合所得适用税率；尽快推广个人非现金结算、建立第三方涉税信息报告制度等。此外，抓紧修订《税收征管法》，促进依法治税，同时也为个人所得税和房地产税改革创造条件。

调整中央和地方政府间财政关系，建立事权和支出责任相适应的制度。一是进一步理顺中央和地方收入划分。遵循公平、便利、效率等原则，考虑税种属性和功能，将收入波动较大、具有较强再分配作用、税基分布不均衡、税基流动性较大的税种划为中央税，或中央分成比例多一些；将地方掌握信息比较充分、对本地资源配置影响较大、税基相对稳定的税种，划为地方税，或地方分成比例多一些；收入划分调整后，地方形成的财力缺口由中央财政通过税收返还方式解决。二是合理划分各级政府间事权与支出责任。要适度加强中央事权和直接支出比重，将国防、外交、国家安全、关系全国统一市场规则和管理的事项集中到中央，减少委托事务，提高全国公共服务水平和效率；将区域性公共服务明确为地方事权；明确中央与地方共同事权。在明晰事权的基础上，进一步明确中央和地方的支出责任，中央可运用转移支付机制将部分事权的支出责任委托划地方承担。

（四）“一带一路”与大国财政理论：统筹国内外

1. 大国财政的治理研究

随着我国经济总量规模的不断增加和经济结构的复杂化，特别是国家“一带一路”战略的深入推进，“大国财政”逐渐成为财税学者关注的焦点。大国财政正是基于我国当前的发展理念和时代背景而提出的。

楼继伟、李成威（2016）的研究认为，当前我国的经济和社会发展面临着诸多挑战，全球和国内利益主体多元化以及风险社会的来临，迫切需要国家治理的理念，通过形成全球和国家治理结构，为人类社会抵御和防范公共风险。尽管大国治理要以国家利益为根本出发点，但是国家利益并非狭隘和封闭的利益，不能将一国利益封闭在国家内部，而应放在全球视野来综合考量。邓力平、曾聪（2014）较为系统地论述了大国财政的含义，提出构建大国财政应该要体现“两特两统筹”。“两特”指的是，应具有“中国特色”与体现“时代特征”；“两统筹”指的是，应在“统筹国内外两个大局”进程中发挥作用，应在“统筹推进国家财政治理现代化与参与国际财政治理体系构建”进程中有所建树。白彦锋（2015）结合我国经济基本面的分析，认为我国进入“大国财政”格局已是不争的事实，并进一步提出了大国财政的首要特征是“强国财政”的观点。刘尚希（2015）指出，随着国际化、全球化进程的不断加快，各国财政政策的联系越来越紧密，大国财政需要不断应对财政主权和税收主权的挑战，在全球治理中提升水平。吕冰洋（2015）认为大国财政应该更关注社会治理，大国财政需要保护社会秩序和市场经济稳定，同时也要激发社会的活力。以上的学者对大国财政的内涵和范围，进行了初步说明和界定。

刘尚希（2015）、李成威（2016）、杨志勇（2016）、白彦锋（2016）认为，大国财政是国家发展“新战略”与和平崛起的必然要求，大国财政与全球经济新秩序是财政治理步入新阶段的基础。卢洪友（2016）从我国的历史、哲学、社会等人文科学的视角出发，具体考察了大国财政的内涵，并从财政软硬实力的视角刻画了财政在国内外经济环境中起到的作用。邓力平（2016）总结了 2014 年到 2016 年的大国财政建设之路，并归纳为“准确站位、服务大局；统筹内外，相互配合；持续实践，创新形式”等方面。白彦锋（2016）认为，大国财政格局的形成意味着对我国防范系统性财政风险提出更高的要求，同时加大了对国有资本管理以及财政支出管理的难度。

针对当前我国大国财政的困境，周春英（2015）认为，当前我国中央与地方间财权与事权不匹配、分税不彻底、地方政府债务风险、转移支付制度不完善，还有财政国际合作艰难等问题都未完全解决。因此，要想构建良好的大国财政制度，必须要围绕进一步深化财政体制改革展开，推进国家治理的现代化、国际化，对内根据制度演进的次序有效推动现代财政制度改革，提升国家财政治理水平；对外积极参与国际财经治理体系的构建，进一步扩大中国的影响力和话语权。何代欣（2016）较为全面地描述了大国财政的总体框架，并提出财政政策周期调节与财政分权作为大国财政体制的基本内容。

2. 全球治理与大国财政关系的理论

（1）中央高层对全球治理和大国财政的阐述。习近平多次在公开讲话中提到，“推进国家治理体系和治理能力现代化”，“国家治理体系和治理能力是一个国家的制度和制度执行能力的集中体现，两者相辅相成。我们的国家治理体系和治理能力总体上是好的，是有独特优势的，是适应我国国情和发展要求的。同时，我们在国家治理体系和治理能力方面还有许多亟待改进的地方，在提高国家治理能力上需要下更大气力”。习近平指出，“推进国家治理体系和治理能力现代化，必须完整理解和把握全面深化改革的总目标，这是两句话组成的一个整体，即完善和发展中国特色社会主义制度、推进国家治理体系和治理能力现代化”。

积极参与全球化，以国际视野和全球眼光来治国理政成为我国新一代领导人的基本理念。对“全球治理”理念，习近平极为重视，多次在重要场合就此发表重要讲话。2013 年 3 月 27 日，习近平在金砖国家领导人第五次会晤时强调，“不管全球治理体系如何变革，我们都要积极参与，发挥建设性作用，推动国际秩序朝着更加公正合理的方向发展，为世界和平稳定提供制度保障”。2014 年 7 月 16 日，习近平在巴西国会的演讲中指出，“我们应该加强在联合国、世界贸易组织、二十国集团、金砖国家等国际和多边机制内的协调和配合，凝聚发展中国家力量，积极参与全球治理，为发展中国家争取更多制度性权力和话语权”。2014 年 11 月 29 日，习近平中央外事工作会议时强调，“要切实运筹好大国关系，构建健康稳定的大国关系框架，扩大同发展中大国的合作。要切实推进多边外交，推动国际体系和全球治理改革，增加我国和广大发展中国家的代表性和话语权。要切实加强务实合作，积极推进‘一带一路’建设，努力寻求同各方利益的汇合点，通过务实合作促进合作共赢”。2015 年 10 月 12 日，习近平在中共中央政治局第二十七次集体学习时强调，“随着全球性挑战增多，加强全球治理、推进全球治理体制变革已是大势所趋。这不仅事关应对各种全球性挑战，而且事关给国际秩序和国际体系定规则、定方向；不仅事关对发展制高点的争夺，而且事关各国在国际秩序和国际体系长远制度性安排中的地位和作用”。习近平的上述讲话对于全球治理的重要性、内涵和特征做出了深刻论述和全面阐释，对我们进行全球治理与大国财政的研究具有重要意义。

（2）学术界对全球治理和大国财政关系的理论研究。在理论上，对于全球治理与大国财政的关系，大致可以分为如下相互关联但又有所区别的两个方面。

①国际公共品提供的研究。国际公共品是经济学公共产品理论在国际关系领域的延伸和应用，是公共产品理论与国际关系研究相结合的产物。公共产品原本是经济学的重要概念，直到 20 世纪 60 年代才引入国际关系领域，逐渐成为国际关系分析的工具。1966 年，奥尔森（Mancur Olson）等人以北约为例研究了国家间共同维护安全的问题；随后拉西特（Bruce M. Russett）等分析了国际组织作为集体物品表现形式的问题。1971 年，奥尔森最早使用“国际公共品”概念，并由此研究国际合作激励问题。他将国际公共品分为三类：稳定的国际金融货币体系、完善的国际自由贸易体制、国际宏观经济政策的协调与标准化的度量衡；国际安全保障体系与公海航行自由；国际经济援助体系。这一分类得到了学界的基本认同。金德尔伯格（Charles P. Kindleberger）列举的国际公共品与奥尔森的思路相近，吉尔平

(Robert Gilpin) 也延续了奥尔森的观点，并将国际公共品纳入“霸权稳定论”的分析中。

奥尔森、金德尔伯格、吉尔平等率先运用公共产品概念分析国际关系问题但他们没有对国际公共品做出界定，直到19世纪末20世纪初，考尔（Inge Kaul）、桑德勒（Todd Sandler）等才提出了相对完整的概念，认为国际公共品是指成本和收益超越一国范围、在某些情况下甚至超越世代的公共产品。它包含三个条件：成本分担和受益对象主要以国家或国家集团划分；受益空间超越一国界限乃至覆盖全球；受益时间包括当代和后代，或者至少是在不损害后代需要的基础上满足当代人的需要。根据联合国有关报告，目前全球公共领域需要集中供给的公共产品有10类，包括基本人权、对国家主权的尊重、全球安全、全球和平、全球公共卫生、跨国通信与运输体系、协调跨国的制度基础设施、知识集中管理、全球公地集中管理、多边谈判国际论坛的有效性等。目前的国际公共品研究大多与考察国际合作、国际制度、联盟等集体行动有关，也有学者对霸权国或国家集团提供国际公共品的动因、偏好与行为进行分析（Jack Hirshleifer，1983；Daniel G. Arce M.，2004；Richard Corners&Todd Sandler，1984；Todd Sandler，2007；Todd Sandler，2006），并总结经验和规律。

近年来，随着我国国际交往的加深，越来越多的学者分析国际公共品的供应模式、供应现状，以及在当前国际环境中我国的供给策略。当前，国内对国际公共品的研究，主要集中在：一是国际公共品供给模式研究。苑基荣（2009）对东亚公共产品的供应模式进行了系统研究，认为在理论上国际公共品的供应有三种模式：霸权国供应模式；通过个人、组织、团体或公司供应模式；主要大国间合作供应模式。他还对每种供应模式的理论来源以及对在东亚地区该种模式所发挥的作用程度进行了分析。卢光盛（2011）对国际公共品的供给来源进行研究。二是国际公共品供应现状研究。苑基荣（2009）认为霸权国家提供国际公共品的过程中出现了比较严重的私有化问题和供给严重不足，这些状况有供应模式的问题，也有东亚地区本身在政治和经济上的问题。程铭（2015）对气候变化国际公共品陷入供给困境的原因进行了分析，主要是国际公共品自身的特性以及国际机制中对于成本补偿和利益分配规定的不足导致的。王双（2011）则对国际公共品供应不足的原因进行了比较深入的探究。总的来说，目前国内对于国际公共品的供给现状尚没有系统地分析，并且多局限于国际公共品的某个领域。三是对中国参与提供国际公共品的动因分析。刘雨辰（2015）对于中国供给国际公共品的供给意愿提升的动因进行了分析研究，认为中国对国际公共品的供给意愿持续增强，内部动因来自于国内政治精英的价值取向转变、国家利益海外化的保护需求；外部动因来源于国际权力的结构转移、国际公共品供给的短缺困境和国际社会对中国贡献的预期效应扩大。吴志成和李金潼（2014）对中国参与供给的利益进行分析，主要是中国国家能力和国家意愿构成了参与供给的坚实基础，以及维护国家利益和树立良好国家形象的供给收益。四是对中国参与供给的政策建议的研究。对于中国供给国际公共品的政策建议的研究比较多。苑基荣（2009）主要对中国在东亚地区供给国际公共品的策略进行了建议，提出了应以供应区域性公共产品为重点，与霸权国家供应相互配合的观点。石悦（2011）对于时代背景下中国参与供应的模式选择进行了思考，认为中国应该选择国家间合作供应模式。张春（2014）提出了放弃传统思维，构建中美新兴大国关系，从而相互合作供给国际公共品的观点。席艳乐和李新（2011）对于中国参与供给的战略选择进行了研究，分别从国际机制、综合国力提升以及量力而行的原则方面提出了建议。陈清（2007）从国际援助方式、科学技术创新的分工协作、国际组织和国际机制以及国际财经合作几个方面提出了切实可行的实践建议。

②应对全球治理的大国财政研究。此方面理论界的研究相对较少，仅在近年大国财政的有关著作中有零星涉及。刘尚希、李成威（2015）认为，我国作为崛起中的大国，财政的作用也从国内转向全球治理，并通过参与全球治理来避免人类发展危机和实现国家利益，提出大国财政是世界财政，大国财政需要内外兼修。杨志勇、樊慧霞（2016）结合当前财政制度运行中存在的问题，从促进国家治理体系和治理能力现代化的视角，阐述大国财政与全球经济新秩序中新财政治理问题，认为面对经济全球化的挑战，财政治理只能适应全球经济治理的需要，促进全球命运共同体的形成，实现各国的互利共赢。国际税收治理、全球性公共产品的提供、国际财政政策协调、外汇储备管理制度改革等诸多方面均对财政治理提出了新要求。卢洪友（2016）认为，在全球治理的背景下，大国财政建设必须坚持统筹国内国际两个大局、量力而行、量入为出、权责平衡的原则。从发展中国家这一基本国情出发，根据自身财政经济能力承担相应的国际责任及支出负担，提供国际性公共产品，参与全球性治理，保持国内与国外财政支出、国内公共品提供与国际性公共品提供的动态均衡，避免顾此失彼。

七、新时代中国特色社会主义财政理论创新

（一）“新时代”与我国财政理论创新

1. “新时代”的内涵

十九大报告提出中国特色社会主义进入新时代，这个新时代“是承前启后、继往开来、在新的历史条件下继续夺取中国特色社会主义

伟大胜利的时代，是决胜全面建成小康社会、进而全面建设社会主义现代化强国的时代，是全国各族人民团结奋斗、不断创造美好生活、逐步实现全体人民共同富裕的时代，是全体中华儿女勠力同心、奋力实现中华民族伟大复兴中国梦的时代，是我国日益走近世界舞台中央、不断为人类作出更大贡献的时代”。“中国特色社会主义进入新时代，我国社会主要矛盾已经转化为人民日益增长的美好生活需要和不平衡不充分的发展之间的矛盾”。这样一个伟大的“新时代”，不仅要求我们要努力创新财政理论，同时也为我们创新财政理论提供了肥沃的土壤。

由此可见，当代中国财政理论和学科体系建设的方向应该是构建中国特色社会主义财政学。以习近平中国特色社会主义思想为指导，构建新时代中国特色社会主义财政理论体系，是继承和发展马克思主义政治经济学的要求，也是增强财政学对现实问题的解释能力以及对未来的科学预测的要求。

2. “新时代”我国财政理论面临的挑战

在新时代背景下，我国财政理论的发展面临两大挑战：一是财政学的经济学化，其根源就在于我国如今的主流财政学沿袭西方国家的传统财政学理论，是在我国水土不服的财政学理论。西方国家的主流财政理论以“市场失灵”为逻辑起点，把“市场”和“政府”看作两个对立的主体，政府干预是弥补市场失灵的手段，运用经济学的方法分析财政问题和预测财政发展。其将财政职能局限于纠正市场失灵，认为政府财政只能“优化资源配置、调节收入分配和促进经济稳定”。这种财政理论在实践上已经被证明是失败了的理论，是严重落后于时代的理论。正是在这种理论的指导下，西方国家经济在 20 世纪 70 年代中期陷入了“滞涨”。我国作为世界上为数不多的社会主义国家之一，与西方国家的国情存在很大差异，完全应用西方范式去解决中国问题只能无功而返。它既不仅不能对当前我国政府大力提倡的 PPP 模式、政府采购服务等问题提供合理的解释，也不能科学地预测我国的财政实践，难以发挥哲学社会科学对现实的指导作用。

二是当前我国财政学面临着大数据、互联网技术的挑战。近些年以阿里巴巴为代表的电商行业在促进我国经济迅猛发展的同时，也给我国的传统财政理论带来了挑战。在数字经济时代，电子商务的蓬勃发展和电子支付的广泛运用给实体经济带来了强大冲击。如何完善对电商的征税模式、确定纳税主体、提高税收征管效率、防止税款流失成为我国急需解决的问题。与此同时，大数据以及互联网技术的发展也给我国构建中国特色社会主义财政理论、建立现代财政制度、推动国家治理体系和治理能力现代化提供了难得的机会。大数据为消除税收征管中的信息不对称问题提供了可能，加强互联网与税收事业的深度融合有利于简化税收征管流程、提高税收征管效率、实现税收信息在有关政府部门之间的沟通共享，有利于促进国家汲取能力的现代化建设。此外，构建财政大数据中心有利于创新财政收入监督方式，推动中央和地方财政信息公开透明，提高财政治理水平，为实现大国财政和中国梦的实现奠定重要基础。

马克思主义的精髓是“解放思想、实事求是、与时俱进”，建设新时代中国特色社会主义财政理论应该继承和发扬马克思主义的优良传统，从我国 40 年的财政体制改革中汲取经验，对我国的财政学对象、财政学基础理论以及财政学科的属性重新思考。新时代中国特色社会主义财政学应是一门以社会共同需要为基础，涉及经济、政治、社会诸多领域，为实现国家治理体系和治理能力现代化服务的交叉学科，应是能够发挥优化资源配置、维护市场统一、促进社会公平、实现国家长治久安职能的社会科学。

（二）如何构建新时代中国特色社会主义财政理论

从经济角度来说，“中国特色社会主义”至少包括三方面的内容，即“以经济建设为中心”“巩固和发展公有制经济”以及“市场在资源配置中起决定性作用”。因此，要构建中国特色社会主义财政理论，就必须至少围绕这三个方面来展开。就财政基础理论来说，应该在习近平新时代中国特色社会主义思想的指导下，重新思考市场失灵理论，探讨财政的发展职能，实现中国特色社会主义的财政理论创新。因此，构建新时代中国特色社会主义财政理论应该对当前国内主流财政理论进行革新，具体来说：

1. 坚持正确的内在基因

构建新时代中国特色社会主义财政理论必须要坚持正确的内在基因，即要坚持马列主义在哲学社会科学中的指导作用，坚持以习近平新时代中国特色社会主义思想为指导，以人民为中心，促进人的全面发展。同时我国作为世界上最大的发展中国家，在发展中要把握好我国经济新常态的社会背景，贯彻“创新、协调、绿色、开放、共享”的新理念，坚持宽阔的国际视野，积极推动国际经济合作和参与全球财经治理，树立起负责任的大国形象。

坚持正确的内在基因最根本的就是要坚持党的领导，党的领导是马列主义政党学说的基本原则。中国共产党是工人阶级的政党，始终代表最广大人民的利益，办好中国的事情关键在党，关键在党要管党、从严治党。2014 年 12 月，习近平在江苏考察时，首次提出“全面从严治党”，经过几年的建设也取得了一定成就，如党内法规制度体系更加完善、全党理想信念更加坚定、党内选人状况和风气明显好转等。十九大报告指出在新的历史条件我们党一定要有新气象新作为，打铁必须自身硬，要始终把党的政治建设放在首位，思想建党和制度治党同向发力，统筹推进党的各项建设，不断增强党自我净化、自我完善、自我革新、自我提高的能力，始终保持党同人民群众的血肉联系，为发展中国特色的财政学奠定坚实的基础。

坚持正确的内在基因还要从改革开放40年的实验中汲取经验。改革开放40年来，我国做对了什么？成功的财政改革首当其冲。大国财政建设：中国模式与中国经验——一是抓住基础设施建设等“投资”这个“抓手”，实现经济腾飞，经济总量跃升。二是1994年分税制税收返还调动中央和地方两个积极性，实现政府间财政关系治理＋流转税为主的税制结构——“效率优先，兼顾公平”，从而做大财政“蛋糕”。三是财政事权与支出责任匹配的体制建设不求“一步到位”、一劳永逸，务实为主，在“摸着石头过河”的动态博弈过程中不断完善。就产业结构来看，近年来我国第三产业比重逐渐超过第二产业。雾霾等环保压力、营改增等税制改革都有助于环境友好型的服务业的发展；就城乡结构来看，近年来高企的房地产库存在促使房地产企业向农民卖房，新型城镇化的比重也在提高。以常住人口来看，我国城镇化的比例也已经超过了50%。国家发展和改革委员会组织编写的《国家新型城镇化报告2016》显示，2016年我国城镇化率为57%。为了缩小城乡发展差距，我党越来越重视解决“三农”问题。农业农村农民问题是关系国计民生的根本性问题，必须始终把解决好“三农”问题作为全党工作重中之重。十九大报告指出在全面建成小康社会的决胜期，我国要紧扣主要矛盾的变化实施乡村振兴战略，要加强农村基层基础工作，健全自治、法治、德治相结合的乡村治理体系；就区域结构来看，随着劳动力成本的不断上升，人口等因素在驱动富士康等企业不断西进。2016年重庆经济增长的一枝独秀也在表明我国区域经济差距在不断缩小。

如果回过头来看，10年前、20年前、30年前困扰我们的产业结构、城乡差距、区域差距问题，似乎已经得到了缓解和改善。如果这种判断真正成立的话，我国财政政策是如何做到这一点的呢？是否可以认为我国过去30多年的财政治理真正抓住了“牛鼻子”，也就是说，坚持经济建设为中心不动摇，财政“近乎任性”坚持不懈地推进基础设施领域的投资、保持经济高速和中高速发展，真正使这些结构性问题在发展中得到了解决。这样看来，我国财政政策的宏观调控的传导机制就不能以常规来论，我国财政政策的宏观调控真正立意高远，就像“下围棋”一般堵住了“棋眼”，“一招得力，满盘皆活”。一是高瞻远瞩，着眼数十年；二是统揽全国，不局限于一城一池。

2. 扎根于新时代中国特色社会主义的伟大财政实践

党的十八届三中全会指出，财政是国家治理的基础和重要支柱。财政政策是国家治理的重要抓手。深入研究财政政策对宏观调控目标的传导效应，切实根据中国目前的具体国情运用适当的财政政策，对于推进国家治理体系和治理能力的现代化具有重要意义。

我国在1993—2012年期间，政府四次较大规模的运用财政政策进行宏观调控，政策着力于用“投资”和“出口”进行需求管理，重点是对经济总量进行调控，主要以经济增长速度作为衡量财政政策有效性的标准。其原因是我国在很长的一段时间内生产力比较落后，经济体量比较小，社会的主要矛盾是人民日益增长的物质文化需求与落后的社会生产之间的矛盾。要想实现全体人民的共同富裕，必须先把“蛋糕”做大。“以经济建设为中心”战略指导下的财政政策确实发挥了很大作用，2010年我国超越日本成为仅次于美国的世界第二大经济体。然而2012年以后，受国际金融危机的影响，我国经济下行压力较大，明显低于改革开放以来我国的长期增长速度。刘明远、蔡昉以及中国经济增长前沿课题组等学者认为当前中国经济减速的原因是经济的潜在增长率下降，改革开放初期的人口红利、改革红利、参与经济全球化红利、后发优势红利逐渐消失，产业结构升级受阻，城乡收入差距、地区差距逐步扩大，环境污染日益严重。在这样的背景下，2015 年中央做出我国经济已进入新常态的重大判断，指出我国下一阶段宏观调控应在适当扩大总需求的同时，着力加强供给侧结构性改革。供给侧结构性改革至此正式成为政府的政策重点。供给侧结构性改革的重点是“三去一降一补”，即去杠杆、去产能、去库存、降成本以及补短板。因此，我国的财政政策也必须发挥好国家治理的抓手的作用，综合运用多种政策工具，从注重总量调控转向注重结构调控，促进经济增长动力转变，提高全要素生产率，实现我国经济的长期稳定发展。2018 年政府工作报告指出，过去五年我国坚持以供给侧结构性改革为主线，紧紧依靠改革破解经济发展和结构失衡难题，大力发展新兴产业，改造提升传统产业，提高供给体系质量和效率。由此可见，过去五年我国的供给侧结构性改革取得了重要成就，下一步政府要继续深入推进供给侧结构性改革，建设创新型国家，深入实施创新驱动发展战略。

2018 年中央经济工作会议指出，中国特色社会主义进入了新时代，我国经济发展也进入了新时代——我国经济已由高速增长阶段转向高质量发展阶段。与这一阶段性特征相适应，2017 年我国财政收支质量进一步提升，主要表现在以下几个方面：第一，一般公共预算收入和税收收入“双双”企稳回升；第二，财政收入质量提高。财政收入中税收收入所占比例上升、非税收入所占比例下降；第三，财政收入结构进一步优化。产业对财政收入的贡献加大，区域间财政收入增长的均衡性进一步提高；第四，2017 年我国一般公共预算支出首次突破 20 万亿元，各项重点支出得到较好保障，亮点纷呈。这有利于解决我国社会经济发展不平衡不充分问题、促进供给侧结构性改革以及改善生态环境。在 2018 年 3 月 20 日发布的 2018 年政府工作报告中，李克强总理指出今年我国发展主要预期目标是，国内生产总值（GDP）增长6.5%左右，这一安排也体现高质量发展指向。我国经济发展从重视增长速度转变为注重发展质量，从注重经济规模转变为注重发展效益，是量变向质变的必然要求。为了实现高质量发展，下一步财政工作要继续把握住供给侧结构性改革这一主线，重点围绕2018年中央经济工作会议确定的决胜全面建成小康社会的防范化解重大风险、精准脱贫、污染防治三大攻坚战开展工作。第一，继续抓好“三去一降一补”，继续减税降费，给实体经济“减负”；第二，要防范化解重大风险，更加强调精准扶贫和污染防治。这在财政方面就体现在我国政府要规范PPP和管好地方债，处理好中央和地方财政的关系，运用财政学的新逻辑去看待政府与市场的关系，将政府部门与社会资本放在平等的地位上；第三，要推动财税体制改革，加快建立完善绿色税制，在经济增长中更加注重环境的可持续发展。

我国的财政政策在立足国内基本情况的同时，还要着眼国际。中国作为全球第二大经济体，在经济全球化中的地位举足轻重，我国未来深入推进改革有必要从大国经济、大国财政入手思考全球化背景下的应对。政府行为与财政行为之间有着高度的重合性和内在统一性。中国改革开放40多年来取得了重大成就，财政学应当为中国社会经济的发展成就树碑立传，扎根于中国大地，中国财政学的发展才能有不竭动力。

3. 广泛汲取现代科学营养

财政学要想保持长久的生命力，必须与时俱进，广泛汲取各个学科的优秀成果。只有这样才能成为国家治理的基础和重要支柱，推动国家治理体系和治理能力现代化。2017年诺贝尔经济学奖被授予行为经济学（behavioral economics）的代表人物理查德·泰勒（Richard H. Thaler），在某种意义上代表了有限理性战胜了完全理性。行为经济学是20世纪70年代才兴起的具有重要影响的经济学流派，它将经济学与心理学结合在一起。这种经济学流派的观点主要包括以下内容：一是有限理性（bounded rationality）。传统的经济学理论的基本假设就是“理性人”假设，而行为经济学认为由于个人认识能力的有限性，人并不能在任何情况下都做到完全理性；二是心理账户（mental accounting，Psychic Accounting）。即我们会在自己心里建立多个账户，来供平时决策参考，并把不同的事计入不同的账户中，而且我们习惯于只看这些事的狭隘影响，而忽略总体影响；三是禀赋效应（Endowment Effect）。禀赋效应是指当个人一旦拥有某项物品，那么他对该物品价值的评价要比未拥有之前大大增加。行为经济学以有限理性为逻辑起点，在构建新时代中国特色社会主义财政学的过程中吸收行为经济学的优秀成果有利于增强财政学对现实问题解释的科学性。

行为财政学是行为经济学和财政学结合的产物，它的研究涉及财政收入、财政支出以及财政政策等有关领域。建设有中国特色的新时代社会主义财政学，可以把“助推”（nudge）理论运用于政府部门制定公共政策，提供公共服务的过程中。“助推”原义是指“用胳膊肘等身体部位轻推或轻戳，以提醒或引起别人的注意”。泰勒和桑斯坦将“助推”定义为运用非强制的手段引导人们行为，以达到某种政府希望达到的目标，他们认为“助推”是开明的家长式管理。其作用原理在于，既然人类经济决策并非“完全理性”、容易受到外部环境的影响，那么政府可以因势利导、通过微小的影响或者非常小的代价使人们做出符合公共利益的决策。近年来，“助推”理论在政府政策方面的应用主要集中于器官捐赠、慈善捐赠、社会保障以及政府监管方面。我国政府可以结合我国的基本国情，进一步创新“助推”理论在完善政府工作流程的运用机制。以北京市地税征管为例，税收征管总是面临着多方面的挑战。一方面征纳双方存在着信息不对称问题，纳税人可利用政府部门难以掌握的信息偷逃税款，另一方面，税务机关征管资源和征管对象严重不匹配，而且越来越不匹配。北京地区有1600万自然人、160余万户企业纳税人，征管干部却只有7000人，每年新增纳税人20万户，而税务机关每年仅新增干部20人。同时，每年有大量纳税人“无税申报”。在这种背景下，税务部门为了提高“有效申报率”，在纳税人网上申报率达到95%的基础上，利用“互联网+”的现实有利条件，向零申报纳税人增加了“警告和提醒”模块，并且纳税人要“确认”三遍，将纳税人偷逃税的风险和可能面临的处罚、对纳税人正常经营可能产生的负面影响充分揭示给纳税人。正是这一模块的增加使得北京地税当年增收超过100亿元。这一案例是行为财政学在税收征管中的成功实践，值得我们反思和总结，将其推广应用于其他相关领域，推动政府公共政策的有效实施，提高政府所提供公共服务的质量。

参考文献

［1］安体富.社会主义市场经济下的财税改革［J］.中国人民大学学报，1993(2).

［2］安体富.关于社会主义市场经济体制与税制结构的几个问题［J］.财政研究，1993 (10).

［3］巴曙松.地方政府投融资平台的发展及其风险评估［J］.西南金融，2009(9).

［4］巴曙松.地方政府投融资平台应尽快规范［N］.文汇报，2009年8月.

［5］白余清.改进现行分税制中的税收返还办法　实行规范化的转移支付制度［J］.中央财政金融学院学报，1995 (2).

［6］白彦锋.大国财政有容乃大［J］.财政监督，2015 (10).

［7］白彦锋，吴哲方.增值税中央与地方分享比例问题研究［J］.财贸经济，2010 (3).

［8］白彦锋.跨国公司发展与大国财政建设［N］.中国财经报，2016年9月10日.

[9] 白彦锋．“大国财政”让企业“大胆走出去”［J］．经济与管理评论，2016（9）．

[10] 白艳娟．地方政府融资平台举债行为及其影响分析［M］．中国农业出版社，2015.

[11] 财政部预算司．地方政府债务规模控制与风险预警国际研讨会会议综述［J］．经济参考研究，2008（62）．

[12] 财政部预算司考察团．美国、加拿大州（省）、地方政府债务情况考察报告［J］．财政研究，2010（2）．

[13] 陈东．城市公用事业运营模式改革：以上海为例的研究［J］．上海经济研究，2006（11）．

[14] 陈共．财政学对象的重新思考［J］．财政研究，2015（4）．

[15] 陈共．财政学（第九版）［M］．中国人民大学出版社，2017.

[16] 陈少强．中央代发地方债研究［J］．中央财经大学学报，2009（7）．

[17] 储敏伟．分税制若干理论与实践问题探索［J］．财经研究，1993（12）．

[18] 丛树海．分税制策略［J］．财政研究，1988（10）．

[19] 邓力平，曾聪．浅议“大国财政”构建．财政研究，2014（6）．

[20] 邓力平．大国财政理念的再认识．经济研究参考，2016（2）．

[21] 邓子基．改革开放二十载　财政理论写新篇［J］．厦门大学学报，1998（4）．

[22] 邓子基，唐文倩．土地财政理论与实践［M］．经济科学出版社，2012.

[23] 董仕军，中国地方政府投融资平台公司改革与债务风险防控［M］．经济管理出版社，2015.

[24] 冯李婷．我国地方政府投融资平台现状研究［J］．商情，2014（9）．

[25] 高培勇．论国家治理现代化框架下的财政基础理论建设［J］．中国社会科学，2014（12）．

[26] 何振一．财政分级形式改革的研究［J］．财贸经济，1988（5）．

[27] 何振一．发展市场经济必须实行分税制［J］．财政，1993（11）．

[28] 胡鞍钢．分税制：评价与建议［J］．税务研究，1997（2）．

[29] 郭宝华，熊英．地方政府投融资平台问题研究［J］．市场论坛，2010

(11).

[30] 郭庆旺. 以习近平新时代中国特色社会主义思想指导新时代中国财政理论创新和财政制度建设 [J]. 财政科学，2017 (11).

[31] 何代欣. 大国财政转型轨迹及其总体框架 [J]. 改革，2016 (8).

[32] 黄永富. 我国参与全球经济治理的策略建议 [N]. 中国经贸导刊，2014 年 12 月 20 日.

[33] 姜彬. 从制度演进的角度考察地方财政融资与担保 [J]. 生产力研究，2008 (12).

[34] 江凯，鄢斗，杨美英. 国际经验视角下我国地方政府融资模式探讨 [J]. 河北金融，2011 (9).

[35] 金大卫. 我国地方政府发债：制度根源、风险控制、法律规范 [J]. 财政研究，2010 (1).

[36] 井手文雄. 日本现代财政学 [M]. 中国财政经济出版社，1990.

[37] 柯永果. 分级分税制的一般理论 [J]. 经济问题，1995 (6).

[38] 李俊文. 地方政府机构的银行融资情况研究 [J]. 经济问题探索，2008 (10).

[39] 李俊生. 从实际出发看分税制改革 [J]. 党校论坛，1994 (1).

[40] 李俊生，王斌. 试论公共价值革命——关于公共管理范式对 21 世纪财政理论发展影响的若干思考 [J]. 中央财经大学学报，2010 (6).

[41] 李俊生，姚东旻. 互联网搜索服务的性质与其市场供给方式初探——基于新市场财政学的分析 [J]. 管理世界，2016 (8).

[42] 李俊生，姚东旻. 重构政府与市场的关系——新市场财政学的“国家观”“政府观”及其理论渊源 [J]，财政研究，2018 (1).

[43] 凌涛. 日本财政投融资体制及启示 [J]. 金融研究，1992 (11).

[44] 刘进，周少云. 关于建立我国分税制模式的设想 [J]. 外国经济与管理，1988 (6).

[45] 楼继伟. 楼继伟同志在 2013 年全国财政工作会议上的讲话. 北京，2013 年 12 月 25 日.

[46] 楼继伟. 楼继伟同志在 2014 年全国财政工作会议上的讲话. 北京，2014 年

12 月 29 日.

[47] 楼继伟. 主动适应经济发展新常态不断开创财政事业新局面 [J]. 中国财政. 2015 (4).

[48] 楼继伟. 深化财税体制改革建立现代财政制度 [J]. 求是, 2014 (20).

[49] 刘汉屏. 地方政府提供公共产品的经济学分析 [J]. 审计与经济研究, 2007 (1).

[50] 刘尚希. 大国财政的路径和建议 [J]. 经济研究参考, 2016 (2).

[51] 刘尚希. 国家治理与大国财政的逻辑关联 [J]. 财政监督, 2015 (10).

[52] 吕冰洋. 2015 大国财政与社会治理 [J]. 财政监督, 2015 (10).

[53] 刘晓路. 现代财政制度的强国性与集中性基于荷兰和英国财政史的分析 [J]. 中国人民大学学报, 2014 (5).

[54] 卢洪友. 中国的大国财政定位及建设之路 [J]. 地方财政研究, 2016 (1).

[55] 吕亚楠. 规范地方融资平台发展的对策研究 [J]. 现代经济信息, 2014 (16).

[56] 梅建明. 地方政府融资平台债务风险及可持续发展研究 [M]. 经济科学出版社, 2015 年.

[57] 马海涛. 新市场财政学: 批判、继承与开拓 [A]. 中国财政学会. 中国财政学会 2017 年年会暨第 21 次全国财政理论研讨会论文集 [C]. 中国财政学会, 2017.

[58] 马晓红. 我国城投债市场发展的思考 [J]. 金融经济, 2011 (11).

[59] 内山昭 [日] 著. 施锦芳译. 日本发行地方债的经验及教训. 见: 寇铁军. 地方财政与体制创新 [M]. 东北财经大学出版社, 2011.

[60] 欧文汉. 关于财政促进国家治理现代化的思考 [J]. 财政研究, 2015 (8).

[61] 裴育, 欧阳华生. 地方债务风险预警程序与指标体系的构建 [J]. 当代财经, 2006 (3).

[62] 平新乔, 白洁. 中国财政分权与地方公共品的供给 [J]. 财贸经济, 2006 (2).

[63] 汪兴益. 对我国财政改革实践与发展的思考 [J]. 财政研究, 1998 (3).

[64] 王宏利. 财政支出、经济结构与预算绩效评价 [M]. 经济科学出版

社，2011.

［65］王黔京．地方政府融资平台建设中的问题及成因、挑战与应对［J］．贵州商业高等专科学校学报，2013（1）.

［66］王朝才．关于财政投融资的几个问题［J］．财政研究，1995（2）.

［67］王雍君，张志华．政府间财政关系［M］．中国经济出版社，1998.

［68］王永钦．中国地方政府融资平台的经济学［M］．上海人民出版社，2014.

［69］魏加宁．地方政府债务风险化解与新型城市化融资［M］．机械工业出版社，2014.

［70］魏礼群．由经济大国到经济强国的发展战略［J］．经济研究参考，2013（48）.

［71］吴晓明．商业银行政府融资平台类客户信用风险及防范［J］．上海企业，2014（9）.

［72］吴颖．财政支出体系完善与区域协调增长双目标匹配的机制设计［M］．中国社会科学出版社，2016.

［73］项怀诚．中国财政 50 年［M］．中国财政经济出版社，1999.

［74］习近平．习近平同志在出席金砖国家领导人第八次会晤时讲话，印度果阿，2016 年 10 月 16 日．

［75］习近平．习近平同志在瑞士达沃斯出席世界经济论坛 2017 年年会开幕式上的讲话，瑞士达沃斯，2017 年 1 月 17 日．

［76］谢旭人．中国财政 60 年（上卷）［M］．经济科学出版社，2009.

［77］信春霞．分税制下中央与地方财权事权的博弈关系［J］．四川财政，1998（8）.

［78］雪冬，王浩．全球治理（国家治理现代化丛书）［M］．中央编译出版社，2015.

［79］阎坤．对我国分税制财政体制改革的分析［J］．税务研究，2000（11）.

［80］杨大光，李存．地方政府投融资平台的债务规模、风险及化解对策［J］．当代经济研究，2014（9）.

［81］杨飞虎．我国地方政府融资平台问题及其治理研究［M］．经济管理出版社，2016.

［82］杨志勇，樊慧霞．新财政治理理论：大国财政与全球经济新秩序［J］．地方财政研究，2016（1）．

［83］俞可平．论国家治理现代化［M］．社会科学文献出版社，2014.

［84］袁静．城市建设举债的理论基础［J］．财经理论与实践，2001（9）．

［85］张理平．资产证券化与地方政府融资平台建设［J］．经济体制改革，2010（4）．

［86］张义博．中国财政支出结构的经济效应研究［M］．经济科学出版社，2015.

［87］张以坤．"费改税"：分税制下乡镇财政的必然选择［J］．财政研究，1996（11）．

［88］邹宇．加快政府投融资平台转型是实现可持续发展的必然选择——由政府主导向市场驱动转变［J］．城市，2008（11）．

［89］邹晓峰等．地方投融资体系建设的基本方向和政府角色定位［J］．中国集体经济．2009（16）．

［90］周春英．"大国财政"构建之困境与出路［J］．财政监督，2015（14）．

［91］周沅帆．城投债：中国式市政债券［M］．中信出版社，2010.

［92］周艳．比较国际经验探讨我国地方公债发行问题［J］．黑龙江对外经贸，2007（8）．

［93］朱琳．地方政府投融资运行机制研究平台［J］．商业时代，2010（30）．

财政学基础理论：批判与重构

◇ 刘晓路

摘　要：本文的写作目的是对国家治理财政观的理论基础和基本内容进行阐释。为此，首先指出了西方主流财政理论中的三个核心缺陷：国家缺失、社会缺失和公共产品理论的狭隘性。通过强调这些逻辑缺陷是由西方主流财政理论的基本框架所造成，无法在这一理论框架内部加以修正，为从新的视角重构财政理论提供了必要性依据。本文选择的新视角是“财政社会学”，在“财政社会学”基础上对财政理论进行重构。财政社会学中财政行为的主动性来自于政治精英理论。如果说政治精英理论是从政治精英为了获取和维护自己的领导地位的角度，产生了对财政的“统治需要”的话，那么“财政国家理论”，则从现代国家从战争中产生这一角度，提出了对财政的“战争需要”，而导致国家的“暴力控制需要”的根本原因，在于现代市场经济内含有不断产生系统性暴力的趋势。政治精英面对来自经济制度本身引起的暴力失控的巨大压力，如果不能控制这种系统性的暴力，政治精英的支配地位无从谈起，国家也有被倾覆的危险。现代财政因此内生于现代国家与现代经济之间的紧张关系之中，是联通国家与经济的桥梁，也是国家控制经济引发的暴力的阀门。如果说西方主流财政理论可以称之为“市场失灵财政观”的话，那么新财政理论，可以称之为与之对应的“国家治理财政观”。“国家治理财政观”和西方主流财政理论相比较，价值取向发生了从“优化资源配置”向“维护暴力平衡”的转变。

关键词：西方主流财政理论；财政社会学；国家治理财政观

一、西方主流财政理论中的逻辑缺陷

本部分从“国家缺失”“社会缺失”和“公共产品理论局限性”三个方面，指出西方主流经济理论中存在的逻辑缺陷，并且这些逻辑缺陷是由西方主流财政理论的基本框架所造成，无法在这一理论框架内部加以修正。

（一）国家缺失

西方主流的财政理论，也就是目前国内外教科书中最常见的财政学体系，基本都遵循图 1 这样的逻辑。

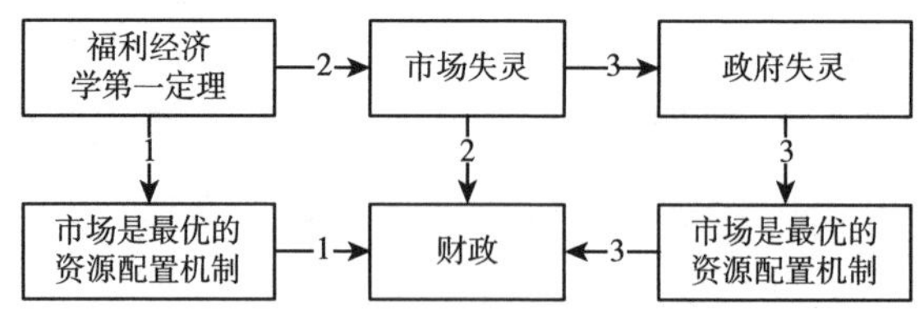

图 1　西方主流财政理论的逻辑框架

首先，根据福利经济学第一定理，市场是资源配置的最优机制，因此政府不应干预市场运行，财政规模也应当保持最小，这可以称之为是以斯密为代表、“看不见的手”理论为基础的古典主义财政观（线路1）。其次，指出市场失灵现象的普遍存在，破坏了福利经济学第一定理的有效性，因此主张政府进行干预，特别是提供市场无法提供的公共产品，财政规模应当与市场失灵程度相匹配，这可以称之为以马斯格雷夫与萨缪尔森为代表、公共产品理论为基础的新古典主义财政观（线路2）。再次，根据对政府干预后果的反思，提出政府失灵，也就是即便在市场机制失灵的场合，政府干预也不一定必要，因为政府失灵造成的福利损失有可能等于甚至超过市场失灵造成的福利损失，在这种情况下，市场依旧是最优的资源配置机制，所以仍然要减少政府干预，缩减财政规模，这可以称之为以布坎南为代表、公共选择理论为基础的新自由主义财政观（线路3）。因此在市场经济中，决定财政活动的范围和规模的原则主要有三个：不要影响市场机制的正常运作、弥补市场机制的不足和抑制财政的自我膨胀倾向。显然，不论是西方主流财政理论的哪一个分支中，国家都不是一个重要的组成部分，因而也没有关于国家性质的分析。

之所以会出现这种“国家缺失”的现象，是因为西方主流财政理论以“自由放任的多元主义”作为其政治前提。这个财政学的政治理论基础，在财政学教科书中没有很明确地表述出来，但却从根本上限定了西方主流财政理论的适用范围。所谓自由放任的多元主义，是指“与经济市场一样，政治舞台也构成一个竞争市场，在其中活动的每个人都可以出售他的观点。不同的集团和公共官员像自由竞争市场上的商人一样不停地讨价还价和进行交易。……因为政治体系是开放的和自我调节的，因此引导和调节政治秩序的国家权力就无容身之地了。在一个动态政治体系中，政治决策通过不断的谈判和妥协来达到。政府官员应当扮演一种仲裁人的角色，协调不同集团要求的冲突”（王沪宁，1986）。二战后美国财政学界的两位重要学者，新古典主义财政学的代表人物 Musgrave 和新自由主义财政学的代表人物 Buchanan，尽管有明显的学术差异，但在国家性质这一问题上观点却高度一致。Buchanan 指出，政府本身不过是一个复杂的交互过程，没有内在一致的选择函数。Musgrave 则认为国家简单来说就是一个契约制的风险企业，建立在个体成员的基础之上，并处理他们共同面对的问题（Buchanan，Musgrave，P23，P31）。他们不约而同地将国家看作一种程序和机制，而不是具有独立利益的实体，而这恰恰就是“自由放任的多元主义”的特征。对此，我们不禁要提出疑问，“自由放任的多元主义”是理解现代国家及其治理的唯一方式吗？这一理解即便在美国有效，在中国也有同样的解释力吗？对这两个问题的回答，恐怕都是否定的。

在西方学术界中，对于国家的认识，至少还存在马克思主义与韦伯主义两种重要观点。马克思主义认为“国家……在一切典型的时期毫无例外地都是统治阶级的国家，并且在一切场合在本质上都是镇压被压迫被剥削阶级的机器”（恩格斯，1891，P176）。也就是国家只会代表特定人群的利益。韦伯主义则认为“民族国家绝非只是单纯的上层建筑，绝非只是统治阶级的组织，相反，民族国家立足于根深蒂固的心理基础，这种心理基础存在于最广大的国民中，包括经济上受压迫的阶层”（韦伯，1997，P99）。这意味着国家是一种独立于社会利益集团影响之外的具有自主性的组织。显然，这两种观点都不可能认同“自由放任的多元主义”的国家观。从学术研究的角度，我们不能轻易做出这三种观点中孰对孰错的判断，但在考量现实时，不同理论在不同时代、不同国家中的适用性肯定是有差别的。放在中国当前的背景下，“自由放任的多元主义”明显是其中最缺乏实现机制的理论。以此作为政治前提的西方主流财政学，能否解释中国的财政实践，进一步说，能否引导中国的财政改革，难道不应该打上一个大大的问号吗?

（二）社会缺失

在图 1 所显示的西方主流财政理论的逻辑框架中，缺失的不仅是“国家”，还包括“社会”。事实上，在西方国家的财政实践中，“社会”因素占据着极其重要的地位。一方面，发达国家（美国、德国、日本）的社会性、福利性支出能够占到全部财政支出的 60% 以上（这还不包括规模巨大的社会性税收支出）。按照 OECD 的定义，这类支出的目的就在于将国民收入转移给低收入群体和弱势群体，实现社会公平，减少社会矛盾。另一方面，发达国家的个人所得税收入是财政收入的主要来源。根据税收理论，个人所得税相较于流转税，主要优点是有助于改善社会收入分配，对经济效率反而是有负面影响的，其社会性意图不言而喻。显然，在西方发达国家的财政收支中，“社会”因素发挥着突出作用，然而财政理论却不能与之相一致。与社会相关的问题，在西方常见的教科书中，一般都单设章节（如社会保障、收入再分配等）加以专门讨论，无法将其与财政学的基础理论融合。究其实，以市场分析为基础建立起来的西方主流财政理论，只能把“社会”看作是类似于自然环境的“背景”：背景固然不可忽视，但并非焦点所在。

Buchanan 所主张的“公共选择”理论，将社会大众通过投票行为展示出的偏好，纳入到预算决定的因素中来，原本能够部分地填补主流财政理论中“社会缺失”的不足。但事实上，流行的西方教科书中，仅仅采纳了这一理论中的“非仁慈政府”假设，将方法论个人主义和经济人假设应用到对公共部门内部行为人的分析上，从而更为一致地将公共部门与私人部门的经济分析统一起来。其结果反而是使得西方主流财政理论的“经济分析”倾向更为严重。Buchanan 所强调的作为一种社会成员相互作用的政治过程的财政，仅停留在理念层面上，无法用于分析日常的财政活动①。

（三）公共产品理论的局限性

对于西方主流财政理论来说，公共产品理论是极其重要的理论基石。虽然它通常被归类为财政支出理论的一部分，但由于财政支出是财政职能的明确体现，这就使得公共产品理论具有了界定财政职能、区分政府与市场边界的作用。在我国的财政理论与实践中，这一理论的重要性更加突出。自 1998 年提出建立公共财政框架后，公共财政理论基本上成为我国的主流财政理论。而“公共财政”往往被简化解读为“提供公共产品”的财政。如张馨在《公共财政论纲》（1999，P5）中提出，公共财政是“国家或政府为市场提供公共服务的分配活动或经济活动”。我国财政部在其官方网站上解释公共财政时，也将其理解为“在市场经济条件下……国家以社会和经济管理者身份……为社会提供公共产品和公共服务”②。他们都把公共产品（公共服务）视为公共财政必不可少的核心内容。然而，这样一个重要理论，其内在逻辑中存在着较为突出的缺陷。

根据 Samuelson（1954，1955），公共产品理论的前提是对产品市场进行的两分处理，即所有产品被分为公共产品与私人产品两类③。从

---

① 关于这一问题的更详细说明，参见马珺（2015）。

② http：//www. mof. gov. cn/zhuantihuigu/czjbqk1/jbqk/201405/t20140504_1074625. htm.

③ Samuelson 的原始论文中使用的是集体消费物品（collective consumption good）和公共消费物品（public consumption good）这样的表述，但现在主流的术语是公共物品（public good）。

而在原初的市场经济模式（图2a）中，增添了一种无法由私人部门分散提供的、只能由政府集中提供的产品：公共产品。政府为提供公共产品而进行的融资活动（税费债等）就是财政收入，为提供公共产品所承担的成本就是财政支出。

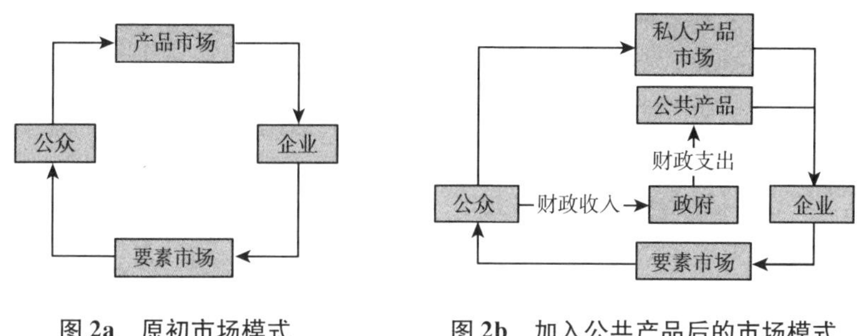

图 2a　原初市场模式　　**图 2b　加入公共产品后的市场模式**

对这一分析路径存在以下两点疑问：

第一，为什么要将产品分为私人产品和公共产品两个类别？譬如说，为什么不可以分为资本品和消费品、有外部性的产品和没有外部性的产品或是在市场上可盈利的产品和市场上不可盈利的产品？显然，只要确定某种分类标准，产品市场是可以有无穷多的分类法的。Samuelson之所以如此分类，只是因为这样最方便将政府集中的经济行为与分散的经济行为区分开来。但负面影响是，对“政府”的理解被这种分类法所束缚，导致政府原则上不应提供私人产品，以及不去考虑私人部门提供公共产品的可行性。但从现实看，后两种做法其实并不鲜见，如各国政府都在提供教育这种明显不具有公共产品性质的私人产品，而当前如火如荼的PPP项目正是私人部门介入公共产品提供的样板。这种纯粹为了理论建构需要而对政府行为所施加的限制，到底现实意义何在？如果政府真的将“公共产品”理论作为区分政府与市场的分界线，以此指导中国的政府改革，特别是财政改革，后果岂不令人担心？

第二，为什么只有产品被做了这样的区分？通过对产品进行分类来展示政府职能的做法，可以上溯到亚当·斯密的《国富论》。斯密（1983，P253）认为，君主义务（也就是政府职能）有三个：其一，保护社会使其不受其他独立社会的侵犯；其二，尽可能保护社会上的每个人，使其不受社会上任何其他人的侵害或者压迫，这就是说，要设立严正的司法机关；其三，建设并维持某些公共事业及某些公共设施（其建设和维持绝不是为着任何个人或任何少数人的利益），这种事业与设施在由大社会经营时，容易实现盈余；但若由个人或少数人经营，就决不能补偿所费。其中第三项内容就是通过设定产品分类标准来加以说明的，只不过斯密使用的不是Samuelson（1954，1955）的非竞争性标准，而是营利性标准或商业可持续性标准。然而，斯密所说的第一项和第二项政府职能，却不能经由产品分类来加以说明。

在论述第一项国防职能时，斯密仔细考察了狩猎民族、游牧民族、农业社会和文明社会中军事活动的差异后，指出军事组织自身的特性（士兵的来源、训练的便利程度、制造业的发达程度、战争技术的专业化等等）是决定政府应否承担国防支出的主要原因。例如游牧民族的生活习性使得他们人人都很容易变为战士，他们以战胜后的掠夺作为报酬的来源，因此君主或国家并不需要承担太多军事费用。但近代文明国家，经济越发达，人民对军事训练越忽视，国家因此不得不组建常备军，不但要提供战时的战争费用，还要维持平时的训练费用。从而使得国防费成为国家的主要支出项目。从这一分析可以看出，斯密之所以认为国防是重要的国家职能，并不是因为它具有非竞争性和非排他性的公共产品属性，而是因为近代国家使用暴力的形式发生了变化，迫使国家不得不承担这方面的费用。

在论及第二项司法行政职能时，斯密强调这种职能的必要性是随着财产增加和不平等程度提高而出现的，最终导致君主的司法权力的形成。但是，如果君主利用这种司法权力来为自己谋利的话，司法腐败就必然出现，导致社会中公道难寻。为此，司法经费应当由政府承担，并与行政权力脱钩，以免受到行政当局意向或经济政策变更的影响。这分析中值得注意的地方在于，斯密认为司法权力实际上本身就是门第与财产不平等的产物，因此导致该项职能出现的原因不在于司法公正是一种公共产品，而是对君主（政府）特权的认可。

综上所述，斯密在论及政府职能时所采用的标准，绝不仅仅限于对“产品”的分类，还包括了对军事组织形式的分类（常备军与非常备军）和对社会结构（特权者与非特权者）的分类。这就不免令人质疑，依据 Samuelson（1954，1955）的公共产品理论所界定的政府职能，有以偏概全之嫌。循着斯密的思路，在图 2a 所示的原初市场经济结构中，“公众”与“企业”这两个部门同样可以通过“两分法”创造出对政府及财政的需要。

1. 将公众划分为“统治者”与“被统治者”两类

Weber（2015）认为，“国家是有限地域范围内合法使用暴力的唯一垄断者”。据此，可以将“公众”划分为垄断了暴力的统治者（国家）和被剥夺了暴力的被统治者两个类别。North（2009，P13）指出，暴力是任何社会都必须面对的问题，并且任何社会都不可能通过消除暴力来解决暴力问题。唯一的办法是对暴力加以控制，而控制暴力就是国家形成和发展的原因。国家依靠垄断的暴力向被统治者收取租金（财政收入），转化为国家机器的经费（财政支出），进一步维持其暴力的垄断地位（如图 2c 所示）。由这一逻辑构建起来的国家职能或政府职能，似乎与斯密的国防职能类似，但国家暴力的指向不仅是外部有敌意的其他社会，更是社会内部可能出现的暴力滥用和失控。这种抑制暴力的作用也为具有这一职能的国家提供了合法性基础。

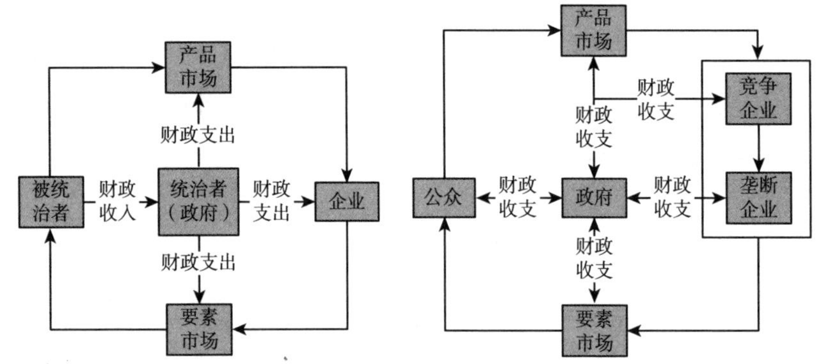

图 2c　统治因素加入后的市场模式　　**图 2d　垄断因素加入后的市场模式**

2. 将企业划分为“垄断企业”与“竞争企业”两类

100 年前，列宁（1916）在《帝国主义是资本主义的最高阶段》中，将垄断企业的出现视作资本主义发展的一个主要的和必然的特征。他进一步指出，垄断导致危机，危机促进垄断（P596）。其结果是产业垄断上升为金融垄断，“集中在少数人手里并且享有实际垄断权的金融资本，由于创办企业、发行有价证券、办理公债等等而获得大量的、愈来愈多的利润，巩固了金融寡头的统治，替垄断者向整个社会征收贡赋（P618）”。而垄断收益的一部分是通过政府来实现的，列宁就借利西斯之口指出，“金融寡头统治一切，既控制着报刊，又控制着政府”（P620）。列宁此后的分析转向了资本输出和帝国主义等问题，但我们不难顺着他的思路，考虑一下垄断者在面对由自身的垄断所创造和加重的经济危机中，对于政府职能会提出何种要求？显然，在借助资本输出和战争转移危机的同时，利用财政收支对整个经济体系的影响，可以使政府成为进行宏观调控、维护垄断收益的有力工具。例如个人所得税和福利性支出可以改善公众部门的收入分配，改变投资需求与消费需求的比例；对企业部门的购买性支出与科研投入，可以创造出有效需求与有效供给，等等。图 2d 反映了这种情形。

上面两种分类法，虽然与 Samuelson（1954，1955）分类法的理论依据不同，但逻辑却是一致的，即在原初市场模式的基础上，提出一种原初市场无法处理的问题（不论它是公共产品、合法化的暴力、还是垄断收益），为了解决这一问题就有必要引入政府与财政。这样这个“问题”自身的性质，就变成了政府和财政职能的规定性要求。提供公共产品，政府需要了解公众对公共产品的需求，以此为依据征税，来支付生产这些公共产品的成本；维持国家的暴力垄断地位，政府需要资金来维持国家机器运转，用于防范、缓和和压制国内外的暴力挑战；维护垄断企业的利益，需要政府有能力应对经济危机，而触角深入经济各个环节的财政收支，能够赋予政府进行宏观调控的强大能力。如前面所举的例子，既然在原初经济模型的每个节点上，都不难创造出类似的分类法和“问题”，至少我们可以说，仅用公共产品来界定政府与财政的职能，肯定是不全面的。甚至在某些情况下，由公共产品引申出的政府与财政职能，可能是相对次要的。就此而言，西方主流财政学理论，妨碍了从其他角度去理解和审视财政现象。

上述“国家缺失”“社会缺失”和“公共产品理论的局限性”三个问题，无法在西方主流财政理论框架中得到解决。对国家的忽视，源自西方主流财政理论的政治哲学前提；对社会的忽视，源自强调资源配置的经济学研究传统；对公共产品理论的依赖，则是一定要在经济学范畴内、使用经济分析的方法为政府与财政职能定位寻找理论依据的结果。既然不能在西方主流财政理论框架中修正这些问题，唯有另辟蹊径，创造新的财政理论框架。这种新理论必须能够将“国家”与“社会”因素纳入到财政学的理论基础中，并以此为依据界定财政的基本职能。

二、财政社会学基础上的财政理论重构

中国应不应该有自己的财政理论，能不能有自己的财政理论？这是激发本项研究的根本问题所在。40 多年来，中国改革开放取得了有目共睹的巨大成就。这一成绩的取得，虽然以引入市场经济因素为开端，但却是一个在国家控制下的有步骤的渐进过程，是在一个又一个五年计划、一次又一次人代会、党代会中不断反思教训、总结经验实现的。这种情况，在人类历史上绝无仅有。亲身经历这一过程的人，完全有理由具有“中国特色社会主义道路自信、理论自信、制度自信、文化自信”。但在财政学界，这种自信并没有转换成与之相应的有中国特色的社会主义财政理论。放眼中国高校，几乎所有的财政学教材都以西方财政学或公共经济学教材为蓝本，主流西方财政学和经济学背后的价值观与世界观也因此成为判断中国财政活动合理与否的主要依据。西方主流财政学是西方学者研究本国财政现象形成的知识结晶，其中必然有可取之处，值得我们学习借鉴。但在中国这一国情与西方差异巨大的土地上，基于中国国情的财政理论完全失声，这绝对不能说是一种正常现象。计划经济时代，面对苏联财政理论，老一代财政学者几乎是从零开始构建起了“国家分配论”，最终使这一符合当时中国国情的理论获得主导地位。今天，面对西方主流财政理论的强势地位，这一代财政学者也不应默不作声。

那么，重构中国的财政学学理论应当从何做起？首当其冲的是当年老一辈财政学者在基础理论研究中所面对的一个基本问题：财政学的研究对象。王传纶（1958）指出，“探讨财政学的对象，实际上是要研究两个问题：第一，各个历史时期各种经济现象中哪些属于财政现

象；第二，从这些财政现象来考虑它们特殊的本质，即回答什么是财政的问题”。前者强调研究方法，认为历史归纳法应当是财政基础理论构建的主要方法，与西方主流财政理论参照经济学原理抽象构建理论的“演绎法”特征大相径庭。后者则将财政是个“国家”现象还是“商品交换”现象，作为财政基础理论中的核心问题，并得出“和财政现象的发生有本质联系，乃是国家的产生和发展”这一结论。借鉴这一研究思路，本部分从回顾总结财政社会学的基本理论入手，探讨财政学的研究对象问题。

（一）财政社会学视角

在20世纪初，当主流财政学范式从“政治经济学时代”向“经济学时代”转变之时①，欧陆国家中曾出现过另一种不同的研究视角，即财政社会学。虽然在财政研究中心从欧洲向美国转移的背景下，这一学派的声音被淹没了，但却为当前构建“非主流”财政理论，提供了出发点。

根据McLure（2003），财政社会学有奥地利学派和意大利学派两个起源。

奥地利学派的代表人物为Goldscheid和Schumpeter，两者的分析重点都在“税收国家”（以税收为主要收入来源的国家）的财政危机这一现象上。Goldscheid（1925）深受马克思的影响，认为国家持续不断的借债和征税偿债的行为，反映的是公债债权人（资本家）与纳税人（工人）之间的阶级斗争，因此财政制度是与资本主义相配合的一种制度，财政危机也就是资本主义危机的一种表现。Schumpeter（1918）认为“税收国家”是私人需要和公共需要之间的复杂性不断发展的产物，

---

① 财政学的历史演变问题，参见附录二。

强调利益集团（而不是阶级）之间的权力斗争是理解财政行为的关键。财政不是经济活动的结果，而是经济活动的原因，“财政因素是促成现当代国家产生的直接因素……最终导致了自由个体经济的形成……国家的手上拿着税单，便可以渗透到私有经济中去，可以赢得对它们的日益扩大的管辖权。一旦税收成为事实，它就好像一柄把手，社会力量可以握住它，从而变革社会结构”。

意大利学派以 Pareto 为代表人物，他在研究生涯的初期以经济均衡为核心研究对象，但在后期却将社会均衡置于经济均衡之上，其分析框架如图 3 所示（McLure，2008）。

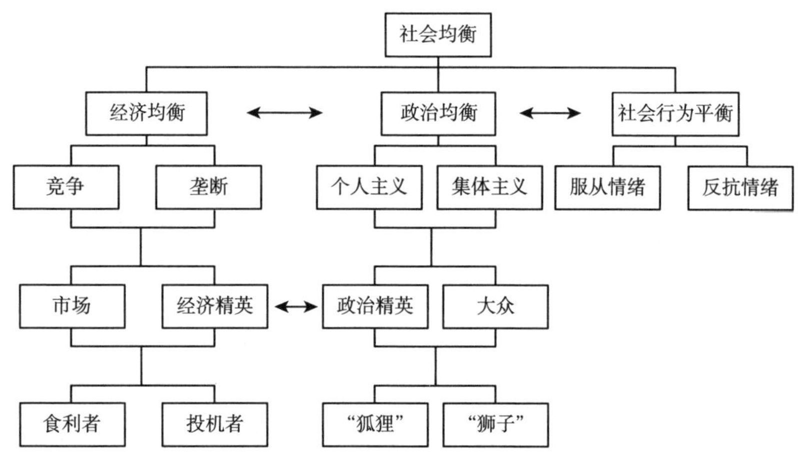

图 3　Pareto 的社会均衡分析

其中，经济均衡既受到竞争与垄断市场上逻辑行为的影响，也受到经济精英中风险厌恶的食利者和风险偏好的投机者的非逻辑行为的影响。前一影响是经济学的研究对象，后一影响则是社会学的研究对象。

政治均衡表现为具有不同特征的政治精英群体（被比喻为狡猾的“狐狸”和强力的“狮子”）间的权力平衡，但其本质在于个人主义

（权力掌握在个人手中）与集体主义（权力掌握在国家手中）之间的平衡。政治精英对经济精英具有恩庇－侍从关系，具有个人主义倾向的“狐狸”型政治精英倾向于通过劝说的方式与经济精英达成一致，具有集体主义倾向的“狮子”型政治精英倾向于使用强制力迫使经济精英的服从。这两种类型的精英谁能够掌握更多的权力，取决于哪一方能从大众中获得更多的支持，因而受到社会行为中服从意志与反抗意志多寡的影响。

社会行为平衡取决于服从情绪与反抗情绪在精英与大众之间的分布状况，服从情绪希望维持现状，反抗情绪希望发生变革。稳定的社会均衡体现在经济均衡和政治均衡中，这是精英发挥着主要作用的领域。但社会大众的情绪状况限制了精英影响大众的能力，从而对能否达到社会均衡构成了约束条件。当反抗情绪与服从情绪的关系发生变动时，能够更好利用这一态势的政治精英将获得权力，取代原有的精英，而这些政治精英对强制与劝说的偏好，将会影响到与之结盟的经济精英的沉浮，进而改变经济均衡。

在这一框架中，经济均衡被嵌入到了社会均衡之中，追逐经济利益的理性行为受到政治领域中半理性行为（受到个人主义和集体主义信念的影响）和社会行为中非理性情绪（反抗或服从）的影响，无法自我决定。财政活动由于与社会均衡三方面的内容全都相关，因而具有了极为突出的重要性。政治精英们的集权（对应于集体主义）或分权（对应于个人主义）偏好，会通过财政影响经济均衡，同时财政作为非自愿性的财富在个人和群体间的“超经济再分配”，可以影响社会情绪的走向。

20 世纪初产生的两个财政社会学流派，在两个方面具有共性。首先，它们都认为财政现象要置于大的社会背景中才能加以理解，其中经济因素固然重要，但政治与社会的制度结构也不可忽视，如 Goldsc-

heid 强调的资本主义内在矛盾和 Pareto 对精英与大众、食利者与投机者的区分。其次，它们都认为财政现象不是经济活动造成的被动的“果”，而是能够影响政治、经济与社会的主动的“因”。这一想法 Schumpeter 展示的最为清楚：当“国家”使用税收这一“门把手”打开千家万户之时，是国家的性质这一因素，在很大程度上决定着“门把手”的具体形式，以及哪些门户将会被打开。

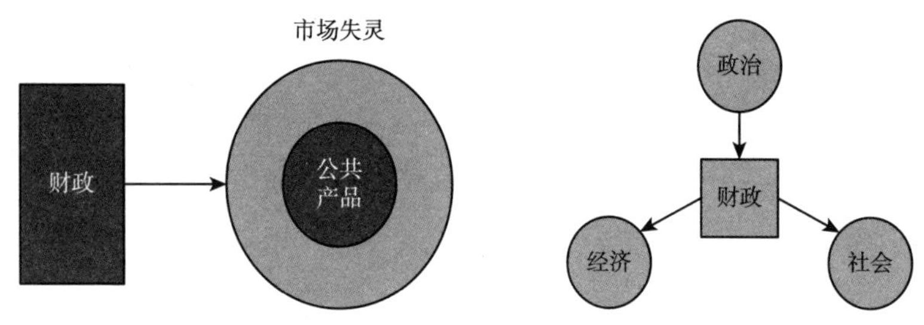

图 4a　主流财政理论中的财政　　图 4b　财政社会学理论中的财政

通过图 4a 与图 4b，可以看到西方主流财政理论与财政社会学理论在解释财政本质方面的重大区别。前者认为财政是个经济现象，财政存在的必要性在于纠正市场失灵，特别是提供公共产品，因此财政是维持市场机制正常运行的客观需要的产物。但后者认为财政是政治、经济和社会共同作用的领域，具体表现为政治精英通过财政活动控制经济精英和驾驭社会情绪，政治精英的主观能动性在其中发挥着重要作用。换言之，财政作用于经济，但在很大程度上独立于经济。那么，能不能说财政也独立于社会呢？比如说，西方民主制度不就是通过选举来使社会力量控制政治权力的吗？为了回答这个问题，有必要对政治精英理论进行一些探讨。

（二）政治精英理论

在财政社会学框架中，财政的能动性是由政治精英赋予的。20 世纪初出现了一批奠定政治精英理论的学者，Pareto、Schumpeter 和 Weber 是其中的代表人物。他们反对不切实际的纯粹民主“幻想”，认为不论在哪个时代，都只能依靠一个人数较少的精英团体担当起主要政治和社会行动者的角色。有效的国家治理只能依靠具有政治意愿、信心和预见性的睿智领导人。所以他们关注政治精英应当具有何种品质才能成为合格的国家领袖，以及这种品质会如何被侵蚀，并被新的具有该种品质的政治精英所取代。与此相配合的民主制度是精英民主制，即通过竞争性的选举程序筛选出最有可能具有上述品质的政治精英，成为国家领袖。

1. Pareto 的精英理论

帕累托（2003）指出了这样一个事实，“历史上，除了偶尔的间断外，各民族始终是被精英统治着……精英是指最强有力、最生气勃勃和最精明能干的人，而无论好人还是坏人”。精英处于持续不断的浮沉之中，既有生理学定律的原因，也是因为他们的力量来自于受他们所支配、所驱动的社会大众，而大众的情绪会发生改变。“新的精英力图取代旧的精英，或仅仅想分享后者的权力和荣耀。但是，他们并不公开坦诚地承认这种意图。相反，他们充当一切被压迫者的领袖，宣称他们所追求的不是自己的私利，而是许多人的利益；他们所为之战斗的不是一个有限阶级的权利，而是绝大多数公民的权利”（帕累托，2003）。换言之，政治精英依靠对于社会大众情绪的把握获得治理国家的力量与合法性，但政治精英不是社会大众的代理人，而是始终拥有独立意志的个体，具有高度的自主性。一旦政治精英成为国家领袖，作为国家行为的财政活动，也就带上了这种独立意志的烙印，从而构成了财政发挥能动作用的基础。

Puviani（1903）提出的“财政幻觉”最早将精英理论应用于财政社会学研究。所谓幻觉，要么是看到了不存在的东西，要么是看不到实际存在的东西。在财政领域，对于纳税人来说，最优规模应当由税收的边际痛苦等于财政支出的边际收益来决定。但对于希望扩张政府预算规模的政治家来说，他们会竭力创造出财政幻觉来掩盖税收的负面效果和夸大财政支出的正面效果，从而扭曲了纳税人的选择。这一观点被 Buchanan（1960）引入美国后促成了公共选择理论的产生。Buchanan 和 Gordon Tullock（1962）指出，民选政府可以被寻租的官僚、政治家和利益集团所控制，通过税收来向少数精英转移资源。

2. Schumpeter 的精英理论

熊彼特（1999）在《资本主义、社会主义与民主》一书中，通过批判古典民主政治理论，提出了与 Pareto 极为类似的精英理论。他将古典民主政治理论定义为，“为实现共同福利作出政治决定的制度安排，其方式是使人民通过选举选出一些人，让他们集合在一起来执行它的意志，决定重大问题”。然而由于三方面的原因，这样的制度完全不可能实现。首先，不存在全体人民能够同意或者用合理论证的力量可使其同意的独一无二地决定的共同福利。其次，即使有一种充分明确的共同福利证明能为所有人接受，并不意味着对各个问题都能有同等明确的回答。再次，由于上述两个原因，“人民意志”是不存在的，因为这个概念以存在人人认辨得出的独一无二地决定的共同福利为先决条件。因此，“民主方法就是那种为作出政治决定而实行的制度安排，在这种安排中，某些人通过争取人民的选票取得作决定的权力”。这其中的“某些人”，就是政治家。他进而提出，民主政治就是政治家的统治，为了赢取选票获得统治的权力。就像经营石油的实业家的行为不一定符合对服务和效率的责任感和理想一样，经营选票的政治家的所作所为也会时常地偏离与他们有关系的集团的利益。这种对于政治家的描述与 Pareto 所说的政治精英一样，具有高度的自主性。

3. Weber 的精英理论

如果说 Pareto 和 Schumpeter 的精英理论旨在指出“精英”现象是任何时代、任何制度下都不可避免的普遍事实的话，Weber 的精英理论[①]则重在强调精英与现代国家之间具有紧密联系，会随着现代国家理性化程度的提高而相应提高自己的治理能力。在 Weber（2015）的笔下，精英是支配者，国家则是人民之中支配者与被支配者之间关系的反映，而这种关系是由正当的暴力手段来支持的。因此，国家和精英来自于同一个概念：支配。现代国家与此前的国家的不同之处之一，在于它采用了官僚制支配这一特殊的形式。

Weber 将“国家”定义为一个组织，而“现代化”意味着在任何现代组织中都会发生如下变化：动态取代稳定、法制取代传统、建构取代模仿与继承、差异取代一致、专业取代业余、复杂取代简单、效率取代浪费。因此现代国家将不可避免地发展成为最富效率的官僚制形式，居于官僚顶峰的精英们摆脱了依据出身、头衔、血统等特权来获得支配优势的传统方式，将依托国家制度发展而来的专业政治与管理技能作为立身之本。在这一背景下，法制框架、复杂规则和程序性限制不但不会削弱精英的权力，反而放大了精英的国家治理能力。高度制度化的国家，更加凸显出社会大众组织性的欠缺。

Weber 认为现代国家的官僚制或理性特征是现代政治精英产生的基础，使得精英的来源有了远超以往的流动性。前现代的精英往往局限于贵族、教士等特定团体中，但现代精英则可能来自各个阶层，因为行政管理能力不是任何一个社会集团的专属能力。精英的专业化特征越明显，某个社会利益集团影响精英决策的能力也就越弱，精英的独立性也就越强。

---

① Weber 不使用“精英”这一术语，而是将其称之为“领袖（Leader）”或“少数统治者（Ruling Minorities）”。

以精英为首的现代国家，不以目标作为其本质特征，因为“没有什么任务，不被某些政治团体列为自己的工作，但是，也没有什么任务，能够说完全专属于以政治为目标组织起来的团体……站在社会学的角度给现代国家下定义，只能根据它所特有的手段，即使用暴力的能力”。换言之，没有什么事是国家不能做的，唯有一件事是国家必须做的，那就是对暴力的控制①。

4. 小结

精英理论为财政社会学中财政行为的主动性，提供了理论基础。国家行为由政治精英主导是客观存在的普遍历史现象，现代国家中的民主制度与官僚制度与此并不冲突，仅是改变了精英主导的方式，甚至还增强了精英进行国家治理的能力。Weber 的观点对于 Pareto 和 Schumpeter 的财政社会学框架进行了一定程度的“现代化”修正，在现代背景下，国家与官僚制精英具有同源性，从国家制度中产生了政治精英，政治精英体现了国家的意志。现代政治精英不仅要具有 Pareto 所说的能力突出的特征，还必须把自己结合到国家制度中去，这就意味着对财政产生直接影响的政治活动，就是官僚制精英所控制的“国家”的活动。因此，我们将图 4b 修改为图 5。

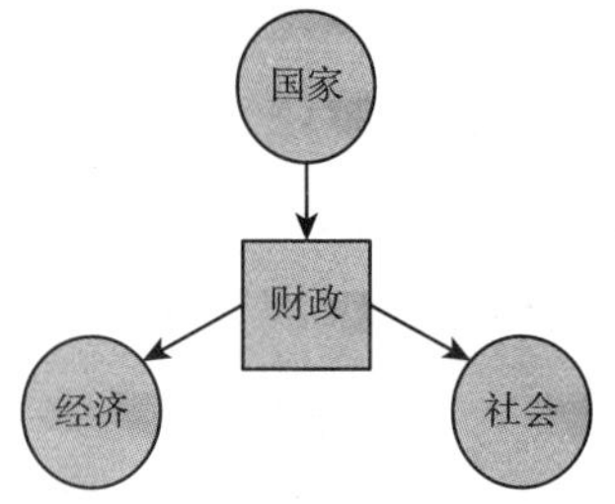

图 5　基于政治精英理论的财政社会学修正

① 这与西方主流财政理论中，一定要在政府行为和市场行为之间划分出一条界线的思路，形成了鲜明的对比。

Weber的观点引出两个对政治精英行为的约束。其一，政治精英的行为受到国家制度的约束，否则就会被“国家”所排斥；其二，政治精英的行为必须确保“国家”的存在，即必须能够控制暴力，否则政治精英会随着国家的衰败而消亡。对于作为国家行为的财政来说，前者意味着“法制性”，后者则意味着，财政必须以暴力控制为基本目标。后一个问题在西方主流财政理论中很少提及，有必要加以专门讨论。

（三）财政国家理论

1. Schumpeter的财政国家理论

Schumpeter（1918）在说明税收国家的成因时，强调了国家的财政形态变化这一因素。他指出，中世纪的国家主要依靠君主自有领地上的收入来满足支出需要，但随着16世纪以来战争费用的上升，领地收入越来越不敷使用，最终转向对臣民征税，并为此建立起相应的国家机构，使得国家财政与王室领地相分离，税收国家就此出现。因此，从“领地国家”向“税收国家”的转变，表现出财政对于政治、经济和社会的巨大影响，可以说没有现代财政，就没有现代国家。

在近20年中，经济史研究中出现了一系列支持Schumpeter看法的著作。Brewer（1990）对英国“财政军事国家”的开创性研究，从历史角度对上述理论提供了支撑。他指出，英国的财政军事国家包含了以下诸要素。

（1）军队规模的膨胀。从九年战争（1688—1697年）时期的平均11万6千人升至美国独立战争时期的19万人。

（2）军事开支的上升。九年战争时期的年均军事支出为550万英镑，美国独立战争时期则是2000万英镑。并且由于军队规模扩大，和平时期维持武装力量的开支也增加了。

（3）债务规模扩大。九年战争结束时的短期债务规模为 1670 万英镑，美国独立战争结束时债务规模则达到了 2 亿 4300 万英镑。

（4）税收规模扩大。九年战争期间为年均 360 万英镑，美国独立战争时期是 1200 万英镑。

（5）税制调整。以土地税为主的直接税被以消费税为主的间接税取代，有力支撑了税收规模的增长。

（6）行政能力的提高，推动了军事与财政的发展。1690 年财政部门的全职员工为 2524 人，1782—1783 年则为 8292 人。其中征收消费税的雇员人数就达到了 4908 人。

（7）政治稳定。光荣革命后，英国国家与社会间的新关系，确保了国家与财政机构的上述发展没有引发人民整体上的不满。

这其中，从战争到财政变化再到政治社会变化的路径十分清楚。受到 Brewer 的启发，后续的历史研究发现，英国财政军事国家的成功经验被欧洲各国所借鉴，使得财政军事国家成为西欧整体崛起的关键因素。从这个意义上，现代国家的发展几乎可以等同于财政军事国家的发展。相较于“财政军事国家”，O'Brien（1993）和 Bonney（1999）等人更倾向于使用“财政国家”这一术语，因为他们强调财政活动在国家形态转变中所发挥的作用，而不仅是其提升国防与战争的能力的职能。本质上，两者的含义并无不同，“希望幸存的国家必须增强汲取能力，从而能够负担职业化的陆军与海军。做不到这点，它就只会在战场上失败，并成为对手的食粮（Mann，1980）”。Bonney（1995）在探讨欧洲现代国家起源的著作的导言中所指出的，“启蒙主义思想与 1789 年至 1794 年间法国的财政辩论紧密相关。财政和税收，就如同政治一样，是一种严格界定的制度化的活动，以至于任何关于财产权利的讨论都离不开对税收体制功能的分析。”

Yun－Casalilla（2012）在其主编的《The Rise of Fiscal States》一书中，以欧亚十余个国家为分析对象，指出自1500年以来的400多年间，尽管财政国家的发展道路在各个国家中形态迥异，但民族国家作为现代国家的普遍追求形态，其对财政国家的形成与发展的要求却是一致的。欧亚诸国在这一时期的兴衰成败中，财政国家的制度构建与效率高低，发挥着重大的作用。阿瑞基（2001）的“体系积累周期”理论，阐述了15世纪以来世界范围内资本积累的历史变迁模式。他认为，现代国家的“立国”行为与资本家的资本积累行为，相互吸引和作用，推动了全球市场经济的发展。而连接两者的桥梁之一就是财政。与Schumpeter的最初论述相比，Yun－Casalilla和阿瑞基不仅重视国内因素的作用，而且强调国际关系与全球市场对一国财政的影响，因此除税收外，国债制度也是财政国家发展的标志性内容。阿瑞基甚至认为，正是因为偿付债务的压力，导致了税收制度的一系列变迁，例如在荷兰、英格兰和美国的崛起过程中，都曾积累巨大规模的国债，如果无法实现税收的稳定增长，偿旧债和借新债都将不可能。循着上述思路，He（2013）进一步对财政国家做出了传统财政国家和现代财政国家的区分。前者的意义类似于熊彼特的税收国家，即国家主要利用税收手段实现短期的财政收支平衡。而后者指的则是在传统国家的基础上，国家与金融体系深度融合，利用国家信用动员金融资源，实现长期的财政收支平衡。

2. 蒂利的财政国家理论

历史研究中财政与国家的同步发展，被蒂利（2007）纳入到一个理论模型中。蒂利考察了欧洲990—1990年的千年历史，得出这样的结论：现代民族国家起源于战争。他将其简要归纳如下：某个领主发动战争获得了领土，战争迫使他不断在该领土上汲取资源以便强化作战手段（a），汲取资源的过程也就是消除政敌的过程，征税机构、警察机构、法院、审计部门等相继出现，进一步强化了国家建设（b），军事组织（常备军、战争工业、辅助官僚以及学校）的不断膨胀则从另一个方面促进着国家的形成（c），最终缔造出了国家。这一过程中，国家与该领土上的特定人群结成了联盟，他们为国家提供经济、技术服务（f），同时国家也为他们提供相应的保护，使他们免受竞争对手（d）和敌人（e）的侵犯。

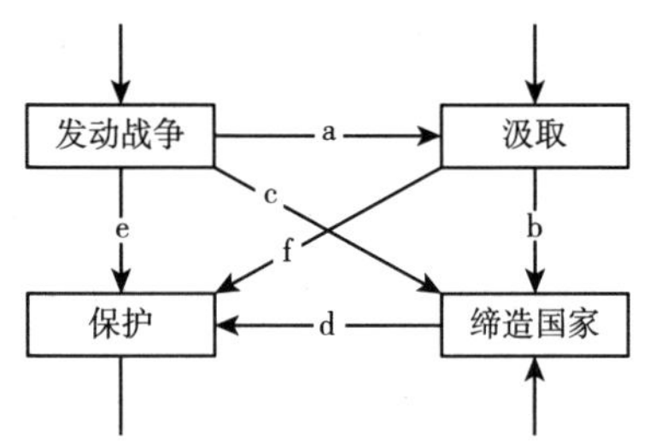

图6　蒂利模型图示

蒂利使用这一模型原是为了说明现代民族国家的起源与性质。但这个模型展示出了一种不同于西方主流财政理论的财政原理，即财政活动是现代国家的一个内在组成部分，两者是一种共存共生关系。财政收入是国家汲取行为的主体，财政支出则支撑着国家以控制暴力为目标的所有活动，不论是对外作战、对内治安还是维护政治、经济和社会秩序，这为“财政是国家治理的基础和重要支柱”提供了一种最直接的理论解释。

蒂利对于“暴力”在现代国家与财政发展中的影响的强调，既是马克思、韦伯等老一代学者此类观点的回响，也被许多现代学者所赞同，如结构主义社会学的代表人物吉登斯（Anthony Giddens）和制度主义经济学的代表人物诺斯（Douglass C. North）。

吉登斯（1998）将国家定义为“这样一种政治组织：它的统治在

地域上是有章可循的，而且还能动员暴力工具来维护这种统治”。他认为，现代国家与此前的国家形态相比，对暴力的使用登峰造极。“现代国家的一项主要成就就在于：国家行政人员的控制能力的巨大扩张，直至甚至能够左右个人日常生活的最私密部分”。这至少涉及了四个方面。首先，以信息记录积累为基础的国家监控，能够对个人的活动实行直接的督管。其次，存在一支高效率、专业化的行政人员队伍。再次，制裁范围和制裁强度的发展，既包括对外的军事力量，也包括对内的警备力量。最后，以公共教育为手段影响意识形态的形成。这意味着国家的暴力并不因现代化而减弱，反而会增强，与蒂利的看法保持了一致。

North 更进一步对国家垄断暴力提供了合理化的解释。他指出(2009)，暴力是任何社会都必须面对的问题，并且任何社会都不可能通过消除暴力来解决暴力问题。唯一的办法是对暴力加以控制，而控制暴力就是国家形成和发展的原因。他区分了两种当今存在的社会秩序：有限准入秩序和开放准入秩序。在这两种秩序中，国家都是暴力的垄断者，都依靠这种垄断来寻租。区别在于，前一种秩序中租金只归属于少数被允许建立组织的“精英”，而后一种秩序中，由于组织可以任意建立，租金因而可以被更广大的社会成员所吸收。发达国家基本采用的都是后一种秩序。

3. 小结

如果说政治精英理论是从政治精英为了获取和维护自己的领导地位的角度，产生了对财政的“统治需要”的话，那么财政国家理论，则从现代国家从战争中产生这一角度，提出了对财政的“战争需要”。根据本文在第二章第 2 节小结部分提出的观点，现代国家中政治精英与国家可以看作是一体两面的，因此这两种需要可以被统称为“暴力控制需要”。

Weber 认为精英就是掌握“权力”之人。权力（power）就是在社会关系中不顾他人的反对来贯彻个人或组织的意志，体现为支配关系，统治（authority）则是规范的、合法的权力（Wallimann，1977）。由于现代国家中，统治的合法性并非来自于血缘、出身等个人特性，而是透过国家制度通过政治程序赋予，这就使得政治精英的统治地位必须以国家的存续为前提，而国家“是有限地域范围内合法使用暴力的唯一垄断者”（Weber，2015）。任何有损于国家对暴力的垄断的情形，都会在一定程度上导向政治精英统治地位的丧失，在这个意义上，国内民意的背离和对外作战的失败，性质完全一样。对以国家制度为基础的现代政治精英来说，“统治需要”与“战争需要”，仅是对象上有差别，实质上却都是对暴力的控制。

引入财政国家理论，强调战争在现代财政形成中的突出作用，意味着国际关系是理解财政现象的一个基本因素。为此，将图 5 进行进一步修正为图 7。

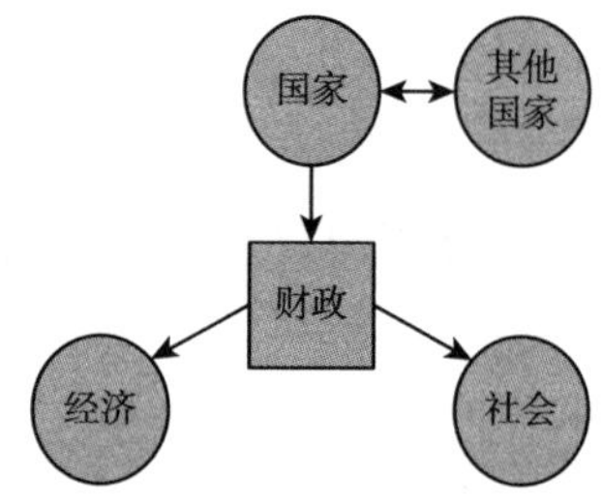

图 7　基于财政国家理论的财政社会学再修正

（四）现代市场经济引发的系统性暴力

对比西方主流财政理论和财政社会学理论，可以发现一个有趣的现象，两者在探讨财政问题时，都是只强调了财政这一现象“供需”的一个方面。西方主流财政理论强调市场经济对纠正“市场失灵”的财政活动的客观需要，但没有明确说明为什么国家会积极满足这种需要。正如 Schumpeter 指出的，民主制度中的政治家的目的在于经营选票，而纠正“市场失灵”和获得选票是两个不同的问题，没有必然的联系。财政社会学则指出政治精英为了自身的利益（不论是基于自身偏好，还是基于政治信仰）会主动进行财政活动，但却没有明确说明为什么会存在对财政的持续稳定的需要。Pareto 所说的非理性的社会情绪的变动，固然是会迫使政治精英实行能够缓和或激发某种情绪的财政活动，但这种社会性情绪的变化需要较长时间的酝酿，由此引发的财政行为显然不可能解释财政现象的全部。从“财政国家”理论引出的暴力控制需要，在一定程度上补充了这方面的空白。然而由此产生的一个疑问是，国家对于暴力的垄断会不会导致国家暴力的失控？如 Weingast（1995）所言，“经济系统中存在的最基本的政治悖论就是，强大到足以保护产权和执行合同的政府，也有足够的力量没收公民的财富”。因此担心如没有特殊的制度安排，暴力垄断者一定会因为滥用暴力而摧毁市场经济。

Weingast 的看法从自由主义的立场看不无道理，但换个视角，这个悖论本身就可能是个“伪命题”。如果市场经济制度本身就是暴力的主要来源，国家垄断暴力仅仅是社会为了避免暴力泛滥而不得已采取的被动反应，那么国家滥用暴力的风险就只是国家控制暴力的一个副产品，和经济系统内在的暴力相比，其危害只能算是小巫见大巫。

1. 结构暴力

理解市场经济中的系统性暴力，有必要引入“结构暴力”这一概念。传统上，无论是 Weber 还是蒂利，在谈及暴力的时候，指的都是直接暴力。直接暴力的特点就是施暴者是明确可辨识的，无论是战争还是谋杀，都是如此。然而 Galtung（1969）提出的结构暴力，却找不到直接加害他人的人，这种暴力嵌入在政治、经济和社会结构之中，表现为权力的不对等和由此导致的生存和发展机会的不对等。譬如说为了减少财政赤字，议会通过了一项减少教育支出的法案，由此导致偏远的人口稀少地区的学校被关闭，该地的适龄儿童部分或全部丧失了受教育的机会；又譬如议会不减少教育支出，改为减少医疗支出，由此导致医院减少难以治愈的、医疗效果最差的疾病的相关医疗服务，此类病人的死亡率因此大大上升。两种情况中，都难以确定具体的加害者，但某些人受到了伤害却是毋庸置疑的。

向传统的暴力概念中引入“结构暴力”的思想，使得一些经典的对于市场经济的批判（比如收入分配不公）都可以落入到暴力相关的范畴中。这其中尤以马克思和波兰尼对市场经济所具有的内在的、系统性的暴力特征，表述得最为清楚。

2. 马克思的政治经济学理论

在《政治经济学批判》序言中，马克思（1995）指出，“人们在自己生活的社会生产中发生一定的、必然的、不以他们的意志为转移的关系，即同他们的物质生产力的一定发展阶段相适合的生产关系。这些生产关系的总和构成社会的经济结构，即有法律的和政治的上层建筑竖立其上并有一定的社会意识形式与之相适应的现实基础。物质生活的生产方式制约着整个社会生活、政治生活和精神生活的过程。不是人们的意识决定人们的存在，相反，是人们的社会存在决定人们的意识”。就与本文相关的内容来说，就是市场经济中存在暴力现象的根本原因，要到现代经济的生产方式中去寻找。

人类生产方式的特点是劳动者与劳动工具相结合来完成生产过程。而在资本主义条件下，最主要的生产工具（资本品）和劳动力分属不同的人群（资本家与工人）。这从根本上决定了社会中权力的不对等关系。因为离开了资本品，工人没有任何生产的可能性，只能饿死。这种情形的特殊性，可以从资本主义时代与封建主义时代的对比中看出来。在封建主义时代，农民对于地主具有人身依附关系，但一般来说，农民控制着土地，自主完成生产过程，并拥有让自己的继承人继续控制该土地的权力。然而在资本主义时代，人身依附关系消失了，但在工人可以自由就业的背后，是工人必须向资本家出卖劳动力的事实。换言之，工人有向谁出卖劳动力的“自由”，但却没有不出卖劳动力的“自由”。技术越是进步，工人个体在生产过程中的作用越是微不足道。在地主—农民和资本家—工人两种关系中，后者的权力不对等性显然更突出。这种由生产方式造成的权力不对等，是资本主义暴力现象产生的根源。事实上，只要是以工业和资本品私有制为基础的经济，都适用于这一结论。因此，马克思针对资本主义进行的批评，也是针对现代市场经济进行的批判。

资本主义在其出现之时造成了前所未见的暴力，殖民、贩奴、贩毒和战争等等，马克思（1975）用“资本来到世间，从头到脚，每个毛孔都滴着血和肮脏的东西”来加以描述。即便生产方式的转换已经完成，这种暴力特征依旧没有减弱，只是转化成了经济危机的形式。马克思和恩格斯（1995）在《共产党宣言》中指出：“资产阶级除非对生产工具，从而对生产关系，从而对全部社会关系不断地进行革命，否则就不能生存下去。反之，原封不动地保持旧的生产方式，却是过去的一切工业阶级生存的首要条件。生产的不断变革，一切社会状况不停地动荡，永远的不安定和变动，这就是资产阶级时代不同于过去一切时代的地方。”由此造成的结果，就是“现代资产阶级社会，现在像一个魔法师一样不能再支配自己用法术呼唤出来的魔鬼了，几十年来的工业和商业的历史，只不过是现代生产力反抗现代生产关系、反抗作为资产阶级及其统治的存在条件的所有制关系的历史。只要指出在周期性的重复中越来越危及整个资产阶级社会生存的商业危机就够了。在商业危机期间，总是不仅有很大一部分制成的产品被毁灭掉，而且有很大一部分已经造成的生产力被毁灭掉。在危机期间，发生一种在过去一切时代看来都好像是荒唐现象的社会瘟疫，即生产过剩的瘟疫。社会突然发现自己回到了一时的野蛮状态；仿佛是一次饥荒、一场普遍的毁灭性战争，使社会失去了全部生活资料；仿佛是工业和商业全被毁灭了”。

熊彼特以一种相对委婉的方式表达了马克思的这一思想，并为之冠上“创造性毁灭”这一名称。像马克思一样，熊彼特（1999）指出，“资本主义本质上是一种经济变动的形式或方法，它不仅从来不是，而且也永远不可能是静止不变的”。而造成变化的原因，在于经济制度自身。“这些变动（战争、革命等）常常是产业改变的条件，可是这些变动并不是产业改变的主要推动力量……开动和保持资本主义发动机运动的根本推动力，来自资本主义企业创造新消费品、新生产方法或运输方法、新市场、新产业组织的形式”。这种无休无止的变动所导致的，显然不仅仅是经济领域内的创新，同时也使社会动荡不安，成为犯罪甚至战争的诱因。

在《21世纪资本论》中，皮凯蒂（2014）回应了马克思的观点。他指出在《21世纪资本论》出版近150年后，全球资本收入比的长期趋势始终保持在高位，而且在经历过两次世界大战的打击后，这一比例的增长趋势在1950年之后已经得到恢复。他预测，如无意外发生的话，21世纪末的资本收入比将达到700%，回到欧洲18世纪的峰值状态。这一不断增长的趋势，就意味着资本所有者与劳动力所有者在收入（财富）分配上的差距会不断拉大。但他也同时指出，这一结论严重依赖于不出现政治上的重大变革，不改变现行资本主义和金融全球化的进程这一假设。但基于过去100年的混乱历史，这个假设很不可靠。因为不平等带来的后果相当严重，人类社会不可能无底线地容忍它发展下去。值得注意的是，他在解释为什么目前的财富集中程度会低于18世纪时提出的两个主要原因分别为战争和资本税，而这两者都是国家运用暴力的结果。这似乎暗示了这样的观点，国家就是人类社会对抗现代经济制度的不平等（造成的直接暴力与结构暴力）的制度化、组织化机制。

3. 波兰尼的“市场经济双向运动”理论

波兰尼（2007）认为，现代市场经济会对社会及其生存环境造成持续不断的破坏。市场经济的自我调节，建立在对市场的一些严格假设之上。比如人都是以获得货币为目标的；在特定价格下，市场上可得的商品和服务与在该价格下的需求相等；存在货币，并在其持有者手中作为购买力而发挥作用。由此，生产依赖于价格，因为追逐货币的生产者的利润取决于价格；商品的分配也依赖于价格，因为价格形成收入，而只有在这些收入的帮助下，生产出来的商品才能够在社会成员间分配。只有这样，市场交换才可以成为决定性的、甚至唯一的经济制度。

但是，如果市场成了决定性的经济制度，就要求所有物品都必须成为商品，如不然，就会出现不受市场逻辑约束的物品，既难以生产，也难以分配。但问题就在于，有三种最基本的生产要素却不是商品。所谓商品，是为了出售而生产出来的物品。而劳动力、土地和货币，在这个意义上都不是商品。劳动力是人类活动的一个称呼，而人不是为了成为劳动力而出生的，劳动力无法与人类生活的其他方面分离开来单独存储或流通；土地是自然的另一个名称，也不是人类活动的创造物；而货币，特别是信用货币，根本就不是生产出来的，而是由银行或某个国家机构形成的。然而在市场上，这三种“虚拟”的商品，有着巨大的需求和供给，任何妨害它们形成市场的政策都会危及市场的自发调节能力。但如果任由市场控制这三种虚拟商品，人、自然与社会的稳定都会遭到毁灭性的打击。当人被单纯作为劳动力对待时，生理层面、心理层面和道德层面的人也会被以同样的方式被处理，人将由于丧失了文化制度的保护而死于邪恶、堕落、犯罪和饥荒。当自然被当作生产力对待时，唯有对当前生产具有意义的自然才会被重视，人不再对自然怀有尊重与敬畏之情，过度开发与漠不关心最终会毁灭人类的家园。而货币供给的涨落不定，将如洪涝灾害般定期扼杀商业企业。

从这一视角出发，波兰尼发现市场经济的发展具有双重性。一方面是真正商品的发展，市场扩散到全球，商品数量不可计数；另一方面是对虚拟商品的限制，各国出现了成套的措施来限制市场对劳动力、土地及货币的影响。这就构成了一种“市场化”与“社会化”的双向运动：市场经济的发展要求劳动力、土地和货币的“商品化”，社会无法承受由此导致的苦难和混乱，要求国家通过“去商品化”的方式保护社会，如社会保障制度依照需要贫困家庭提供收入、对土地规定生态保护要求和建立货币政策规则等，但对社会的保护损害了经济利益，于是以自由化、私有化为导向的“商品化”运动再度兴起……如此往复不休。只要市场经济制度存在一天，双向运动就不会停止。在这个过程中，国家发挥着“调节者”的作用，在市场化程度过高时，通过实行“去商品化”来保护社会；在“社会化”程度影响到市场机制有效运转时，放松对社会的保护，推动“市场化”的进程。显然，双向运动的起因来自现代市场经济制度的自我毁灭倾向，其对社会造成的损害体现为直接暴力和结构暴力，而国家之所以能够起到调节作用，关键就在于它对暴力的垄断，给予了它采取行动的意愿和能力。

4. 小结

现代国家是合法垄断暴力的组织，但却不是为了让政治精英可以滥用暴力而成立的组织。政治精英面对来自经济制度本身引起的暴力失控的巨大压力，如果不能控制这种系统性的暴力，政治精英的支配地位无从谈起，国家也有被倾覆的危险。因此，尽管国家权力滥用的危险始终存在，但从来不是现代国家行为的主流。现代财政因此内生于现代国家与现代经济之间的紧张关系之中，是联通国家与经济的桥梁，也是国家控制经济引发的暴力的阀门。把这一想法加入到图7中，就得到了图8。其中实线部分就是财政的直接作用，指向国家的为财政收入，从国家出发的为财政支出，虚线部分为财政的间接影响。

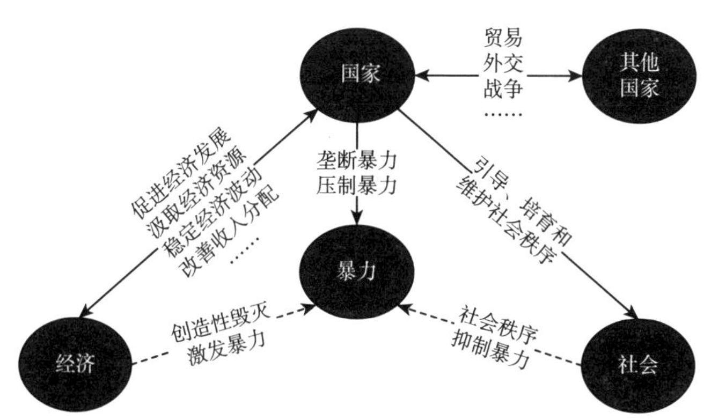

图8　现代条件下的暴力平衡与财政

图8表明，现代财政是一个国家、经济、社会共同作用的领域，三者之间围绕暴力形成一种动态平衡。市场经济追求资本增值的特性，不断以创造性毁灭的方式来激发经济的活力，同时也带来人与人之间持续不断地利益争斗，为暴力的积累和大规模迸发创造了前提。国家作为应对暴力的“专家”，一方面干预经济，通过稳定经济波动、改善收入分配等手段减缓暴力积累的速度，另一方面从经济中汲取资源，用于国家能力的提升，以便借助自身暴力垄断者的地位直接压制显现出来的暴力活动。与此同时，国家还会扶持有助于预防、消解暴力的社会秩序，间接地借助社会的力量来降低暴力活动出现的可能性。激

发、压制和消解暴力的三股力量形成了一种暴力平衡，将其控制在可接受的程度上。只要这种平衡能够得到维持，市场经济的发展带来的就主要是人类生活各个方面的进步，但平衡一旦被打破，市场经济也会创造出高声嘶吼的内乱和战争野兽，如第一次和第二次世界大战所显示的。在这样一个框架中，暴力把国家、经济与社会三个相对独立的领域连接了起来。而财政是形成这种连接的主要机制：不论是推动科技进步，还是征税发债；不论是稳定经济的财政政策，还是调节收入分配；不论是建立社会保障网络，还是支持精神文明建设。

三、国家治理财政观

如果说西方主流财政理论可以称之为“市场失灵财政观”的话，图 8 所展示的新财政理论，可以称之为与之对应的“国家治理财政观”。构建新理论的必要性，首先在于以往的理论不再能满足现实的需要。但本文关注的是理论的批判与重构，因此主要从逻辑上说明新理论存在的可能性，以及对此前批判西方主流财政理论批判中提出的一些问题做出回应。毕竟，批判的目的不是为了简单的推翻，而是为新建奠定基础。这些问题包括：如何将国家纳入财政理论？如何将社会纳入财政理论？离开了市场失灵，如何解释各种财政现象？

（一）国家治理财政观中的“国家”

在图 8 中，国家的财政主体地位得到了突出，回应了“市场失灵财政观”的“国家缺失问题”。这个“国家”是按照 Weber 的传统来加以定义的，即“国家是有限地域范围内合法使用暴力的唯一垄断者”（Weber，2005）。现代国家是一个官僚组织，国家领袖即为在政治斗争中取得优胜地位的政治精英团队。基于前文各处对于政治精英和国家行为的描述，可以将国家领袖行为的内在驱动和外部约束刻画为图9。

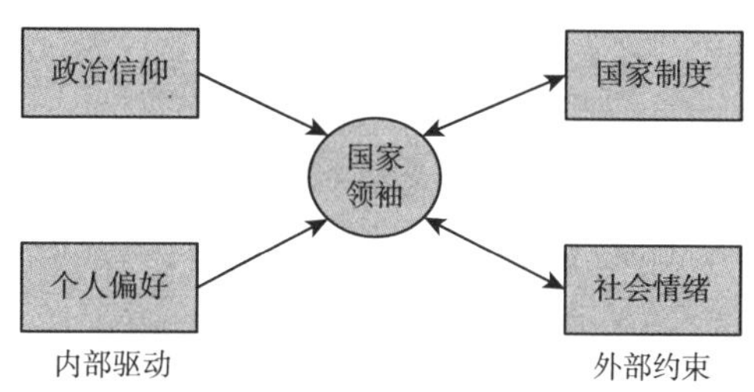

图9 国家领袖行为的驱动与约束

国家领袖是通过国家制度的正式程序获得权力的，必然受到国家制度的制约，但也具有相对的独立性，也就是国家领袖有变革国家制度的可能。这种独立性来自于国家领袖的政治信仰、个人偏好与社会情绪。

政治精英都具有独特的政治信仰，否则也就不存在政治精英之间的相互竞争。个人偏好是国家领袖的生理、心理喜恶的产物，会反映到国家领袖的具体行动中。基于政治信仰的行为具有半理性特征，基于个人偏好的行为则具有非理性特征，两者构成了国家领袖行为的内部驱动力。政治信仰与个人偏好在具体情境中有可能会产生出对既定国家制度与实践的批判，并在政治精英转化为国家领袖之后，成为变革国家制度的动机。

社会情绪是由重大事件激发出的社会大众的共同心态，主要表现为对当前状态的“反抗”或“服从”态度。尽管每个人倾向于“反抗”（或“服从”）的理由不同，但在支持变革（或维持）现状这一点上能够达成一致，从而构成了一种社会情绪。因此社会情绪本身不是理性的产物，不是通过逻辑分析达成的结果。政治精英（包括国家领袖）可以使自己成为社会情绪的代言人，同时也能在一定条件下影响

（加剧或缓和）社会情绪，达到利用社会情绪获得或维持权力的目的。如果国家领袖能够得到社会情绪的支持，政务活动即便得不到民众的理解在一定时期内也能进行，这就为国家领袖改变国家制度赢得了时间。

图 9 展示出的以政治精英为基础的国家行为分析（简称为“精英国家论”），与西方主流财政理论中依据“自由放任的多元主义”对国家进行的刻画（简称为“多元国家论”）相比，主要优点在于可解释的范围更广。多元国家论依托于西方发达国家的民主制度，对于不采用这种制度的国家就丧失了解释力。而在精英国家论中，放松国家制度对国家领袖的约束这一条件，这一理论可以解释神权、王权时代君主的行为；强化个人偏好这一驱动力，这一理论也能解释独裁者或暴君等现象；放大社会情绪的作用，很容易体现改革或革命时期国家获得的空前支持或反对；强调政治信仰，则长期执政的政党的作用在国家行为中就可以体现出来。在这个意义上，多元国家论可以视为“精英国家论”的一个特例。总之，“精英国家论”反对以单一的制度标准预设国家的合理行为，主张根据国家领袖所处的具体情况判断其行为的特征。

由于精英国家论考察的重点是“人”而不是“制度”，国家领袖相对于国家制度的独立性自然显现了出来。国家领袖的独立性，表现为在该领导人主政时期，国家行为相对于此前国家行为的差异性和期间内的连贯性。就财政来说，就意味着财政制度与财政实践受到国家（领导人）的直接影响，为实现国家（领导人）的目的服务，这是财政主观能动性的来源。这当然不意味着国家领袖可以为所欲为，毕竟政党（政治信仰）、法律（国家制度）和舆论（社会情绪）都会对其有所影响。但确实指出了财政实践不是资源配置导向的纠正“市场失灵”客观需要的产物。国家意志很重要，必须纳入到财政分析中来。

另外需要注意的是，现代民族国家是在国际关系中产生的，这是现代国家的本质特征之一。没有国际贸易，国家就难以借助市场经济机制提高国家能力；没有其他国家的主权认同，国家就不能正常开展各项职能。因此对于现代国家来说，对外和对内的暴力是需要协同起来加以考虑的。就财政而言，国内财政与国际财政的区分在理论上不具有重大意义，贸易、外交与战争从来都是影响财政实践的重要因素。

（二）国家治理财政观中的“社会”

在图8中，社会表现出一种抑制暴力的力量。人是社会性的动物，唯有在社会生活中才能生存和发展，进而实现自己的价值。这就要求存在一个稳定、可预期的社会关系，形成社会秩序。然而社会秩序并非天然具有抑制暴力的功能。事实上，有史以来的各个时代、各个地区的社会秩序中，社会等级制都是其中的重要组成部分。伴随等级制而来的权力不对等、机会不对等，因此也是结构暴力的一个主要来源。然而在现代，社会秩序造成的暴力远远比不上经济制度造成的暴力严重，相反，构建社会秩序反而能在一定程度上抑制暴力的泛滥。波兰尼对此进行过系统说明。

波兰尼（2007）认为，经济是指社会形成劳动分工的整合或协作的过程。给个人分派特定的任务、将工具和原料分配到该任务上以及由此导致的实际收入分配，是任何劳动分工过程的基本问题。互惠、再分配和市场交换是三种已知的整合方式。互惠是指在群体内有义务共享产出。再分配要求以政治忠诚为中心，必须做到收入集中筹集和分配。市场交换指引起价值相等的所有权交换的交易。

互惠最突出的表现是家庭亲族间的共享。这种形式之所以必要，是因为人在幼年、老年和遭遇意外时，都无法依靠自己的产出来满足自己的生存需要。因此，如果没有互惠，社会无法存在。由此扩展开，还会形成一种依照亲疏远近形成的社会关系网络。一个人在自己有盈余的时期，尽可能地向他人提供货币或非货币的帮助，以便在自己面对意外时，能从他人那里得到同样的帮助。但与现代意义上的债务不同的是，由此种关系形成的义务完全是由道德规范制约的，也没有数量上的限制。当一个帮助过你的人向你寻求帮助时，你必须尽最大的可能予以帮助，不论这种帮助采取什么样的形式。所以，这仍是一种互惠的形式。

再分配最突出的表现是向政治首领的进贡，而政治首领有义务将进贡的财物用于公共产品的提供。如食物的贮藏、水利的修缮、防卫的准备、庆祝的仪式、官员的薪俸，等等。没有这些再分配活动，社会要么陷入饥荒，要么遭受侵略，要么丧失秩序。正是因为这些再分配活动如此重要和基本，以至于在相当长的历史时期中，人们很少单纯为自己的家庭或家族而生产，而是为了整个社区的需要而生产。这类行为当然也有它的经济含义，但与现代意义上的公共产品提供相较而言，民众的纳贡和政治首领获取贡品及将其利用，受的是道德规范和传统习俗的约束，而不是双方在政治过程中讨价还价的结果。

在上述两种关系中，互惠和再分配是一种内嵌在社会关系中的生产和分配秩序。哪些人之间可以进行互惠活动，哪些人在再分配中获得的较多，取决于亲疏远近和尊卑贵贱等社会关系，而不是等价交换的经济关系。市场经济的兴起则是一个“脱嵌”的过程。用市场交换来取代互惠和再分配，是市场经济发展初期普遍的一个现象，由此产生的苦难，在经典作家的笔下用“资本原始积累”或“异化”等概念来加以描述，其目的都是显示这一脱嵌过程的残酷性。图 10 展示出了嵌入式资源整合（互惠与再分配）与非嵌入式资源整合（交换）在社会秩序层面上的明显差别。两大类资源整合方式相互排斥，此消彼长。正是在这个意义上，构建现代的互惠和再分配社会秩序，对于抑制由市场经济造成的暴力具有重大抑制作用。西方发达国家二战之后出现的“福利国家”运动，以及大规模的社会性、福利性财政收支，从这个角度看是具有必然性的。然而在西方主流财政理论中，对此只有现象描述，却做不出有力的解释。

“国家治理财政观”强调了在现代条件下，经济与社会两个领域在“暴力”问题上的反向作用。市场经济中持续不断的变动会激发暴力，而社会秩序则在其所作用的范围内通过“去商品化”来抑制暴力。国家通过财政支出改变对社会的资源投入，就可以调节社会秩序的作用范围和强度，从而达到暴力控制的目的。波兰尼所说的“双向运动”正是国家发挥这一作用的体现。

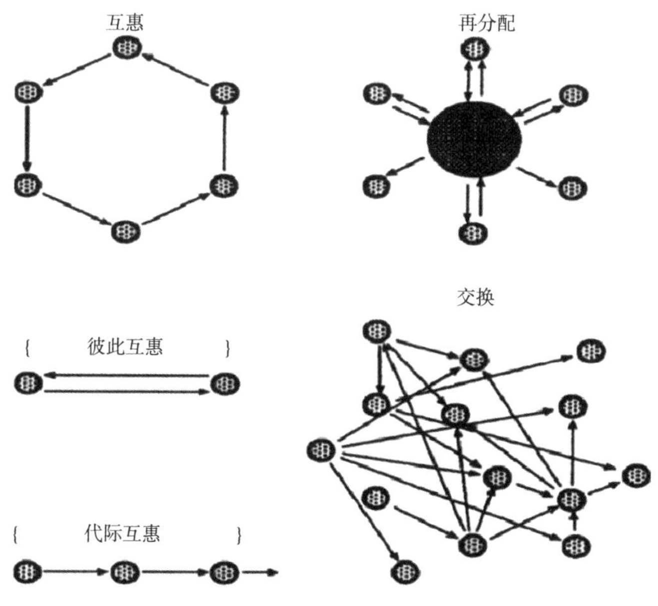

图 10　资源整合的三种方式

（三）“国家治理财政观”中的“治理”

“国家治理财政观”和西方主流财政理论相比较，价值取向发生了从“优化资源配置”向“维护暴力平衡”的转变。也就是财政活动的合理性不在于能否纠正“市场失灵”，而在于能否控制暴力。两种价值取向的区别主要表现在以下几点。

1. 正视暴力

在市场经济中，市场失灵是个永恒存在的现象，需要财政活动来加以纠正，这是西方主流财政理论的立论基础。有鉴于财政活动从来不局限于经济领域，由此构建的财政理论势必反映出一定的局限性，前文以公共产品理论为例，对此进行了批判。在人类生活中，暴力是个永恒存在的现象，并在此经济条件下有愈演愈烈的趋势，因此需要财政活动来对此进行控制，这是“国家治理财政观”的立论基础。

暴力是人与人之间权力不平等的产物，是一种人与人的关系，内在于任何已知的社会形态之中。现代市场经济的建立在国家保护下的财产私有的基础上，这是权力不平等的经济起源。从这个意义上说，现代国家是产生暴力的来源之一，但同时国家本身的“合法暴力垄断者”性质，又使得国家不可能放任暴力的泛滥。这种矛盾造成了国家将“把暴力控制在可接受的平衡水平”上作为自己的根本职能。换句话说，国家不可能消灭暴力，只可能借助从经济中汲取的资源提升国家能力，直接压制暴力或间接通过社会抑制暴力，避免暴力的失控。而暴力本身并非没有积极意义，对更高地位、更多财富和更大权势的追求，固然会造成和拉大不平等，但也会激发出人的努力和创造力，推动人类的进步。因此有必要维持一个社会可接受的暴力水平，发挥暴力的积极作用，压制和抑制暴力的负面作用。

2. 以人为本

暴力是人与人关系的直接体现，资源配置则是人与物关系的直接体现。西方主流财政理论，承袭经济学传统，以货币来度量某项财政活动的价值。任何不能被货币度量，或不能在市场上反映其价值的活动，要么被这副“有色眼镜”自动过滤，要么其重要性被大大低估，比如被市场抛弃放弃者的需要。相反，强调暴力控制，则是突出人际关系（相应淡化人物关系）在财政行为中的决定性作用，将人的发展放在第一位。

在西方主流财政理论中，采用对引发市场失灵现象的原因进行分类的方法来判定是否需要以及以何种形式进行财政介入，如公共产品、外部性、信息不对称等。类似的，新理论也可以采用对引发暴力的原因进行分类的方法，将其分类为引发直接暴力和结构暴力的现象。引发直接暴力的如犯罪和战争，引发结构暴力的如收入分配差距过大、基本公共服务提供不足、社会阶层固定化、生存权利得不到保障、发展机会缺失等。这种视角有助于我们更好地理解现实中的财政活动，判断不同类型财政活动的重要性差异。

3. 财政在国家治理中的作用

控制暴力是国家存续的基础，维持暴力平衡就是国家治理的目标。这一目标又可以具体到经济、社会、政治层面的各种引发暴力的现象上，例如经济秩序混乱、社会风气败坏、政治僵化腐败等等。从图 8 上，可以看到经由财政收支活动实现的国家治理，包括四个大的方面。

第一是经济治理。国家对于经济的治理包括相互矛盾的两个方面，既要促进经济发展，又要控制经济发展带来的负面影响，适当限制经济发展的速度。市场经济发展所依靠的市场机制，具有持续不断的“创造性毁灭”特征。破旧创新的过程在带来进步的同时，如果速度过快，使得大量人口无法适应新的经济形势，导致创新的成果被少数人所获取，则财富占有上的不公平会激发暴力的出现，破坏暴力平衡。在这种情况下，有必要对此进行限制。限制的方法有两种，一是在事前减少市场机制可以配置的资源数量，二是在事后对已经出现的暴力现象进行国家干预。财政在经济治理中的作用，因此可以分为以下几个主要方面。

（1）促进经济发展。市场机制的正常运行需要保护财产权利，落实契约履行。在创新持续不断的情况下，财产和契约履行的具体形式会不断发生变化，国家需要不断调整相应的制度环境。相应的，财政要为创造和调整市场经济制度环境提供资金支持。具体到某个特定时期的特定国家，市场体系中总是存在各种各样妨碍经济发展的缺陷，如基础设施欠缺、技术发展迟缓、人力资本匮乏、生态环境恶化等，在国家针对这些问题提出发展战略后，财政要对实现这一战略提供资金支持。上述两个方面，即建立与维护市场制度和依照国家发展战略弥补市场体系缺陷，是促进经济发展的财政活动的主要内容。

（2）汲取经济资源。为了维持暴力平衡，国家需要获取大量经济资源，财政收入中的税收、收费、国债和国有企业利润是最常见的形式。借助经济资源汲取而提升的国家能力是国家开展一切治理活动的物质基础。同时，汲取经济资源用于非经济用途，本身即意味着市场机制可配置的资源数量的减少，可在经济发展过快时作为“限速”的手段。发挥这一作用时，财政收入越少受到市场本身的限制，效果越好，因此完全依靠国家强制力实现的税收是最佳手段。

（3）稳定经济波动。“创造性毁灭”必然引发经济波动，从而激发暴力，但国家干预可以改变经济波动的周期长度与波动幅度，缓和暴力。财政政策是国家稳定经济波动的主要手段。

（4）改善收入分配。市场机制引发暴力的一个重要方面在于财富占有的不平等，改善收入分配不会消除这种不平等，但有助于缓解这种不平等的扩大速度。累进所得税、福利性转移支出等财政工具是国家改善收入分配的主要工具。

第二是社会治理。现代社会是在市场经济的发展摧毁了旧社会制度后产生出来的，在许多方面已经带上了市场经济的烙印。尽管如此，现代市场经济持续变动的特点和社会秩序对于稳定的要求仍构成了一种矛盾。国家的社会治理一方面要引导、培育和维护一种与市场经济相适应的社会秩序，另一方面要对在市场经济条件下受到伤害的弱势一方提供支持，以避免由此引发的暴力的恶化。例如鼓励人口流动以促进劳动力配置效率的改善以及通过社区建设和社会保障制度，对“离乡背井”之人所遭遇的经济风险提供最基本的保护网络。

第三是政治治理。市场经济内在的不稳定性及其对社会的“侵蚀”，为现代国家承担大量经济、社会治理职能提出了客观要求。但随着权力的集中，由于权力滥用而造成的暴力风险也在加大。国家制度及其落实是防止权力滥用的主要手段，但由于任何权力的使用都需要物质资源的支持，财政预算也可以通过财政资金分配的规范化和透明化来降低权力滥用的可能。从政治治理的角度看，预算的作用主要表现在不同职能机构间的资金分配和不同级次政府间的资金分配上。各个部门与各级政府争取预算资金的过程，在一定程度上相应决定了各个部门和各个级次政府的权力，并影响着彼此的权力关系。国家可以通过预算制度，在确保国家职能正常履行的同时，防范权力滥用造成的暴力现象。

第四是国际关系治理。作为国内暴力的合法垄断者，各个国家之上没有更高的权力机构，相互之间的关系只能依靠制衡来实现。因此国与国之间总是存在暴力冲突的可能性，甚至可能出现战争这种最极致的暴力形式。从历史经验来看，战争不具有可控性，战事一起，各种形式的暴力都会一发不可收拾。因此防范战争是国家治理的一个重要目标。财政活动通过关税、外债和贸易补贴来强化国际间的经济纽带，通过推动交流沟通、援助援建来增强外交关系，有助于国家降低发生国际冲突的可能性。

（四）小结

以货币收支为载体的现代财政，竟然不属于经济学的范畴？恐怕许多人都会对此产生疑问。在 Pareto 对于财政社会学的说明中，指出了理性行为、半理性行为和非理性行为的区别，实际上已经论及了这一问题。经济学按照货币价值来度量效率和体现理性的做法，姑且不论是不是真的有效，即便有效，也仅能解释人类行为的一小部分。财政渗透到了整个现代生活之中，以至于无法想象一个离开了财政还能正常运转的国家，在这种情况下，仅用可解释一部分人类行为的理性，试图理解全部财政现象，用成本收益分析来判断各种财政行为规模与结构的恰当性，这种努力注定是不能完全成功的。在经济学主导财政学的近 100 年中，西方主流财政理论在发达国家的国家治理中发挥了积极作用，但不意味着在今后的时期中，或在发达国家以外的国家中，它还能发挥类似的作用。例如在中国，西方主流财政理论就在许多方面显示出“水土不服”的性质。这方面的论述，可以参见附录一和附录二。

本文提出的“国家治理财政观”，将财政视为国家、经济与社会共同作用的领域，这就意味着经济学的理性（效率）分析方法不能完全适用。在“国家治理财政观”视角下，判断国家财政行为恰当与否的唯一标准，就是暴力是否失控或存在失控的趋势。在国家领导人做出判断，并依此判断制定国家战略时，不可捉摸的、难以量化的经验、感觉甚至直觉以及政治信仰在这一过程中发挥着重要作用。政治精英理论所强调的少数人对整个社会的推动作用，原因也就在于此。如果事事皆以理性为依据，显然少数人并不具有胜过他人的明显优势。将半理性、非理性因素引入财政学，作为影响财政活动的最主要因素，是财政社会学区别于财政经济学的关键。“国家治理财政观”也是建立在这一基础之上的。

事实上，在“财政在国家治理中的作用”一节中，本文没有借助市场失灵概念，仍然对现代国家的主要财政现象做出了解释。在进一步的研究中，通过将这一理论应用于具体时期的具体国家中，“国家治理财政观”的内容会更加更丰富起来，而不仅停留在纯理论的层面上。

附录一　对西方主流财政理论的历史批判

从财政学的历史发展路径来看，当前的西方主流财政理论，只是财政学演化过程的一个阶段，推动财政学理论从一个阶段走向另一个阶段的，始终是“国家理念”的变化。因此本文从“国家治理”这一观念入手，对西方主流经济学进行历史批判性研究。

一、国家治理视角

党的十八届三中全会《中共中央关于全面深化改革若干重大问题的决定》（以下简称《决定》）中将财政作为“国家治理的基础和重要支柱”，使得国家治理与财政的关系成为学术界的关注热点。如高培勇（2014）所指出的，“认识到国家治理体系是一个全面覆盖经济、政治、文化、社会、生态文明和党的建设等所有领域的概念，将以往主要作为经济范畴、在经济领域定义的财政，转换至国家治理体系的总棋局上重新定位，这一变化的意义当然非同小可”。然而，在现代主流的西方财政学教科书中，财政通常仅被认为是政府为了弥补市场失灵而采取的纠正手段，因此其职能、规模、绩效都取决于经济的运行状况，几乎不讨论财政与国家治理之间的关系。Gruber（2012，P3）认为，财政学就是研究政府在经济中的作用的学问。Rosen（2014，P2）则说得更加直白，财政学研究的根本问题是实际资源的利用问题。这种经济视角的财政定位，若简单地与国家治理相互对应，则有将国家治理简化为经济管理之嫌。在财政理论中国家究竟应当如何定位？对财政学近300年来发展历程的回顾，有助于我们回答这一问题。

“治理”在《现代汉语词典》中指统治与管理，其英文对应词为

“Governance”，起源于古希腊语 kybernan，意指基于权威的引领，如船长引领船只航行。这个词在目前的社会科学领域使用的十分广泛，一方面说明它为各个学科讨论一些共通问题提供了平台，另一方面也使得这个词的含义有了比较大的分歧。为此需要清楚界定其含义，以免后续分析陷于混乱。“治理”在社会科学中的基本含义，指的是人类群体中与集体决策相关的协调过程（Van Assche，Beunenand Duineveld，2014，P79）。在治理之前加上国家这一前缀，有可能产生两种歧义。

其一，国家治理指的是国家这一组织（也就是政府[①]）的治理，还是涉及全体国民公共事务的治理？从字面上看，两种理解都不错。但如将国家治理等同于政府内部治理，则“财政是国家治理的基础和重要支柱”就成了不言自明的道理，毕竟任何政府活动都不能离开财政资金的支持。从党的十八届三中全会《决定》的语境看，国家治理应当指的是后一含义。

其二，对全体国民公共事务的治理，应当是“以社会为中心的治理”还是“以政府（国家）为中心的治理”？回答这个问题，需要我们考察一下政府与治理这两者之间的关系。政府（Government）与治理（Governance）语出一源，其区别在于政府指的是政府活动的主体，而治理指的则是政府活动的过程。比如说，一个人参加了政府，他就成为了政府的一份子，但一个人参加了治理，只是说他能影响政府活动，不一定是政府的一份子。从这个意义上说，治理如果以政府为中心，则称之为“以国家为中心的治理”，若不是以政府为中心，则称之为“以社会为中心的治理”。传统上，前者的使用更为普遍，但当前有大量文献，都是在后一种意义上使用“治理”一词。本文以“国家中心观”与“社会中心观”来指称这两种不同的用法。

① 政府广义上指控制国家的整个体系，能够制定政策并确保其落实，狭义上仅指国家的行政机关，本文在广义上使用这一概念。

持“社会中心观”的学者，普遍认为国家治理由政府转向社会是大势所趋（Salamon，2002，P1 – P2）。由于当前发达国家所面临的财政困难、合法性不足、机构碎片化、基层参与意愿增强、全球化压力等因素，使得国家独力实现各项政府目标的能力大幅下降，因此必须将利益集团、私营企业、慈善机构、非政府组织、跨国机构等纳入到治理中来，导致国家在治理中的地位不断下降。然而，尽管同意治理中确实出现了比以往更多的参与者，Bell 和 Hindmoor（2009，P2）却认为上述大转变是不存在的。他们从国家治理观的视角出发，将治理定义为政府为了辅助管理而使用的工具、战略与关系，认为当前的发达国家中，国家以政府为中心，构建包含了众多参与者的治理网络。在这一网络中，政府可以挑选参与者，制定联系机制，协调各方行动，最终达成政府关注的目标。而且，政府即使向某一治理参与者让渡了某项职能，通常也会保留收回这一职能的最终权力。换言之，在这一治理网络中，政府与其他参与者的地位并不平等，其他参与者要在治理中发挥作用，必须依托政府才能开展，反之则不然。据此看来，“社会中心观”所提出的现代治理中的种种新特征，只是国家治理在当前形势下变换治理手段与策略的结果，政府处于治理的中心这一点，并没有发生根本性的变化。在当今中国，这种情形更是历史的选择。

对比上述两种观点，核心差异在于对国家能力是否充分的判断不同。这正是连接国家治理与财政的关键，毕竟经济学者往往将国家能力等同于国家征税的能力（Besley and Persson，2009），尽管这一看法可能有失偏颇（Bell and Hindmoor，2009，P59），但财政是衡量国家能力的重要方面，这是毋庸置疑的。从发达国家的历史看，财政在政治、经济与社会中的重要性持续并仍在不断增强，从而在一定程度上支持了“国家中心观”。因此，在本文中，我们谈到国家治理时，采用的是“国家中心观”的治理理念。

在不同的时代，不同的地域，国家治理与财政之间的关系有不同的表现形式。以政府的财政活动为研究对象的财政学，内容也会因此而有所不同。从这种变化中探究财政学研究的一般规律，有助于构造适合我国国情的财政学理论体系。本文将财政学的历史划分为三个大致为100年左右的时期，在这三个时期中财政学分别作为三个学科的组成部分而得到发展，即官房学时代（1727—1825年）、政治经济学时代（1825—1928年）与经济学时代（1928年至今）。

二、财政学的官房学时代

以国家为主体，以其经济活动为对象的学问，在18世纪初的欧洲大陆被称为“官房学（Cameralism）”。它与财政学有着天然的血缘关系，官房（Kammer）本身指的就是掌管王室财政收支活动的政府机构，直到现在仍被用于指称德国的财政部，而官房学者（Cameralist）原意指的其实就是财政官员。官房学产生于威斯特伐利亚体系形成后的神圣罗马帝国地区，中世纪的神权统治趋于消亡，现代（民族）国家开始萌芽，国与国之间的激烈竞争需要这样一门学问的出现来指导国家的行为。1727年，普鲁士首先在哈雷大学和奥德大学设立两个官房学教席，标志着这一学科达到了与神学、哲学、医学、法律四门古老学科并驾齐驱的地位。而迟至1825年，英国才在牛津大学设立政治经济学讲席，财政研究的中心也由欧洲大陆转向英国。因此将这时期看作是官房学主导下的财政学发展的第一个100年。

官房学包括经济学、财政学和秩序科学（Policey Science）三方面的内容（Hood，1998，P83）。其中秩序科学的观念最为重要。Policey一词来自亚里士多德关于促进良好社会秩序的条件的思想（Chapman，1970，P11）。早期的官房学者用它来说明社会各阶层通过封建司法制度所实现的和谐。但随着30年战争后欧洲德语地区封建“战国”格局的日益突出，官房学者将其引申为国家只有不断增强自身的行政、经济与军事能力，才能改造社会，增进社会福利，达到秩序国家（Police State）① 的状态。官房学在经济学与财政学方面的研究，都以实现这种秩序为目的。可以说，官房学实际上是为此类国家治理提供目标与手段的学问。

根据 Hood（1998，P86）的相关研究，官房学有四个如下基本观点。

其一，国家的强大与否，取决于国民的财富和在工农业中科技的应用。17 世纪的官房学者 Georg Obrecht，在担任神圣罗马帝国皇帝鲁道夫二世的财政顾问时，就建言经济发展的主要制约来自财政能力（taxability）与人力资本，普鲁士的腓特烈二世因而决定改善农民的健康状况。

其二，经济发展与社会秩序未必能够同步前进，需要积极的国家干预。官房学者 Oldendorp 认为这种积极干预的对象包括对抗无宗教信仰、无知和贪婪等大众罪行，以及促进经济发展。

其三，为了促进经济发展，政府需要一支职业的公务员队伍。他们不属于任何特定的身份集团，必须详尽地学习有关公共管理和经济发展的“科学”知识，包括财政管理、自然资源（农业、林业和矿业等）管理和经济规制以及比较行政制度与行政史。这类技能只有通过系统学习才能获得，就如同神学与医学一样，因此必须通过高等教育而不是边干边学的方式来传授。

其四，经济发展应当使人人都能享受到其成果。秩序国家就如同是一个大家族，家族成员都应当且能够从家族的发展中获益，管理者

---

① Police State 一词，常被翻译为“警察国家”，意指政府独断专行，有强烈的贬义。但在官房学的语境中，Police State 要求所有官员在明确界定的界限中，按照明确界定的规章，行使明确界定的权力，并非可以为所欲为。因此本文将其翻译为秩序国家，并无贬义。它与法治国家在司法上的主要区别在于，面对个人与国家的纠纷，法治国家可以通过所辖地的普通法庭处理，而秩序国家只能通过层层向上的行政机构进行处理。

与被管理者之间不会存在不可调和的冲突。

从上述四点可以看出，官房学代表着国家治理理念的一次飞跃。旧的封土封臣制不再适应时代的需要，国家雇佣公务员取代贵族成为国家运转的核心，公务员的专业素养与高效率，更重要的是作为国家的雇员，他们与国家命运的休戚与共，使得国家能力的提升具备了最重要的“人力”基础。与这种转变相适应，财政学的研究致力于培养财政官员在财政活动中的“科学性”，如财政资金投资于实业以开源，在制度上减少财税官员的腐败以节流等。

三、财政学的政治经济学时代

随着欧洲大陆的主流国家治理观念由王权不受限的“秩序国家”转向王权受限的“法治国家”，盛极一时的官房学迅速走向衰落。在1918年的“税收国家的危机”一文中，Schumpeter指出，现代国家必须由“领地国家（Domain State）”向“财政国家（Fiscal State）”或“税收国家（Tax State）”转变①，这一变化根本性地改变了国家与经济和社会的互动方式，是现代性的一个重要来源。“财政因素是促成现代国家产生的直接因素……最终导致了自由个体经济的形成……国家的手上拿着税单，便可以渗透到私有经济中去，可以赢得对它们的日益扩大的管辖权。一旦税收成为事实，它就好像一柄把手，社会力量可以握住它，从而变革社会结构”。此文是Schumpeter基于奥地利与德国的经验写成的，但具有讽刺意味的是，真正意义上的现代财政国家并没有诞生于这一地区，而是出现在了英国。

财政学在英国的发展伴随着政治经济学的兴起。以亚当·斯密、大卫·李嘉图、约翰·穆勒为代表的政治经济学家们，在大多数问题

① 前者的国家收入来自于君主的财产（庄园、森林、矿产等），后者的国家收入来自于社会大众缴纳的税收。

的看法上都与官房学针锋相对。官房学主张尊崇君主的“秩序国家”，政治经济学倡导限制王权的“法治国家”；官房学重视重商主义的经济政策，政治经济学反对政府干预，要求自由放任。唯有在财政学方面，官房学重视“科学性”的传统被很好地继承了下来。在《国民财富的性质和原因的研究》第四篇中，斯密（1983，P1）开篇为政治经济学所下的定义，就是“政治家或立法者的科学”。显然，斯密认为政治经济学的首要目标并非为私人部门服务，而是帮助政府成员理解其立法、行政行为的后果。将官房学所说的“君主”，改换为政治经济学家口中的“议会”，并未损减“国家”实体在这两个学派中的核心地位。进一步的，斯密所强调的分工为进步之源泉的观点，在应用于政府时，与官房学强调的职业公务员的重要性并无二致。因此在“光荣革命”之后英国的一系列财政改革中，出现了征税人公务员化、征税渠道国有化、税收收入持续增长等现象，都是官房学在欧洲大陆极力主张而不能实现的举措。

尽管如此，法治国家这一国家治理理念，还是对财政学的发展产生了根本性的影响。一方面，它改变了政府的构成，决策者由君主变为议会，尽管这一时代的议会成员仍然来自占人口极少数的特权人士，但相较于君主制，决策者与协助者的范围仍是大大扩张了，所代表的国家利益也更具有公共性。另一方面，它限制了政府的职权范围，重视保护公民的法定权利，特别是财产权利，与自由放任的政策主张紧密贴合。在财政领域中，这两个方面是有矛盾之处的。为了满足国防、司法、行政等社会必需的国家支出，政府不得不征税，甚至需要举借大量债务，然而这又必然导致公民的利益损失，以及危及市场的正常运转。如何在这两方面保持一种平衡？此前的财政学研究不能回答这个问题。因为在官房学的基本假设中，国家与其成员的利益是完全一致的。但若是将个人自由作为一种至高无上的公民权利，那么国家与公民的利益冲突就必定是一种常态。在这种冲突中，财政应当如何自处？Dome（2004）将“如何构建一种与自由与商业社会相容的财政体系”这一问题称之为“休谟难题”，因为大卫·休谟考察过这一问题，但却没有得出答案。这也成为了政治经济学时代财政学研究的中心问题。英国的政治经济学家们大都持有尽可能少的政府干预的想法，但面对国防支出不断推高国债水平的现实，除了批评之外却也提不出什么更好的解决方案。休谟所期望的解决这一问题的哲学性原理一直都没有出现。因此，尽管在政治经济学时代的中后期，出现了专门的财政学教科书，但内容主要是对财政实践的描述和对具体财政问题的分析，欠缺完整的理论框架，如 Bastable（1892）的《Public Finance》就是如此。

四、财政学的经济学时代

1928 年出版的英国经济学家 Pigou 的《A Study in Public Finance》，被引入美国后成为当时最主要的财政学教材之一。在这本书中，Pigou 使用了他在《The Economics of Welfare》（1920）一书中创立的外部性理论，提出了补偿原则作为财政学的基础理论，其原理与后来的公共产品理论极为相似，而公共产品理论正是现代财政学的基石之一。因此，本文将其视为财政学的经济学时代的肇始之作。虽然政治经济学向经济学的转变往往以英国经济学家 Marshall（1890）的《Principles of Economics》为标志，但学术界基本都同意，美国才是现代经济学开花结果之地，它也同样是财政学的经济学时代的研究中心。

经济学时代的财政学，面对“休谟难题”，采用的方法是干脆否认存在国家利益。没有了国家利益，自然就没有了国家利益与个人利益的冲突，因此只要建立一个能够满足社会（个人的加总）利益最大化的财政理论，就能回答“如何构建一种与自由与商业社会相容的财政体系”这一问题。这一思路的背后，隐含的是一种“民主国家”的国家治理理念，即国家不仅仅是要像“法治国家”所要求的那样服从于法律，而且国家自身本就只是一个反映民意的法律程序，它不是一个实体，没有自己的独特利益。

1998 年，在德国慕尼黑大学举办了一场研讨会，经济学时代的两位财政学巨擘 Buchanan 与 Musgrave 分别对自己一生的学术生涯进行了总结，其后两人的讲稿与讨论集结成册，被命名为《Public Finance and Public Choice — Two Contrasting Visions of the State》（1999）。Buchanan 与 Musgrave 不约而同地将国家看作一种程序和机制，而不是一个具有独立利益的实体。Buchanan 指出，政府本身不过是一个复杂的交互过程，没有内在一致的选择函数（Buchanan，1999，P23）。Musgrave 则认为国家简单来说就是一个契约制的风险企业，建立在个体成员的基础之上，并处理他们共同面对的问题（Musgrave，1999，P31）。这种迥异于官房学与政治经济学的对国家的看法，正是经济学时代的主要思想特征。

正如 Buchanan 与 Musgrave 在国家问题上的相同点反映了当前财政学的主要特征一样，两者的差异也反映出了当前财政学的矛盾之处。Buchanan 以美国 20 世纪 60 年代之后出现的财政失衡为依据，认为国家是必须通过宪政（包括财政立宪）来加以限制的利维坦（Buchanan，Wagner，1977）。Musgrave 则认为对于有效的政府运作来说，坚强的（行政与议会层面上的）领导是必须的，他举出大萧条中的罗斯福与二战中的丘吉尔为例，以此反对 Buchanan 等人将公务员刻画为懒惰的官僚主义者和腐败分子的做法（Buchanan，Musgrave，1999，P35）。这在一定程度上反映了理念与现实之间的背离。民主国家并不是完美国家的代名词，无论如何设计民主程序，国家权力仍然可能被少数人用于谋取私利、损害公益，但如果严格限制政府的决策与执行能力，国家在迎接挑战、适应变化方面就会力所不及。构建财政体系的目的，究竟是使之成为限制政府行动的锁链，还是增强政府能力的引擎，这在理论上仍然是个未能达成共识的问题。

五、财政学理论体系再造的必要性

通过以上的历史回顾，本文尝试性地提出以下几个观点。

第一，财政学的发展是一种演化而不是一种进化。

演化与进化的区别，在于进化意味着“新的”总是比“旧的”好，而演化并不认为“新”“旧”有好坏的差别，只是适应了各自的环境而已。

在近三百年的发展变化中，财政学理论似乎展示出了一种不断脱离“国家”的趋势。官房学时代的财政学以支撑国家富强为己任，不妨称之为“国家财政”；政治经济学时代的财政学以维护市场秩序目标，极力缩小财政职能的范围，不妨称之为“市场财政”；经济学时代的财政学，否认国家的利益主体地位，主张财政是为全体选民服务的公共产品提供者，强调透过政治程序反映出来的民意是决定财政活动的范围与规模的关键，不妨称之为“社会财政”。

然而，应当注意的是，这是在三个不同时代、三个不同国家（地区）中发展出来的三种财政理论。它们适应了各自的国情，是演化而非进化的产物。技术的发展通常被认为是一种进化，因此用火的原始人若是能用上电，生活必能大幅改善。但财政学的发展则完全不具有类似的特征。在18世纪的西欧大陆，面对强敌环伺的险恶局面，若不主张“国家财政”，国家迅即就会灭亡。19世纪的英国远离欧陆，方能在较稳定的环境中“闲庭信步”般的进入现代，也才可以提出“市场财政”这样的主张，同时代的奥地利与德国则仍在战争的威胁中苦苦挣扎。待到20世纪，英吉利海峡也阻挡不住先进武器的进攻时，财政学的研究中心则转移到了与欧洲大洋相隔的美国，以超级大国、全球霸主的地位，美国才可能完善民主制度，推进“社会财政”。18 世纪的普鲁士君主不可能采用“市场财政”，19 世纪的英国贵族议员们也绝不会允许“社会财政”，这是财政学发展与技术进步完全不同之处。因此，尽管不否认财政学技术层面的发展具有持续性，但“国家财政”“市场财政”与“社会财政”更适合被看作是三种并列的、适应不同国家态势的财政形态，而不是相继而起、以新代旧的进化过程。

以上述 Buchanan 与 Musgrave 的争论为例。Musgrave 在 1939 年发表代表作《Voluntary Exchange Theory of Public Economy》，并提出著名的财政三职能，此时正是美国经历大萧条之后，面对世界大战烽火之际，这种态势自然将国家的领导地位突出出来，因而他的财政理论中难免带有“国家财政”的色彩。而 Buchanan 于 1977 年发表《Democracy in Deficit》时，美国面对的问题是凯恩斯主义政策与福利国家建设导致支出膨胀，引发种种政治、经济与社会问题，因此他强调财政纪律，限制政府，因而带有一定程度的“市场财政”成分。

笔者因此主张，不要将当前的主流财政学作为财政学发展的唯一范式，而是应当从“国家财政”“市场财政”与“社会财政”中求同存异，共同汲取营养。

第二，财政学有必要引入更多的政治学与社会学的相关内容与分析方法。

官房学时代的财政学，极其重视国家的作用，奠定了财政学的政治学基础；政治经济学时代的财政学，强调国家要顺应经济规律，构建了财政学的经济学基础；经济学时代的财政学，主张财政要依据民意，满足社会需要，形成了财政学的社会学基础。当代财政学的发展应当融合三个学科的相关合理内涵，而不仅限于经济学的研究范式。

首先，从政治学角度对国家进行分析对理解财政收支的成因至关重要。脱离了对国家治理模式的探讨，财政学或“公共部门经济学”

在分析政府的经济活动方面，现实价值大幅降低。Buchanan 与 Musgrave 分别是当前财政学两大主要流派的代表人物，他们对财政学的研究也都是从国家角度切入的。特别是对 Buchanan 来说，他的重要的学术贡献之一就是将投票这一政治程序的重要环节纳入到经济分析中来，因而才会以“公共选择”称呼其学派。可见，脱离对国家的政治分析，无法说清财政收支的决定因素。

其次，财政收支活动的效应绝不仅仅限于经济领域，对社会也会产生重大影响。当前发达国家的一个现实是社会性支出大致占到全部财政支出的一半左右，这还没有包括大量与社会福利相关的税收支出。规模如此庞大的财政活动，不仅影响到社会中资源配置的状况，还会对社会关系与社会结构产生重大影响。缺乏从社会学角度对财政收支效应的分析，财政学也不完整。

再次，财政学的发展不必也不可能脱离经济学的成果。“经济学帝国主义”这一学术现象，本身即已说明经济学在研究方法上较其他社会科学有其优越之处。近些年来，不论是政治学还是社会学领域，都涌现出了大量以经济学研究方法为基础的成果。更何况现代财政收支活动作为社会再生产过程的有机组成部分，直接受到经济规律的支配。我们所强调的是，不能因此拒绝政治学与社会学的思想与方法。理解现实的财政活动，为现实的财政活动提供指引，要求财政学具有更大的包容性。

第三，中国财政学的发展必须适应中国的国情。

我国计划经济时代的财政学，曾高度突出国家的作用，其中一个主要流派被称为“国家分配论”，即视财政为“国家集中分配过程中形成的以国家为主体（即以国家为主导方面）的分配关系”（陈共，1965）。改革开放后，财政学界有意识地放弃了“国家”在财政理论中的中心地位。在 1983 年发表的《关于财政理论坚持唯物史观的几个问题》中，陈共教授修正了国家分配论的观点，强调了财政的经济属性。他指出，“研究财政问题始终不应忽略一个基本事实：即任何暴力（包括国家政治权力）不能创造物质财富……国家能够决定财政政策，但不能决定财政规律。如果把财政政策看成一条曲线，这条曲线的轴线则是财政规律，国家只能在财政规律这个中轴线的一定范围之内决定财政政策……国家为了维护其赖以存在的经济基础，可以实行不同的财政政策，然而财政政策的执行后果如何，却不是由统治集团的意志决定的”。随着西方财政理论与研究成果的不断引入，目前我国财政学教科书的体系已基本与西方主流教科书没有什么差别。

如前所述，西方财政学有其内在的矛盾之处，引入西方主流财政学，也就引入了这种矛盾。但更严重的是，现代经济学构建模型、推导结论的演绎方法，倾向于产生某种放之四海皆准的普遍性结论。这种方法看似客观，但在其基础模型构建中其实已经设定了某些关键的制度条件，因此在应用于制度条件不同的国家时，往往产生不令人满意的结果。所以，美国经济学家以美国的国情为基础写作的财政学，对于解释美国的财政现象是有说服力的。但将同样的理论应用于中国，如果仅仅是对数据做简单替换的话，结论往往是形成对中国现实的批评意见。批判现实一向是推进中国改革的积极力量，但如果批判的根源在于基本制度的不相容，则批判最终会成为否定现实的消极力量。譬如说，三权分立、两院制和多党制，都是西方民主制度的基本组成部分，但是中国有与之不同的民主制度。如果一旦涉及财政预算相关问题，就对比西方国家，批评我国制度不健全，显然不是具有建设性的研究方法。

中国的国情与现实，已经促使学术界对过去三十年不加批判地吸收西方财政学思想所产生的弊端加以反思。高培勇（2014）提出，“财政绝不仅仅是一个经济范畴……从根本上说来，财政是一个跨越经济、政治、社会、文化和生态文明等多个学科和多个领域的综合性范畴”。

陈共教授（2015）最近指出，“我国财政理论界过去对财政学对象的研究是有成果的，但也存在一种明显的倾向，主要是侧重或者限于经济这个侧面，忽视政治这个侧面，重视从经济学角度研究财政学，轻视从政治学角度研究财政学，强调财政学是研究财政运行规律，忽视财政收支治理的实践”。他还强调道，“从财政学科的属性来看，财政学是一门综合性很强的学科，不仅是经济学和政治学的交叉，而且也是和不少的相关学科相互的交叉”。从20世纪60年代主张国家在财政活动中的中心地位，到80年代改革开放后反思“国家分配论”对经济规律的忽视，到当前再度反思财政学对经济规律的过度侧重，陈共教授这位我国财政学泰斗的思想变化，正是我国财政学发展路径的一个缩影。经济规律固然重要，但财政学仅仅研究经济规律是不够的。

财政学的发展是和国家的兴盛联结在一起的。当欧陆国家走在现代的前沿时，官房学时代的财政学因此成为显学；英国成为了“日不落帝国”，政治经济学时代的财政学因而受人瞩目；美国二战后俨然西方国家的领袖，经济学时代的财政学才成为各国学习的样板。中国的财政学如要有所突破，也必须紧扣中国的国情。如果说在“中国的市场经济不同于欧美”这一问题上，观点还存在争议的话，中国的政治制度与社会文化则肯定与欧美国家有着巨大的差别，而这种差别必然对中国的财政学产生重大影响。从这个意义上说，官房学时代财政学对国家作用的重视，在中国当前仍旧具有重大的现实意义，毕竟我国政府在政治、经济、社会中的突出作用，是中国与西方发达国家的一个重要差别。中国的财政学者应当直面这种差别，理解它，分析它，阐释它，然后才能改进它，推进财政领域的改革走向深入。这是中国财政学发展的正途所在。为此，除了经济学的分析工具以外，政治学与社会学的思想与方法也是必不可少的。

附录二　对西方主流财政理论的现实批判

在回顾了西方财政理论的历史发展后，研究新中国财政理论的发展历程，以求从中国财政理论发展的现实角度，批判性研究西方主流财政理论在我国“水土不服”的原因。依照附录一的研究思路，本文也从财政学中的“国家”这一视角入手。

财政是一种以国家为主体的经济行为。界定财政学基本概念与范畴的财政基础理论，必须回答财政与国家之间的关系这一问题。在新中国的历史上，根据两者关系的不同，可以将财政学基础理论的发展划分为“计划经济财政学（1945—1977 年）”、“市场经济财政学（1978—2012 年）”与“国家治理财政学（2013 年至今）”三个时期。其间经历了从强调“国家”，到忽视“国家”，到再度强调“国家”的“否定之否定”过程。

研究理论变迁的困难之一，在于一个较长时期中的理论变化中，同时包含了时代的共性差异和各时代代表性学者的个性思想差异，两者交织在一起。作为新中国财政理论的重要奠基人、“国家分配论”的倡导者之一，陈共教授根据中国经济社会发展的历史进程，不断丰富和发展“国家分配论”，使得我们可以从他的思想变化入手，研究新中国财政基础理论的发展。

一、计划经济财政学：特殊与一般

在计划经济时期，陈共（1965）指出，财政与国家的本质联系是由社会主义的性质决定的，是国家实行无产阶级专政的工具。换言之，财政的目的就是满足国家的政治需要，而满足的方式则是调节以国家为主导的各种分配关系，如国家与国营企业的关系、国家与集体经济的关系、国家与居民个人的关系，等等。这决定了财政的基本特征是集中性与无偿性。集中到何种程度，无偿转移的社会产品的规模有多大，关键在于对社会产品价值中 c、v、m 三者间合理比例关系的判定。在马克思再生产理论中，c 是补偿价值，v 是用于劳动者消费的部分，两者的用途都已事先确定，因此调节三者比例的关键就在于 m。国家通过财政对 m 进行分配，就能够对社会产品价值创造过程进行有效的控制。因此陈共明确指出，财政分配的对象是 m，财政收支在物资上的对应物就是“补偿全社会物质消耗以后余下的生产资料”和“补偿生产领域消费基金以后余下的生产资料”。这一观点被称之为“国家分配论”，是计划经济时代我国财政学研究的主导性理论。

与上述理论提出的时间相距 10 年左右，西方财政学中也出现了一次基础理论的重大突破，这就是 Musgrave（1957）的财政三职能理论。他提出财政的主要职能为配置、分配与稳定，其目的在于修正市场失灵的结果。他赞同凯恩斯主义得出的市场失灵不可避免的结论，也认识到不同类型的市场失灵需要匹配不同的纠正手段，因而经验性地归纳出了应对三种主要市场失灵后果的财政干预措施。财政的配置职能用于解决公共产品或社会产品提供不足的问题，财政的分配职能用于解决不公平的收入分配状况导致选民无法正确选择预算规模的问题，财政的稳定职能用于解决失业与通货膨胀问题。Musgrave（1989）承认，三职能之间有可能存在相互冲突的情形，并不能为解决现实中的财政问题提供“一般性”的解决方案，其更实际的作用是提请决策者注意，财政活动需要在三方面相互协调，避免偏颇。

表 1　　20 世纪 60 年代中外财政基础理论的对比

	制度基础	理论依据	财政的目的	财政的对象
Musgrave	西方民主制度 市场经济制度	凯恩斯主义经济学	纠正市场失灵	配置、分配与稳定
陈共	人民民主专政 计划经济制度	马克思主义政治经济学	满足国家需要	调节分配关系

我们将两种理论的差异总结为表 1，从表 1 中可以看到，两者相互区别的根本不在于理论表述，而在于其生长的政治与经济制度的土壤不同。Musgrave 强调的市场主导资源配置和市场机制引发的宏观经济不稳定，都是市场经济制度的产物，计划经济中没有对应的现象，因而也不会有对应的理论。而他所说的分配职能，则建立在西方选举制度的基础上，其含义自然也和“人民民主专政”国家的分配活动毫无相似性可言。若是将“计划经济”看作是自近代以来全球范围内“市场经济”发展过程中的一段错误的弯路，那么“计划经济财政学”或许也只是整个财政学发展史上的一个偏离主流趋势的插曲。但如果将计划经济看作是新中国在国际孤立、百废待兴中集中力量谋求迅速发展的国家战略，则“计划经济财政学”中必然包括了一些与中国国情相适应的特殊性在内。这种特殊性在此后的国家发展中，仍然不能忽视。

从适应国家需要这个角度看，“国家分配论”与“财政三职能论”其实是具有共性的。因为后者本身也是适应战后重建、铁幕形成和福利国家运动勃兴等现实状况而提出的，与此前的古典自由主义的财政观念相比，在倡导国家积极干预方面有了极大的进步。回顾西方财政学的发展历程，每一次学术浪潮变化时财政基础理论都会做出相应的调整，但这种调整总是符合当时走在现代化发展最前沿的国家增强国家能力的需要，这可以说是财政学发展的一般性规律①。

① 参见刘晓路和郭庆旺（2016）对财政学近 300 年来发展脉络的梳理。

二、市场经济财政学：适应与不适应

改革开放之后，市场经济成分的引入对中国的经济制度产生了重大冲击，势必要求财政理论做出相应的变化。在1982年的《论以再生产为前提建立社会主义财政学》一文中，虽有大量对社会主义财政与资本主义财政加以区别的讨论，但陈共已认识到两者之间“无疑是具有某些共同的地方”。进而提出，“从根本上说，决定财政的产生与发展的不是国家，而是经济条件……任何国家权力最终要受经济条件的制约”。虽然仍旧强调国家分配论在解释财政本质与起源上的有效性，但在分析现实问题时，重心明显远离“国家”，偏向“经济”。这种表述上的差别，正是计划与市场调节相结合的经济制度调整在财政思想上的反应。

1992年邓小平“视察南方谈话”后，中国经济体制转轨的市场趋向性日益明显，财政思想的变化也因而更加全面和系统。陈共（1995）因应这种变化提出了“社会公共需要论”。他指出“在现代市场经济背景下，即使主张财政是以国家的存在为依据，但也必须从市场经济出发来重新认识并界定财政的职能范围”。市场和财政是两种不同的资源配置方式，“市场是通过要素价格实现分配，主要是满足个人和企业的个别需要；而财政是一种政府行为，是满足市场所不能满足的那些需要，概括地说，可称为社会公共需要”。社会公共需要的范围，则依据西方经济学中“公共产品理论”中的非竞争性与非排他性来界定。在1994年出版的《财政学》中，陈共列出了资源配置、收入分配、稳定与发展三项财政职能。这种分类法与Musgrave（1957）的财政三职能理论在形式上高度近似。西化之门一开，便成不可阻挡之势。此后国内的财政学教科书趋近于西方主流财政的趋势越来越明显。

西方主流的财政理论，具有一种“国家缺失”的特征。在当前流行的中外财政学教科书中，很少见到“国家（State）”一词，涉及国家的收支活动时，往往写作“政府收支”。这主要是因为西方主流的财政理论，以一种特定的政治模型为前提。在这种模型中，国家作为一个独立的组织是不存在的，因为它没有使自己区别于其他经济与社会主体的特殊目标。政府被认为是一个角斗场，各种利益团体在其中斗争与妥协，形成最终的政策。Buchanan 本人就明确地指出，政府本身不过是一个复杂的交互过程，没有内在一致的选择函数（Buchanan，Musgrave，1999，P23）。既然财政所依托的“政府”仅仅是一套代入利益团体之后才能得出结果的程序，哪里来的国家呢，哪里还有必要讨论国家对财政的影响呢？

一切成功的理论都以能够最好地解释现实作为自己成功的基石。改革开放后，西方财政理论之所以能够在我国大行其道，主要是因为中国开始实行社会主义市场经济体制。陈共在 1982 年论文中的表述，反映的正是这样一种情况。但在基本政治制度不同的情况下，这种理论上的趋同显然是有极限的。国家以及与国家相关的各项政治安排对财政的影响，终将变得越来越突出。西方主流财政理论中的“国家缺失”现象，是依托于西方民主制度而存在的。然而在中国不存在这样的制度基础的情况下，西方主流财政学的适用性就受到了很大的制约。那么，是不是随着中国市场经济的完善，中国的政治制度就会自然转向西方模式，西方财政理论就能完全适用于中国了？报持这种想法的人，恐怕忽视了一个重要的政治学概念——“国家自主性”。

三、国家自主性对财政基础理论的影响

作为一种对特定领土和人民主张其控制权的组织，国家可能会确立并追求一些并非仅仅是反映社会集团、阶级或社团之需求或利益的目标，这就是通常所说的“国家自主性”（斯考克波，2009，P10）。

对于财政基础理论来说，国家自主性的影响主要体现在以下两个方面。

（一）国家是否存在自主性，决定着财政学的逻辑起点到底是“国家”还是“市场”

如果国家具有自主性，则以选举为核心的民主制度的运行结果就不足以完全决定国家行为，也就不能仅仅依靠对“经济市场”与“政治市场”的理解来认识财政活动，必须将国家的意志与能力放入分析之中。国家意志不同或是发生了变化，财政理论也会相应调整，因此没有在任何国度、任何时期普遍适用的财政理论。而如果国家没有自主性，那么就如 Buchanan 所指出的，财政活动只是各个社会利益集团相互斗争与妥协的结果，那么“国家”就只是一个容纳和规范这种斗争与妥协的平台，本身不是一个需要特别重视的因素，西方财政学的理论应当在任何市场经济国家中都具有普适性。

关于“国家自主性”的研究，传统上主要围绕马克思主义和韦伯主义展开。早期马克思主义认为，“国家，政治制度是从属的东西，而市民社会，经济关系的领域是决定性的因素”（恩格斯，1888，P251）。更进一步的，“国家……在一切典型的时期毫无例外地都是统治阶级的国家，并且在一切场合在本质上都是镇压被压迫被剥削阶级的机器”（恩格斯，1891，P176）。既然国家是以社会为基础的上层建筑，那么就不存在脱离社会的国家自主性，因此在国家问题上采取一种以社会为中心的分析视角。Weber（2015）则认为，“国家是有限地域范围内合法使用暴力的唯一垄断者”，并且指出“民族国家绝非只是单纯的上层建筑，绝非只是统治阶级的组织，相反，民族国家立足于根深蒂固的心理基础，这种心理基础存在于最广大的国民中，包括经济上受压迫的阶层”（韦伯，1997，P99）。这意味着国家是一种独立于社会之外、甚至超脱于社会之上的组织，因而具有自主性，这一看法发展为以国家为中心的分析视角。

第二次世界大战之后，多元主义在西方国家（特别是美国）盛行（斯考克波，2009，P5），这种观点否认一元国家论，认为国家的权力来源有多个，因此论及国家问题时往往倾向于使用“政府”一词。政府被视为一个平台，各个利益集团在其中透过民主程序相互斗争与妥协，最终决定公共政策。显然，多元主义与早期马克思主义的结论比较相近。由于美国是这一时期财政学的主要研究中心，因此这一观点也成为了 Musgrave 和 Buchanan 所发展的现代财政理论的前提和基础。然而进入 20 世纪 70 年代之后，马克思主义阵营中出现反对政治多元主义的新国家自主性理论。

新马克思主义学者发展了恩格斯提出的国家具有“相对自主性”的看法。恩格斯在分析法国波拿巴主义和德国俾斯麦主义时谈道，“有这样的时期，那时相互斗争的各阶级达到了这样势均力敌的地步，以致国家权力作为表面上的调停人暂时得到了对于两个阶级的独立性”（恩格斯，1891，P172）。恩格斯认为这种国家不代表统治阶级的状况是一种特例，不具有一般性。但波朗查斯（1982，P323）在重新审视这些历史时期后指出，“资本主义国家在履行其政治功能的时候，要依赖被统治阶级，并且有时候愚弄它们去反对那些统治阶级。它在这么干的时候确实意识到了它所具有的包含在国家制度中的那种针对统治阶级的相对自主性”。换言之，国家自主性是国家履行职能的充要条件，绝不仅仅是暂时或偶然的例外情形。而国家的职能是什么呢？“严格说来，国家的技术经济职能、意识形态职能或‘政治’职能是并不存在的：存在的只是由国家所处地位而注定的综合的调和职能”（波朗查斯，1982，P44）。不具有“相对”的自主性，国家就无法进行必要的调和，也就无法从根本上保证统治阶级的长期利益。因此，具体到某个特定的时期中，国家的“相对自主性”实际上无异于“绝对自主性”，以一种维护社会共同利益的面目出现。

另一位新马克思主义学者密里本德，反对传统的“国家是经济上居于支配地位的统治阶级的工具”这一说法，认为这是“建立在阶级权力自动转化为国家权力这个假定之上的，实际上，并不存在这种自动转变”（密利本德，1984，P72），这就为“国家自主性”留出了空间，这与波朗查斯的结论是一致的。但密利本德除了在理论上分析国家自主性是否存在以外，更从现实的角度，提出了根据国家形式来分析某个特定国家“自主性”程度高低的方法。也就是从一国的国家相关制度特征入手，探讨其自主性的现实来源及其后果。密利本德据此对发达资本主义国家、第三世界国家和共产党国家的自主性进行了分析。例如他指出，发达资本主义国家中采用的民主制度，使得国家具有了一定程度的自主性，但由于“根据社会出身、教育和阶级状况，那些在国家体制中控制着所有支配职位的人，主要并且在绝大多数情况下来自实业界和有产者，或是来自自由职业中产阶级”。许多“新马克思主义”学者都采用类似方法对国家问题进行探讨，涉及国家在封建主义向资本主义转型过程中的作用、发达工业资本主义民主国家中政府对社会经济事务的干预，以及资本主义世界经济体系下依附型国家政府的本质和作用等（Anderson，1974；Esping - Andersen，1976；Offe，1974；Therborn，1978；Wallerstein，1980），产生了深远的影响。

（二）倘若国家具有自主性，影响自主性程度高低的因素有哪些，财政在其中发挥着什么作用

新韦伯主义学者视“自主性”为国家的基本属性，因此他们对国家自主性的研究主要集中于“国家如何提出自己的目标”以及“国家如何实现自己的目标”这样与国家治理直接相关的问题上。对于他们而言，“国家自主性”与“国家能力”是一对相辅相成的概念。一方面，国家希望做什么，总是要受到国家能够做什么的制约。国家若是能够动员全部的社会资源，那么，这样的国家自主性在一国之内确实可以达到“自在自为”的程度。但事实上，没有任何一个国家有这个能力。在受到社会成员抵抗或不合作的情况下，国家的自主性的大小势必取决于可能动员的社会资源量的大小。但另一方面，能力总是相对于目标而言的，没有稳定持久的目标，国家能力的度量也无从谈起。因此，Skocpol 将国家能力概括为“贯彻公务目标方面，尤其是通过克服强有力的社会集团实际的或潜在的反对力量来贯彻这些目标”的能力（Evans，Rueschemeyer and Skocpol，1985，P9）。Migdal（1988，P33）则认为国家能力是“国家通过种种计划、政策和行动实现其领导人所寻求的社会变化的能力”，主要表现为“影响社会组织、规制社会关系、抽取资源和拨款或以特定的方式使用资源”。他们都在强调国家能力大小对国家自主性强弱的双向影响。

认识到国家自主性与国家能力的一体两面性质，意味着财政作为国家能力中资源汲取能力①的主要手段，不但是国家实现自身意志的工具，同时也具有塑造国家意志的功能。根据韦伯对国家的定义，国家是合法的暴力使用者，因此强制力当然是国家能力的一个重要来源。但强制力固然能够使社会服从，却会压制社会的自主创造能力，最终导致可供国家抽取的社会资源不足，从而削弱国家能力。Nordlinger（1987，P369）认为，国家能力不仅体现在国家能够排除社会的抵抗力量实现目标，还在于国家能够改变个人的行为模式，甚至社会和经济的结构。从这个意义上说，财政不仅仅要为政府的强制力提供经济支持，还包括引导社会精神文明建设、营造稳定的经济环境、促进社会成员自立自强、提供风险保障等职能。西方传统财政学从市场失灵的

---

① Kuglerand Domke（1986）指出，国家与社会之间存在资源配置上的竞争。社会资源指的是一国人口所产生的人力与物质资源的总合。政府资源则是为了实现执政者的目标而从社会资源中抽取出来的部分。Wang and Hu（2001）将国家汲取能力定义为政府从社会获取财政资源的渗透能力，并认为这是国家制度建设（State Building）的首要任务。

角度也对这类职能进行了论述，但国家从自身发展需要出发有意识地执行这类职能与被动地满足市场经济的需要提供这类职能，性质显然不同，表现形式也不会一样。

更为重要的是区别是，弥补市场失灵的财政活动并不会改变市场机制的运作，但财政活动对个人行为模式、社会经济结构的影响，反过来会作用于国家意识本身，形成一种正向或反向的互动。这有助于我们超越静态的财政职能理论，从动态的角度理解财政发展的含义。在某些特殊的阶段，执政者会意识到必须实行社会政策、经济改革和制度变迁才能实现发展或度过危机，而因此受到影响的既得利益群体，往往在社会中占据主导地位。执政者需要有能力克服主导利益群体的反对，才可以将改革贯彻到底。例如，个人所得税在欧洲曾长期遭到资产阶级的强烈反对，正是战争中筹措军费的需要推动了该税的产生，也是在二战中，它才成为了西方各国普遍接受的税种。随着所得税成为主体税种，财政的收入分配职能也变得日益突出。在这个过程中，国家对抗主导利益群体的影响、创设新财政制度所展示出来的明确的自主性，是当前发达国家成为今日这种形态的一个关键。这点认识对于发展中国家的财政实践来说，至关重要。

综上所述，“国家自主性”作为一种客观事实，其存在的依据和表现的形式被各个方面的研究揭示得越来越清楚。理论分析和国际比较都表明政治多元论和早期马克思主义对“国家自主性”的否定判断是不可靠的，而“国家自主性”作为分析现实问题的工具的作用也在不断增强。特别是与之紧密关联的“国家能力”概念，被广泛用于政治、经济问题的讨论，成果众多。从这些研究进展看，主流西方财政理论不考虑“国家”的立场，是值得商榷的。只要国家存在自主性，就不存在一种唯一的、最优的国家制度。即使同样采用市场经济体制，各个国家也会由于国情的不同，相互之间有所区别。特别是在中国，国家自主性比西方国家表现得更加明显，政治制度与西方趋同的可能性也就更小，将中国财政学的理论基础建立在西方国家的市场经济理论上，就显得尤为不恰当。

四、国家治理财政学的兴起

2013 年党的十八届三中全会《中共中央关于全面深化改革若干重大问题的决定》中提出将财政作为“国家治理的基础和重要支柱”后，财政学界在财政与国家关系的问题上出现了新的认识，主要体现为对财政理论过于偏向“经济学”的反思。陈共（2015）指出，“我国财政理论界过去对财政学对象的研究是有成果的，但也存在一种明显的倾向，主要是侧重或者限于经济这个侧面，忽视政治这个侧面，重视从经济学角度研究财政学，轻视从政治学角度研究财政学，强调财政学是研究财政运行规律，忽视财政收支治理的实践”。可以这样理解，强调政治学的研究视角和财政收支治理实践，实质上就是在谈财政学应当考虑“国家”和“国情”两个要素。

西方国家的财政研究，在实践层面上不可能不考虑“国家”与“国情”的差别，但主流财政理论仍然停留在政治多元主义的立场上，并未吸收“国家自主性”研究的最新进展，依旧否认国家作为一个关键因素对财政活动的决定性作用。如果说西方民主制度为这种做法提供了至少是形式上的合理性，那么在中国，这种形式上的合理性也不存在。新中国成立以来，国家自上而下地推动着政治、经济与社会的变迁，计划经济时代如此，改革开放时代也是如此，这是中外研究中国问题的学者的基本共识。如此突出的国家自主性，难以用任何方式加以否认。从这个角度说，国家自主性问题可说是理论上反对将西方主流财政学简单应用于中国的关键。受篇幅所限，我们仅从下面两个方面说明我国国家自主性异于西方之处及其对财政基本问题的影响。

（一）政党制度对国家自主性的影响

任何政党都有区别于其他政党的意识形态特征，政党一旦成为执政党，其意识形态诉求也就转化为国家自主性的重要组成部分。相较于我国一党执政的政党制度，西方国家普遍采用的多党轮流执政，在国家自主性上明显受到更大制约。首先，政党轮替意味着任何一个政党都无法实现其独特的执政目标，限制了其实施与其意识形态相符合的长期规划的能力。其次，政党间为执政进行的选票竞争，势必导致短期政策向中位选民靠拢，模糊了政党间相互区别的意识形态差异。执政党意识形态特征越薄弱，国家自主性的程度自然就越低，国家能力的构建也越容易失去方向。

此外，国家治理是一种建立在官僚体系基础上的集体活动，需要政府官员全体对于远期目标和近期优先事项达成认识上的一致，为以此为基础形成具体的责任感，并发展出相应的工具和手段。这种集体理性的形成是一个长期的制度问题，而不是短期的组织问题（埃文斯，2009）。中国共产党建国60余年来的执政经历，已经将这种集体理性与执政党紧密融合在了一起。由此形成的国家自主性与国家能力的互动发展，与西方国家有显著的不同。从财政的角度看，单一执政党确保了中国的预算过程不会成为政党斗争的工具，有利于制定长期发展战略，但弊端在于预算过程的公开度与透明度不够，有可能因吸纳的信息不充分导致错误决策，也可能导致民众对预算的合理性产生质疑。兴利除弊，需要对现行的预算过程进行细致的分析，提出改进意见，但不能简单认为没有西方式的议会民主，就不可能有好的预算。

（二）政府制度对国家自主性的影响

任何国家都存在多个政府，中央政府与地方政府之间的关系是政府制度的核心内容。由于中央政府只有一个，而地方政府数量众多，在政府制度中越是强调地方政府的权益，则代表国家的中央政府受到的限制就越多，贯彻落实中央政府意图的能力就越弱，国家自主性程度也就越低。西方国家往往从基层政府的运行效率角度出发，强调分权的优越性。并由此提出了“基层性（Subsidiarity）”是政府职能分工的基本原则，即提供公共服务的职能应优先赋予基层政府，除非基层政府被证明欠缺必要的能力。如1985年的《欧洲地方自治宪章》中第4条第3款的规定就与之一致：公共责任应优先由距离人民最近的政府来执行。相较于西方国家崇尚的“地方自治”“联邦制”观念，我国的“郡县制”传统明显更强调中央政府的权威。刘晓路（2011）指出，我国当前的政府制度中，仍保留有大量的郡县制特征。Fukuyama（2014）也认为，“西方关于中国的解释没能认识到，事实上，中国……是第一个创造了现代国家的文明，这样的国家是中央集权的、官僚制的并有着摆脱个人色彩的追求。西方的解释脱离了那些当今中国政权赖以建立的深层国家性质。事实上，今天共产党统治中国的方式与王朝时期的中国有着巨大的连续性。”

对比中西两种政府制度观念，核心的区别在于两者的逻辑起点不同。西方强调公共权力首先归属于基层政府，基层政府做不了或做不好的事转移给上级政府；中国强调公共权力首先归属于中央，中央逐级发包下放（周黎安，2008，P191），最终落实到基层政府。西方采用选举制，用民意来抑制地方政府的贪权或贪污行为；中国则使用任命制通过考核来实现同样的目的。逻辑路径的不同导致了作为起点的西方基层政府和中国中央政府相对会保留较多的权力，也会为此制定不同的制度来保证政府的运行效率。但归根结底，不论自下而上还是自上而下地进行权力配置，本身没有对错之分，最终的判定标准是能否适应国家履行职能的需要。至少，在面对较大规模的政治、经济和社会冲击时，中央政府明显比基层政府更能发现问题，也更适合作为制度调整的发起者。比如说任何国家在战时都会将权力集中到中央。因此在讨论我国的财政分权问题时，不考虑国家的战略意图，不分析政府的制度沿革，简单用西方的标准来评价和推动我国的财政体制改革，其结果是很难令人满意的。

（三）国家治理财政学

正是由于中国与西方国家在“国家”与“国情”问题上存在巨大差异，我国财政学才有必要建设一种具有中国特色的财政理论。我们之所以将其称为“国家治理财政学”，一方面是因为十八届三中全会《决定》将财政与国家治理相联系，才引发了当前学术界对这一问题的重视，突出了“国家”在财政学中应具有的核心地位。另一方面则是由于“国家治理”一词最好地展示出了今时今日“财政”职能的全面性。

从国家诞生的那一日起，国家就在进行治理活动，但治理的范围有不断拓宽的趋势。早期的民族国家，将击败他国侵吞领土，或至少保持本国对他国的优势地位，作为国家治理的核心；而现在的发达国家，无不将维持稳定、发展经济、提供福利作为国家治理的重中之重。国家意志的变化、国家能力的提升是导致这一变化的主要因素。相应的，财政支出的结构中，军费支出的比重不断缩小，社会性支出的比重不断上升，反映出财政职能也随国家治理性质的变化而变化。新中国建国以来的国家职能与财政职能，也呈现出类似的趋势。计划经济时代在美苏两大阵营的夹缝中求生存，导致国家只能将治理重心放在国防与经济管制上；市场化改革后，经济工作成为发展的重点，因此提出“效率优先、兼顾公平”；市场经济建设初见成效，缩小地区差距、改善收入分配等社会政策则显得日益突出；而党的十八大以来强调的国家治理体系，更是将经济、政治、文化、社会、生态、国防、党建等方方面面的内容融为一炉。主要强调财政的经济属性的西方主流财政理论，显然不能满足急剧变化中的我国国家治理的需要。

尽管由于时日尚短，与国家治理相匹配的财政基础理论的发展趋势尚不明显，成果也不够突出，因此尚不能提炼出为学术界所认可的一些共性来界定国家治理财政学的内涵与外延。但基于本文的分析，我们认为，国家治理财政学至少应当强调以下三方面的内容。

第一，对“国家”的分析应纳入到财政学的一般研究范式中。作为一个在现实世界中运行的组织，国家不可能不具有一定程度的自主性。即便是在某一时期自主性程度较弱的国家，一旦面临恐怖袭击、生态灾难等重大意外事件，国家自主性的程度也会骤然提高。目前主流经济学中抛开“国家”的做法，值得商榷。作为财政活动的主体，财政学中没有“国家”，其性质就如同经济学中没有“理性经济人”，是逻辑上的一个无法克服的缺陷。不论外部环境如何，如果人没有谋求效用最大化的动机，市场就不可能实现资源的最优配置。同样，不论市场如何需要国家干预，国家如果没有纠正“市场失灵”或“政府失灵”的动机，国家干预或不干预就不会如经济学所要求的那样发生。将财政学建立在“国家”概念的基础上，要求财政学重视对国家意志形成、国家能力培养、国家制度构建的研究，力求理解这些问题与财政活动如何相互作用，相互影响。改革开放40余年来，中国的国家自主性也在不断变化中。但与西方国家相比，我国在制度上对国家自主性的抑制较少，在价值观上将“社会主义（共同富裕）”置于“市场经济”之上，这都为建立以国家为中心的整体性国家治理网络架构提供了基础。以此为基础的财政学研究，更不可能离开对“国家”问题的分析。

第二，没有普遍适用于一切国家、一切时代的财政学。国家自主性不同，国家治理的重点不同，国家介入经济领域的程度就不会相同，经济规律在该国的具体表现形式也会不同，由此形成独特的政治经济模式，导致财政学也因此有所区别。从历史上看，财政学的发展经历了“官房学时代”“政治经济学时代”和“经济学时代”三个时期，分别依托于18世纪的普鲁士、19世纪的英国和20世纪的美国三个研究中心（刘晓路，郭庆旺，2016）。三个时期和三个国家（地区）中产生的三种财政学各有特色，既是由于各个国家的“国家自主性”差别巨大，也是由于时代对国家治理提出了不同的要求。一种财政学能够被众多国家所接受，成为一个时代的代表，不取决于理论表述的完美与否，而取决于其所指导的财政实践是否切实增强了国家的能力，从而有效解决了该时代具有普遍性的政治、经济、社会问题。我们当然不认为每一个时期的每一个国家中都会有产生出一种有代表性的财政学，但只有各个国家依据自身国情与现实问题，不断通过财政实践创新与财政理论总结推进财政学的发展，具有代表性的财政理论才有可能脱颖而出。认为别国产生出的财政理论与实践已经足够好，只需在本国创造条件予以落实的想法，只会导致财政学研究的止步不前。

第三，一国的财政学研究必定具有一定的传承性。只要国家的性质没有发生根本性的改变，财政实践就要遵循一定的路径依赖，财政基础理论也会具有一定的连贯性。从这个意义上说，应当认识到计划经济时代“国家分配论”中包含的合理因素。目前的财政学界，大多将“国家分配论”作为历史遗迹看待，仅在述及财政思想史时加以涉及。应当认识到，“国家分配论”与西方财政学的核心区别之一，在于陈共等“国家分配论”的提倡者，从计划经济财政的运行实践中，有意或无意地体认到了中国“国家自主性”程度极高这一特征，从而将财政直接与国家意志联系在了一起。尽管市场经济改革对“国家分配论”所依据的经济理论产生了否定性的影响，但其政治理论基础依旧有效，中国的“国家自主性”程度相较于西方国家仍然很高。全面否定“国家分配论”，无条件地将西方财政学奉为研究中国财政问题的主臬，很容易导致理论脱离实际的倾向性。

或许有人会说，强调中国国情的特殊性，有可能导致对市场经济发展一般路径的背离；强调中国财政理论的特殊性，有可能导致是对一般性学术规律的背离。我们认为韦伯（1997，P91）已经很好地回答过了这一疑问，“一个德意志国家的经济政策，只能是一个德国的政策；同样，一个德国经济理论家所使用的价值标准，只能是德国的标准”。对于中国现代财政制度和财政学理论体系的构建来说，道理也是如此。

参考文献

［1］ Anderson，Perry. Passages from Antiquity to Feudalism，London：New Left Books，1974.

［2］ Bastable，Charles F. Public Finance，London：Macmillan and Co.，Limited，1892.

［3］ Bell，Stephenand Hindmoor，Andrew. Rethinking Governance，The Centrality of the State in Modern Society，Cambridge University Press，Cambridge，2009.

［4］ Besley，Timothy and Persson，Torsten. 2009. “The Origins of State Capacity：Property Rights，Taxation，and Politics，” American Economic Review，American Economic Association，vol. 99（4），pp. 1218 – 1244.

［5］ Bonney，Richard. Economic Systems and State Finance，Oxford University Press，USA，1995.

［6］ Bonney，Richard. The Rise of the Fiscal State in Europe c. 1200 – 1815，Clarendon Press，1999.

［7］ Brewer，John. The Sinews of Power，War，Money and the English State，1688 – 1783，Harvard University Press，1989.

［8］ Buchanan James M. Gordon Tullock. The Calculus of Consent. Ann Arbor：University of Michigan Press，1962.

［9］ Buchanan，J. M.，R. E. Wagner. Democracy in Deficit：The Political Legacy of

Lord Keynes. New York: Academic Press. 1977.

[10] Buchanan, James M. La Scienza delle Finanze, The Italian Tradition in Fiscal Theory. In Fiscal Theory and Political Economy, ed. J. M. Buchanan. Chapel Hill: University of North Carolina Press, 1960.

[11] Buchanan, James M., Musgrave Richard A. Public Finance and Public Choice—Two Contrasting Visions of the State, The MIT Press, October 22, 1999.

[12] Chapman, B. (1970), Police State. London. Pall Mall.

[13] Dome, Takuo, The Political Economy of Public Finance in Britain 1767 - 1873. London and New York, Routledge, 2004.

[14] Esping - Andersen, Gosta, Roger Friedland, and Erik Olin Wright, Modes of Class Struggle and the Capitalist State, Kapitalistate, no. 4 - 5 (1976): 186 - 220.

[15] Evans, Peter B., Dietrich Rueschemeyer, Theda Skocpol, Bring the state back in, Cambridge University Press, 1985.

[16] Fukuyama, Francis. https://www.chathamhouse.org/event/political - order - and - political - decay, 2014.

[17] Galtung, Johan. Violence, Peace, and Peace Research. Journal of Peace Research, Vol. 6, No. 3 (1969), pp. 167 - 191.

[18] Goldscheid, R. A Sociologigal Approach to Problems of ublic Finance, From Classics in the Theory of Public Finance, pp202 - 213, edited by Richard A Musgrave and Alan T Peacock, 1925.

[19] Gruber, Jonathan. Public Finance and Public Policy, 4th Edition, New York: Worth Publishers, 2013.

[20] He, Wenkai. Paths toward the Modern Fiscal State, Harvard University Press, 2013.

[21] Hood, Christopher. The Art of the State: Culture, Rhetoric, and Public Management, Oxford University Press, 1998.

[22] Kugler, Jacek, and William Domke. Political Capacity and Economic Behavior. Boulder: Westview Press, 1986.

[23] Mann, Michael. The Autonomous Power of the State: Its Origins, Mechanisms,

and Results. Archives européenes de sociologie; Vol. 25, 1984.

[24] Mann, Michael. State and Society: 1130 - 1815: An Analysis of English State Finances. Political Power and Social Theory 1 1980. 165 - 208.

[25] Marshall, Alfred. Principles of Economics. London: Macmillan. 1890.

[26] McLure, M., The Paretian School and Italian Fiscal Sociology, Palgrave Macmillan, 2007, p. 44.

[27] McLure, Michael., Michael McLure. "Fiscal Sociology," Economics Discussion / Working Papers 03 - 16, The University of Western Australia, Department of Economics, 2003.

[28] Musgrave, R. A. A Multiple Theory of Budget Determination, Finanzarchiv, N. F., 17, 3, 1957.

[29] Musgrave, R. A. The Three Branches Revisited, Atlantic Economic Journal, March 1989, v. 17, iss. 1, pp. 1 - 7.

[30] North, Douglass C., John JosephWallis, Barry R. Weingast, Violence and Social Orders, p. 13, Cambridge University Press, 2009.

[31] O' Brien, Patrick and Hunt, Philip A. The Rise of a Fiscal State in England, 1485 - 1815, Historical Research, 66 (1993): 129 - 76.

[32] Offe, Claus. Structural Problems of the Capitalist State, German Political Studies 1 (1974): 31 - 57.

[33] Pareto, V. The Mind and Society. London, 1935: Jonathan Cape Limited, 1935.

[34] Pigou, A. C. A Study in Public Finance. London: Macmillan & Co., Ltd. 1928.

[35] Puviani, Amilcare. Teoria della Illusione Finanziara. Milano: Istituto Editoriale Internazionale, 1973 (1903).

[36] Rosen, Harvey S. and Ted Gayer, Public Finance, McGraw - Hill International Edition. 10th edition. 2014.

[37] Routley, Laura, Developmental States: A Review of the Literature, ESID Working Paper No. 03, February 2012.

[38] Salamon, L. (ed.), The Tools of Government: A Guide to the New Governance (Oxford University Press). 2002.

[39] Samuelson, Paul A. "Diagrammatic Exposition of a Theory of Public Expenditure," Review of Economics and Statistics, 1955, 37 (4): 350 -356.

[40] Schumpeter, J. A. Die Krise des Steuerstaates. Zeitfragenausdem Gebiet der Soziologie, repr. in: Hickel 1976, 1918 pp. 329 -379.

[41] Schumpeter, J. A. "The Crisis of the Tax State", in Alan T. Peacock, ed., International Economic Papers, no. 4., MacMillan. 1954, pp. 5 -38.

[42] Schumpeter, Joseph A. Capitalism, Socialism, and Democracy, 1947 (1942) 2nd ed. p. 269. New York: Harper and Brothers.

[43] Storr, Christopher, The Fiscal - m Samuelson, Paul A. "The Pure Theory of Public Expenditure", Review of Economics and Statistics, 1954, 36 (4): 387 -389.

[44] Therborn, Goran. What Does the Ruling Class Do When It Rules? (London: New Left Books, 1978.

[45] Tilly, Charles. (1990), Coercion, Capital and European States, AD 990 - 1992, Cambridge MA and Oxford UK: Blackwell.

[46] Van Assche K, Beunen R, Duineveld M. Evolutionary governance theory: an introduction [M]. Heidelberg: Springer. 2014.

[47] Wagner, Adolph. "The Public Debt of Prussia", The North American Review, Vol. 175, No. 548 (Jul., 1902), pp. 136 -144.

[48] Wallerstein, Immanuel. The Modern World System, vols. 1 and 2, New York: Academic Press, 1974, 1980.

[49] Wallimann, I., Tatsis, N. and Zito, G. On Max Weber's Definition of Power, Journal of Sociology, 1977, Volume: 13 issue: 3, page (s): 231 -235.

[50] Wang Shaoguang and An' Gang Hu. The Chinese Economy in Crisis: State Capacity and Tax Reform, M E Sharpe Inc, 2001.

[51] Weber, Max. Weber's Rationalism and Modern Society, translated and edited by Tony Waters and Dagmar Waters. Palgrave Books 2015, pp. 129 - 198.

[52] Weber, Max. Politics as a Vocation. In Max Weber, Selections in Translation,

ed. W. G. Runciman, 1978（1919）212 - 222. Cambridge: Cambridge University Press.

[53] Weingast, Barry R. The Economic Role of Political Institutions: Market - Preserving Federalism and Economic Development, Journal of Law, Economics, & Organization, Vol. 11, No. 1（Apr., 1995）, pp. 1 - 31.

[54] Wicksell, Knut. "A New Principle of Just Taxation." In Classics in the Theory of Public Finance, R. A. Musgrave and A. T. Peacock, eds. London: Macmillan, 1958, pp. 72 - 118.

[55] Yamokoski A., Dubrow JK, How do elites define influence? Personality and respect as sources of social power. Sociological Focus 41, 2018（4）: 319 - 336.

[56] Yun - Casalilla, Bartolomé, Patrick K. O' Brien, Francisco Comín Comín, The Rise of Fiscal States: A Global History, 1500 - 1914, Cambridge University Press, 2012.

[57] 阿锐基. 漫长的20世纪：金钱、权力与我们社会的根源. 姚乃强等译. 南京：江苏人民出版社，2001年版.

[58] 埃文斯. 跨国联系与国家的经济角色——对“二战”后发展中国家与工业国家的分析. 北京：三联书店，2009年版.

[59] 波兰尼. 大转型：我们时代的政治与经济起源. 浙江：浙江人民出版社，2007年版.

[60] 波朗查斯. 政治权利与社会阶级. 叶林等译. 北京：中国社会科学出版社，1982年版.

[61] 陈共. 关于财政理论坚持唯物史观的几个问题. 财政研究资料，1983年第69期.

[62] 陈共. 财政学对象的重新思考. 财政研究，2015年第4期.

[63] 陈共. 论以再生产为前提建立社会主义财政学. 财政研究，1982年第3期.

[64] 陈共. 明确财政职能范围，加快财政体制改革. 财政研究，1993年第10期.

[65] 陈共. 社会主义财政的本质和范围问题. 经济研究，1965年第8期.

[66] 蒂利，查尔斯. 强制、资本和欧洲国家（公元990—1992年）. 上海：上海人民出版社，2007年版.

[67] 蒂利，查尔斯. 发动战争与缔造国家类似于有组织的犯罪，北京：三联书

店，2009 年版．

［68］恩格斯．家庭、私有制和国家的起源（1891）．马克思恩格斯选集：第 4 卷．北京：人民出版社，1995 年版．

［69］恩格斯．路德维希·费尔巴哈和德国古典哲学的终结（1888）．马克思恩格斯选集：第 4 卷．北京：人民出版社，1995 年版．

［70］高培勇．论国家治理现代化框架下的财政基础理论建设．中国社会科学，2014 年第 12 期．

［71］吉登斯．民族－国家与暴力，北京：三联书店，1998 年版．

［72］列宁．帝国主义是资本主义的最高阶段．《列宁选集》第 2 卷，北京：人民出版社，2012 年版．

［73］刘守刚．财政经典文献九讲——基于财政政治学的文本选择．上海：复旦大学出版社，2015 年版．

［74］刘晓路．现代财政制度的强国性与集中性——基于荷兰和英国财政史的分析．中国人民大学学报，2014 年第 5 期．

［75］刘晓路，郭庆旺．财政学 300 年：基于国家治理视角的分析．财贸经济，2016 年第 3 期．

［76］鲁施迈耶，埃文斯．国家与经济转型——一种支撑有效干预的条件分析．找回国家．埃文斯、鲁施迈耶、斯考克波编著．北京：三联书店，2009 年版．

［77］罗森．财政学（第 8 版）．北京：中国人民大学出版社，2009 年版．

［78］马克思．资本论（第一卷），北京：人民出版社，1975 年版．

［79］马克思，恩格斯．共产党宣言．马克思恩格斯选集（第一卷），中央编译局，北京：人民出版社，1995 年版．

［80］马克思，恩格斯．政治经济学批判（序言），马克思恩格斯选集（第二卷），中央编译局，北京：人民出版社，1995 年版．

［81］密利本德．马克思主义与政治学．黄子都译，北京：商务印书馆，1984.

［82］帕累托，维尔弗雷多．精英的兴衰，上海：人民出版社，2003 年版．

［83］皮凯蒂，托马斯．21 世纪资本论．北京，中信出版社，2014 年版．

［84］斯考克波．找回国家—当前研究的战略分析．找回国家．埃文斯、鲁施迈耶、斯考克波编著．北京：三联书店，2009.

[85] 王传纶. 对“财政学”对象问题的探讨. 教学与研究，1958年第7期.

[86] 王沪宁. 当代西方政治多元主义思潮评析. 社会科学，1986年第4期.

[87] 韦伯. 民族国家与经济政策. 甘阳，李强，文一郡，卜永坚译. 北京：三联书店，1997年版.

[88] 熊彼特，约瑟夫. 资本主义、社会主义与民主. 北京：商务印书馆，1999年版.

[89] 亚当·斯密. 国民财富的性质和原因的研究（下）. 商务印书馆，北京：1983年版.

[90] 周黎安. 转型中的地方政府：官员激励与治理. 上海：格致出版社，2008年版.

图书在版编目（CIP）数据

我国财政理论发展与构建/刘尚希主编.—北京：中国财政经济出版社，2019.9
（中国财政学会学术文库）
ISBN 978-7-5095-9223-6

Ⅰ.①我…　Ⅱ.①刘…　Ⅲ.①财政理论-研究-中国　Ⅳ.①F812

中国版本图书馆CIP数据核字（2019）第192897号

责任编辑：胡　博　张晓丽　　　　责任印制：刘春年
封面设计：陈宇琰　　　　　　　　责任校对：胡永立

中国财政经济出版社 出版

URL：http：//www.cfeph.cn
E-mail：cfeph@cfemg.cn

社址：北京市海淀区阜成路甲28号　邮政编码：100142
营销中心电话：010-88191537
北京财经印刷厂印装　各地新华书店经销
787×1092毫米　16开　18印张　222 000字
2019年9月第1版　2019年9月北京第1次印刷
定价：75.00元
ISBN 978-7-5095-9223-6
（图书出现印装问题，本社负责调换）
本社质量投诉电话：010-88190744
打击盗版举报热线：010-88191661　QQ：2242791300